语言批判与形而上学

李国山 著

创于1897 商务印书馆 The Commercial Press

2014年 · 北京

图书在版编目(CIP)数据

语言批判与形而上学/李国山著. —北京:商务印书馆,2014
ISBN 978-7-100-09884-7

Ⅰ.①语… Ⅱ.①李… Ⅲ.①形而上学—研究
Ⅳ.①B081.1

中国版本图书馆CIP数据核字(2013)第061573号

语言批判与形而上学
李国山 著

商 务 印 书 馆 出 版
(北京王府井大街36号 邮政编码100710)
商 务 印 书 馆 发 行
北京市艺辉印刷有限公司印刷
ISBN 978-7-100-09884-7

2014年7月第1版　　开本 880×1230 1/32
2014年7月北京第1次印刷　　印张 $9\frac{1}{2}$

定价: 26.00元

献给

我的双亲

前　言

西方哲学家历来精于语言批判之道。语言表达思想，思想抵达世界，因此，对语言进行批判性考察，其实也就是澄清由语言所表达的关于世界的思想。这一探究路径的选取，委实构成了整个西方哲学发展史中一条富有特色的线索，而追寻这条线索，当可帮助我们获得一个窥探西方哲学无限景致的新视角。

无论是在古希腊时期还是在近代时期，都有许多哲学家有意识地采用语言批判方法探讨形而上学问题。他们或者从语言的日常用法入手，考察语言表达式如何获得意义以及它们如何在使用中产生一种力量；或者从语言的形式属性入手，探究各类语言表达式具备意义或表达思想应满足的一般条件。这些着眼于语言的实际用法或形式构造的研究，看似与抽象的形而上学问题没有多大关系，然而，对于自觉采用语言批判策略的哲学家而言，这样的研究对于回答形而上学问题是本质性的：我们的语言要么言之有物，要么空洞无物。按我们作为人的本性，或者，从语言的功用考虑，我们理所当然会要求语言必须言之有物。但是，语言一旦被发明出来以致成了人们须臾不可离的思考和交流工具，它便获取了属于它自身的各种特性。这些特性复杂异常，真伪难辨。于是便出现了这样的状况：一方面我们必须依赖语言，另一方面我们又要时时处处受制于语言。也就是说，语言既许诺为我们提供清晰的表达，却又抛给我们各种各样的假相，对我们造成迷惑。

因此，注重从形式方面探究语言的哲学家大都力图从正面确立语言表达式具有意义的标准，并企图用他们心目中的理想语言如实而完整地再现世界的成分和结构，而注重探究语言日常用法的哲学家则大多倾向于得出一些否定性的形而上学结论。当然，同一个哲学家可以在其语言批判过程中，既破又立，亦即在通过语言分析指出某些形而上学命题毫无意义的同时，又凭借语言分析确立另外一套形而上学结论。

目　录

第一章　古代哲学家的语言批判 1
第一节　高尔吉亚和他的三个命题 1
第二节　柏拉图的语言批判 13
一　《克拉底鲁篇》对名称的分析 18
二　《智者篇》关于“存在”与“非存在”的探讨 27
三　柏拉图对哲学病的诊疗 40
第三节　亚里士多德的语言批判 52
一　《工具论》中的逻辑分析 53
二　亚里士多德关于知识的逻辑分析 56
三　亚里士多德的日常语言分析 63
四　亚里士多德的语言批判与他的存在论 70

第二章　近代哲学家的语言批判 77
第一节　前洛克的语言批判 78
一　培根的语言批判 79
二　霍布斯的语言批判 85
第二节　洛克的语言批判 95
一　语言批判的总目标 96

二 语词的意义：私人性与公共性 98
三 实体的名称：名义本质与实在本质 109
四 口头真理与实在真理 117
第三节 近代哲学家对洛克的回应与批判 127
一 贝克莱的《人类知识原理》......127
二 莱布尼茨的《人类理智新论》......134
三 小结 139

第三章 维特根斯坦的语言批判 142
第一节 维特根斯坦与语言批判 142
第二节 前期维特根斯坦的语言批判及其形而上学预设 155
一 事实本体论 159
二 形而上学命题的无意义性 172
三 关于不可言说者的形而上学 182
第三节 后期维特根斯坦的语言批判与形而上学的终结 195
一 治疗型哲学 196
二 意义即用法 205
三 简单性是一个神话 215
四 存在问题的消解 221
五 反本质主义 225

第四章 维特根斯坦之后的语言批判 237
第一节 奎因的意义理论与本体论许诺 237

第二节　卡茨的意义形而上学......251
第三节　分析哲学与形而上学......278

后记......291

第一章　古代哲学家的语言批判

第一节　高尔吉亚和他的三个命题

高尔吉亚是古希腊智者派的主要代表人物之一。这个学派兴起于公元前五世纪。在此前的一个多世纪里，古希腊自然哲学经历了一个从产生到发展再到鼎盛的蓬勃发展时期。泰勒斯、毕达哥拉斯、赫拉克利特、巴门尼德、恩培多克勒、阿那克萨戈拉、德谟克利特等古代哲学巨匠潜心钻研世界的本原问题、运动与静止问题、存在问题、一与多问题、心灵与事物次序问题、原子与虚空问题等这样一些最基本的哲学问题，并得出他们各自关于这些问题的深刻见解。这些哲学家大都将关注的重心放在外在自然事物上，力图穷究万物之本质，而很少论及与人自身的存在相关的问题。

智者派则带来了新的气息。他们不再沉迷于有关宇宙之构造的追问，而是力主将目光转向人自身，探询与人的生存密切相关的问题。最具影响力的智者普罗泰戈拉提出了“人是万物的尺度”的响亮口号。这种人本主义视角的开启，乃是智者派对于整个西方哲学的最大贡献。自此以后，哲学家们愈益意识到，哲学的沉思当从人的生存状况出发并最终落脚到人生状况的改进上。高尔吉亚作为智者派的杰出代表，在自己的哲学探讨中完美地表现出了这种全新的哲学探究精神。他本人的著述均已散失，但后人记载下了他的三个主要哲学命题："他说，无物存在；如果说有什么存在，它也是不可认识的；如果既存在又是可以认识的，也无法向其他人讲明。"[1]

同时被记载下来的还有高尔吉亚对自己的三个哲学命题所做的论证，而其中关于第三个命题的论证就清楚地体现了他通过语言批判探讨形而上学问题的倾向："他说，如果是可以认识的，一个人如何可能向其他人讲明呢？或一个人如何可能把自己看到的东西用言语表达出来呢？一个听见了却没有看见那东西的人如何可能清楚它呢？正如视觉不能认识声音，同样听觉不能听见颜色，而只能是声音，一个人说话，但说的不是颜色或事物。一个人没有想到的东西，怎么可能从其他人的言辞或与该事物不同的某种标记中想到它呢？除非是颜色就看见颜色，是声音就听见声音。根本点在于，一个人说的不是声音也不是颜色，而是语词。"[2]

在这段论证中，高尔吉亚谈及了言辞与事物及关于事物的认识之间的关系。他牢牢抓住的一点是：当一个人向另一个人说话时，他说出的只是语词，而不是事物，也不是关于事物的认识。例如，张三对李四说：玫瑰是香的。在高尔吉亚看来，张三传达给李四的就是这一串词语，而且仅仅是这一串词语，而没有传达任何关于玫瑰的存在的信息，也没有传达任何关于玫瑰的知识。这就很让人奇怪：张三的话明明说的就是玫瑰的一种性质嘛，

---

1 苗力田主编：《亚里士多德全集》，第七卷，中国人民大学出版社，1993年，第18页。
2 同上，第22页。

怎么能说他说的只是一串词语呢？！

乍一看，高尔吉亚的论点荒谬得有悖常识，但是，正如罗素所言："要想作一个哲学家就必须锻炼得不怕荒谬。"[1]事实上，高尔吉亚这里所涉及的乃是语言哲学的根本问题：语言表达式如何具有意义？只是他给出的是极端怀疑主义的回答：语言不表达意义。他明确区分开了事物、关于事物的认识（感觉、思想等）和作为标记的语词，并在他的三个哲学论断中分别否定了事物的存在、关于事物的知识以及语词的表达功能。他从第一个命题"无物存在"开始，接连以让步的方式提出否定知识和语词意义的进一步结论，仿佛他所遵循的就是这么一个从事物到知识再到语词的思考顺序似的，而实际上我们完全可以设想他是按照相反的顺序进行递进式的思考的。也就是说，他很可能是从否定语词的意义开始，接着否定认识，最后才否定事物的存在的。

我们来看他接下来的论证："即或是语词可以被认识并且被宣讲，听的人怎么可能想到同一个东西呢？因为好像同一个东西不能同时存在于众多而又彼此分离的人之中一样，那样一就会是二了。他说，如果同一个东西在若干人之中，就没有什么能阻碍它对他们不尽相同，他们自己并不在所有方面相像，也不在同一个人之中。假若有这种东西，那就会是一人，而不是两人。就是他在同一时间里感觉到的东西对他自己也显得不尽相同，而是对听觉跟对视觉显现得不同，并且在此时跟在许久以前有差别，所以一个人很难处处与别人感觉得相同。这样，如果某种东西存在的话，它也是不可以认识的（如果可以被认识），也没

1　罗素：《哲学问题》，何兆武译，商务印书馆，2000 年，第 14 页。

有谁能将它向其他人讲明，因为事物不是言辞，并且没有人同别人想得相同。”[1]

这听起来很像后期维特根斯坦的私人语言论证。高尔吉亚敏锐地意识到：个人关于事物的感觉只能是私人性的，不可以共享，因而无论是谁都无法借助于语言将私人性的感觉向他人讲明。即便是对同一事物的同一种性质，不同的人也会形成有所差异的感觉；而且，即便是同一人也会对同一事物形成不同的感觉，如视觉与听觉的区别；再者，即便是同一人对同一事物的同一性质在不同的时刻也会有不同的感觉。虽然高尔吉亚没有用到“私人语言”这种表达，但他无疑会断然否定这种语言的可能性。我们所拥有的只是一种公共性的语言，而这种语言无法用以传达关于事物的私人性认识。这么一来，他唯独不加怀疑的就是这种语言本身的存在及其功用。对于事物本身及关于事物的认识都可以据此予以怀疑：既然我们无法用语言传达关于事物的认识，那也就无法确定是否有关于事物的认识，而既然无法确定是否有关于事物的认识，那也就无法确定事物本身的存在了。

因此，我们有理由假定高尔吉亚的哲学之路始于语言批判，并最终导向否定性的形而上学结论：无物存在。

那么，高尔吉亚到底是如何进行语言批判的呢？我们知道，他是一位杰出的修辞学家和雄辩家。作为一名巡游教师，他教给人以语言技巧和论辩能力，以帮助年轻人在崇尚政治生活的希腊城邦谋取出人头地的机会。这种做法在当时和随后很长的历史时期内一直遭人诟病，被斥为以雄辩取代真理。法国著名

1 《亚里士多德全集》，第七卷，第22–23页。

希腊哲学史专家莱昂·罗斑把智者派的这种思想倾向称作“言词的形式主义”：“智者派所全力以赴的就是要使这种言词的形式主义臻于完美，但他们对于观念则毫不关心。因为他们教学的精神要求他们本身没有主义，而能指出如何一切主义都能够加以维护，不论是最似是而非的，最为人所不容的，和最为普通人所接受的都一样。”[1]这样说来，智者们不坚持真理，完全没有自己的哲学立场。而对于高尔吉亚本人，罗斑更是直言不讳地写道：“在高尔吉亚，哲学的思辨显得只是提供给一个修辞学的教师来炫耀他的精神和他的技术的能力的一种机会而已……总之，他的理论是一种彻底的虚无主义的尝试，而骨子里无非是一种精巧的游戏和一种辩证法的江湖遮眼法。”[2]不过，罗斑还是肯定了智者派的“思想与言词的形式的研究工作”，认为这种工作有其积极的价值。[3]

那么，高尔吉亚的修辞学研究的积极价值到底体现在哪里呢？柏拉图在其长篇对话《高尔吉亚篇》中，让苏格拉底和高尔吉亚及其弟子就修辞学的价值展开了一场激烈的争论。在苏格拉底的追问之下，高尔吉亚提出：修辞学是通过话语来产生影响的技艺，这种技艺是最高尚的，能给人们带来最大的幸福。但是苏格拉底马上指出，如歌中听唱的，能带给人幸福的是健康、美丽和财富，而医生、教练和商人所拥有的技艺可以为我们提供这些东西。高尔吉亚则继续谈论他认为修辞学所能带给人们

1　莱昂·罗斑：《希腊思想和科学精神的起源》，陈修斋译，段德智修订，广西师范大学出版社，2003年，第144页。

2　同上，第148–149页。

3　同上，第146–147页。

的那种幸福：

高尔吉亚 苏格拉底，那的确是某种最伟大的幸福，因为它给全人类带来自由，也给每个人带来控制他自己国家的其他人的自由。

苏格拉底 你这样说到底是什么意思?

高尔吉亚 我指的是用你的话语去说服法庭上的法官、议事会的议员、公民大会的民众或其他任何公民集团。拥有这种力量，你可以造就医生，你可以使教练成为你的奴隶，使你的商人不为自己挣钱，而为他人挣钱，因为你能对众人谈话，可以说服他们。[1]

高尔吉亚坚持认为，这种以说服为目的的技艺能为人们带来巨大的益处。他举例说，当一个病人拒绝接受治疗时，再好的医生对他也没有用，但是我们却可以运用修辞术成功地说服他，让他积极配合治疗，并最终恢复健康。苏格拉底并不否认修辞术的这种功用，但他坚持主张修辞学家必定希望做正义之事，而要能做正义之事必须具备关于对与错、高尚与卑劣、正义与非正义等等的知识，一个无知的修辞学家只能凭借纯粹语言的技巧使人产生一种信念，进而做出某种行为，这种行为即便也能给人带来一定益处，但并不能长久，因为促使他做出这种行为的信念是无根基的，虚无缥缈的。更有甚者，有些不怀好意的人会利用修辞方法滥用语言，干出违法乱纪的丑事来。基于

1 《柏拉图全集》，第一卷，王晓朝译，人民出版社，2002 年，第 326 页。

此，苏格拉底在对话的后半部分里费尽唇舌，苦苦劝导对话者们绝不要一味地追求说服的技巧，而忘记了人生的要务，那便是：无论在公共生活还是私人生活中，都要做一个追求美德的好人。而苏格拉底和柏拉图共同的主张是：美德即知识，所以，追求美德就是追求知识。一个人若无真才实学，仅凭三寸不烂之舌，花言巧语地说服他人做或不做某件事情，那他便是个卑鄙之人，让人唾弃！

我们看到，柏拉图借苏格拉底之口对高尔吉亚等人关于修辞学的赞美之辞提出了尖锐的批评，告诫他们切勿过分强调它的积极作用。他的整篇对话始终贯穿着这样的主题：无知会导致滥用语言。这当然是一个十分正确的提醒。然而，高尔吉亚绝不会意识不到这一点。事实上，他在对话中对修辞学的功与过持有十分清醒的看法："修辞学家有能力谈论任何主题，反对任何人，可以在民众面前就他所希望谈论的每个论题上证明自己比其他人更有说服力，但他不会仅仅因为自己拥有这种力量而去剥夺医生或其他手艺人的名声。人们应当像对待体育才能一样适当地使用修辞学。如果有人成了修辞学家并错误地使用这种能力和技艺去作恶，那么在我看来，你们一定不能厌恶他的教师，并把他的教师驱逐出这个城邦。因为修辞学的教师教诲过学生要良好地使用这种技艺，而滥用了这种技艺的是学生。因此是这个滥用修辞学的人应当受到厌恶、驱逐，乃至于处死，而不是修辞学的教师。"[1]

高尔吉亚是要为修辞学正名。如前所说，他直接面对的，

---

1 《柏拉图全集》，第一卷，第331–332页。

是语言的实际存在，或者说，是人们时时处处在使用着语言这一生活事实。作为一名哲学家，他力图抽身出来，潜心钻研这样的问题：如何使语言对人生产生更大的助益？他看到了语言中潜藏着的巨大力量，并深信这种力量的开发会大大有益于人们在现实生活中获取成功，于是，他积极投身于修辞学的理论与实践当中。他所渲染的这种语言之力量，也正是两千多年后牛津大学的言语行为论者们着力强调的语句的除了陈述部分之外的执行部分。不过，也许正是因为他对语言的这一方面太过强调了，以至于忽略了语言的表达功能，由此才有了对他不追求知识与真理的责难。

而这恰恰构成了高尔吉亚的语言批判之特色。此前的哲学家们都以追求真理为己任，精心营建自己的哲学体系，以解释宇宙万物之奥妙。他们在言说世界，在描述世界的构造及本质。例如，著名的"晦涩哲人"赫拉克利特最早将"逻各斯"一词引入哲学话语，以之表达万事万物运动变化所遵循的永恒法则："赫拉克利特断言一切都遵照命运而来，命运就是必然性。——他宣称命运的本质就是那贯穿宇宙实体的'逻各斯。''逻各斯'是一种以太的物体，是创生世界的种子，也是确定了的周期的尺度。"[1] 而作为"逻各斯"这个名词的词源的那个动词在古希腊语中的意思是"说某种有意义的东西"。这个术语后来又衍生出了一系列别的含义，如"描述"、"理论"、"解释"、"理性"、"推理能力"、"原理"、"比率"等等。[2] 由此可见，"逻各斯"一词

1 北京大学哲学系 / 外国哲学史教研室编：《古希腊罗马哲学》，商务印书馆，1961 年，第 17 页。

2 参见 *Routledge Encyclopedia of Philosophy*, Vol.5, p.817.

既指万事万物的本原和规律，又指关于这些东西的言说。而且，我们还可以据此推测，像赫拉克利特这样的早期希腊哲学家已经开始有意识地借语言批判探究形而上学问题了。他的语言批判，对于他的形而上学任务而言，是建构性的。也就是说，他力图从作为言语的逻各斯出发，去确定作为事物本质的逻各斯的永恒存在。他的著作残篇似乎印证了这一点："这个'逻各斯'，虽然永恒地存在着，但是人们在听见人说到它以前，以及在初次听见人说到它以后，都不能了解它。虽然万物都根据这个'逻各斯'而产生，但是我在分别每一事物的本性并表明其实质时所说出的那些话语和事实，人们在加以体会时却显得毫无经验。"[1]一般人并不关心逻各斯存在与否，甚至不去理会关于它的谈论。但是，对于追求最高智慧的哲人来说，领悟事物所遵循的逻各斯乃是最高的目标："思想是最大的优点；智慧就在于说出真理，并且按照自然行事，听自然的话。"[2]然而，"自然喜欢躲藏起来"，[3]所以，追求智慧之路充满艰辛。但是，我们应该对这种追求充满信心，因为"人人都秉赋着认识自己的能力和思想的能力"，而且"'逻各斯'是灵魂所固有的，它自行增长"[4]。赫拉克利特还明确指出了真正的智慧在于什么："如果你不听从我本人而听从我的'逻各斯'，承认一切是一，那就是智慧的。"[5]他痛斥普通人甚至一些自称博学之人不能很好地运用自己的天赋能力去探究事

---

1 《古希腊罗马哲学》，第18页。
2 同上，第29页。
3 同上，第30页。
4 同上，第29页。
5 同上，第23页。

物的本质，而只满足于对可见之物的认识。只有真正的哲学家才能最终认识关于事物之本质的真理，才能从总体上把握支配一切的“逻各斯”。

赫拉克利特通过语言批判所得出的“一切是一”的形而上学结论，在随后的爱利亚学派哲学家巴门尼德那里被表述为“存在物存在”这样一个最高命题。存在物是一个包容一切的大全，永恒存在，无始无终，我们对它只能做出唯一的断言：存在物存在。

无论是赫拉克利特的“一切是一”，还是巴门尼德的“存在物存在”，这样的形而上学命题的得来均有赖乎语言批判。只是巴门尼德的语言批判方式与赫拉克利特略有不同，有理由相信他是在排除了对于存在物的一些在他看来不着边际的描述之后，才确定下存在物的永恒存在的：“思想与思想的目标是同一的；因为你决不能遇到一个思想是没有它所表达的存在物的。在存在物之外，决没有任何别的东西，也决不会有任何别的东西，因为命运已经把它固定在那不可分割而且不动的实体上。因此凡人们在他们的语言中加以固定的东西，都应当是空洞的声音；他们都自以为这些东西是真的，如像产生和消灭，存在和不存在，位置的改变和色彩的变更。”[1]

一般认为，巴门尼德是从思维与存在的同一性出发来论证“存在物存在”这一结论的，而事实上他在行文顺序上也是先提及思想与事物的同一，随后才谈到语言无法把握存在物本身的。然而，我们完全可以设想他思考时所遵循的是相反的逻辑顺序。

1 《古希腊罗马哲学》，第 53 页。

况且，他在否定另一条研究途径（即“存在物不存在”）时明明白白是这样说的：“存在物可以不存在，这件事是无法言说和不可思议的。”[1] 由此可知，巴门尼德在其形而上学研究中也注重从语言分析入手，以帮助自己得出最后的结论。

我们知道，当高尔吉亚热心于修辞学研究以便向年轻人传授语言技巧并帮助他们实现人生目标之时，他所面对的正是前贤们确立下来的一个个形而上学体系，这些体系无一不号称表达了关于万物的真理，代表着真正的智慧。要是真如这些体系建构者所言的话，那么年轻人确实应该学习他们的理论，并以之为指导去追求生活的目标。然而，智者派却扮演了那个直言皇帝一丝不挂的小男孩的角色。他们对一个多世纪以来各派哲学家之间的纷争吵嚷有明确而清醒的看法：他们提出的是不可解答的问题，做出的是无益的探讨，得出的是毫无价值的结论。更有甚者，他们那种只顾昂首望天而忘了脚下道路的迂腐之气，对于追求自我实现的年轻人来说，实际是有弊无利的，理应彻底消除。因此，智者派若想传播自己的注重现实关怀的理念，首先就得设法排除异己，确立崭新的思想风尚。于是，他们便举起了思想批判的大旗，而语言批判则是他们所选取的一条切实可行的对付形而上学思辨的途径。

据记载，高尔吉亚那三个著名的命题就是直接针对巴门尼德的“存在物存在”而提出并加以论证的。根据前文的分析，他的第三个命题才是他的探究的逻辑起点。这个命题否定语言具备表达功能，理由是：作为公共交流工具的语言无法表达明显

---

1 《古希腊罗马哲学》，第 52 页。

带有私人性的、属于个人的思想和认识。通过对高尔吉亚关于修辞学的思想的考察，我们发现，他的语言批判也有正面的结论，那就是：语言在使用中显现它的巨大力量，这种力量体现在言语的说服作用上。这种观点十分接近后期维特根斯坦的“意义用法论”，不过，我们也许可以更适当地称之为“意义效果论”：言词的意义在于它对听者所产生的说服效果。高尔吉亚和其他一些智者们之所以矢志不渝地宣扬修辞学和论辩术，正是因为他们对语言的意义和功能持有这种坚定不移的看法。因此，我们似乎可以进一步断言，高尔吉亚之所以得出那三个否定性的形而上学命题，就在于他只强调语言的执行功能，却有意贬抑语言的表意作用。

可以说，高尔吉亚的语言批判矫枉过正了。他立足于语言的日常用法，尤其强调言辞的说服作用，据此对前贤们的形而上学结论展开了激烈批判。他关于语言功能的基本见解是：语言虽是有效的交往工具，却并不能如实表达关于世界的认识。在他看来，像赫拉克利特、巴门尼德这样一些形而上学家之所以那么乐观地得出最一般的哲学命题，就在于它们不正当地相信语言具备表达思想和描述世界的功能。赫拉克利特的“逻各斯”实际可以用来表示语言、思想和世界所有这三个层面的东西，成为贯通三界的线索；而巴门尼德在断言思维与存在的同一性时似乎也同时假定了语言与二者的同一关系。这种在古希腊哲学诞生不久便早早确立下来的“三界同一”实际奠定了西方哲学思维层次的基本构架，我们在不同历史时期的哲学体系中均可清楚看到这种思维构架的影子。我们甚至可以设想，西方哲学史所经历的几次大的转向实际已含孕于其中了。所谓的本体论阶段、认识论阶段和语言哲学阶段，只不过是对这一思维构架的不同层面加以突出强调所引致的结果而已。当然，这种阶段的划分只有相对的价值，抛开时代、地域等既宏观又外在的因素不说，哲学家们之间的个体差异就是怎么强调也不过分的。哲学史的景致本该是五光十色的。

高尔吉亚企图摧毁这种构架。正如他的那三个命题所展示的：否定了语言的表意功能，就否定了认识的客观性，而否定了认识的客观性，也就否定了事物的存在。因此，假如高尔吉亚的这种批判是强有力的，那么这种"三界同一"的构架便会被彻底拆除掉了。

很快便有哲学家站出来维护这个基本的思想构架。柏拉图和亚里士多德的杰出工作，将本已具备雏形却遭到高尔吉亚等人毁坏的思维构架重新稳固了下来。也就是说，在经历过高尔吉亚的破坏性的语言批判阶段之后，西方哲学又开始了它的另一个辉煌的建构时期，而在这一时期，语言批判与形而上学的关系更趋密切了，而且表现出一系列新的特征。

第二节　柏拉图的语言批判

柏拉图的对话给予了智者派比其他任何学派都要多得多的关注。直接以智者或智者派代表人物命名的对话就有《智者篇》、《普罗泰戈拉篇》、《高尔吉亚篇》等，而其他很多篇章也频频论及智者的思想学说。可以说，柏拉图的多篇对话就是直接针对智者派的哲学命题所展开的"语言批判"。这种批判大都是破坏性的，例如，普罗泰戈拉的著名命题"人是万物的尺度"就曾多次遭到柏拉图的无情嘲讽与批判。在《泰阿泰德篇》中，当泰阿泰德给出“知识无非就是感觉”这一定义之后，苏格拉底立即指出，这一定义是和普罗泰戈拉的学说一脉相承的，并进而指明，说“人是万物的尺度”，意思不外是说，人的感觉是判断事物的存在及特性的标准。他举例说，一阵风吹来，一个人觉得冷，另一个人却觉得不冷，我们难道可以据此断定这阵风既冷又不冷吗？柏拉图对这种主观主义和相对主义的学说嗤之以鼻，他意欲构建的则是一套以实在论为基石的完整哲学体系。

柏拉图在构建其形而上学体系时，也有意识地援用了语言批判的手段。他在第七封书信中对自己的学说做了这样的叙述：“每一存在的事物都有三样东西，关于存在物的知识必定通过这三样东西而来；知识本身是第四样东西，我们还必须添上作为知识真实对象的那个真正的实在，当作第五样东西。所以，我们有：第一，名称；第二，描述；第三，形像；第四，关于对象的知识。要想知道我说的这些话是什么意思，可以举一个具体的事例，然后我们可以把这个理论以同样的方式用于每一对象。比如说，有一存在的事物叫做圆，它的名字就是我刚才说出来的这个词。第二样东西是关于它的描述，由名词和动词组成。例如，被我们称为圆圈、圆周、圆形的东西可以描述为：从每一端点到中心都相等的那个事物。第三样东西可以画出来，也可以擦去，可以通过旋转两脚规画出来，也可以把它毁掉，这些过程不会影响真正的圆，而其他的圆全都与这个真正的圆相关，因为这个圆与它们不一样。第四样东西是关于它们的知识、理智和正确的意见，我们必须把这些都当作一样东西，它既不存在于声音中，也不存在于形体中，而是存在于心灵中，因此它的性质显然不同于那个真正的圆，也不同于我们前面提到的第三样东西。在这四样东西中，理智就其亲缘性和相似性来说显然最接近第五样东西，即实在，而其他东西则离开实在较远。”[1]

柏拉图这里提到的前三样东西，即名称、描述和形像，可以统称为语言，而第四样东西，即知识、理智和正确的意见，则可以归为思想的范畴，第五样东西则是世界的组成部分。所以说，柏拉图显然是要维持由语言、思想和世界组成的这个三层结构体的，与赫拉克利特、巴门尼德等人不谋而合。

正是基于这种关于三层结构的假定，柏拉图才展开了他的语言批判。不过，由于他坚持永恒实在（相、理念）不能被我们的感官，甚至也不能被我们的理智所把握，所以他一般性地否定了前面四样东西可作为表现事物的可靠手段："每一个用手或用两脚规画出来的圆在实际操作中都充满着与第五样东西即实在的对立，因为它到处触及直线；而真正的圆，我认为，在其自身中不可能或多或少地包含着这些对立的性质。我认为，名称在任何情况下都是不稳固的。没有任何事物可以阻止现在称作圆的东西被称作直，或现在称作直的东西被称作圆，人们一旦改变事物的名称，以相反的名称称呼某事物，你们就可以发现名称并不稳定。对描述也可以说这样的话，因为描述由名称和动词组成，所以在描述中，没有任何地方是相当确定的，缺乏稳定的基础。所以，人们可以说这四样东西中的每一样始终都具有不确定的性质！重要的问题在于，如我前不久所说的那样，有两样东西：基本的实在和具体的性质，当心灵寻求的不是具体事物的知识，

---

1 《柏拉图全集》，第四卷，王晓朝译，人民出版社，2003 年，第 97–98 页。

而是基本实在的知识时，心灵面对着的这四样东西中的每一样都有着人们想象不到的具体表现，无论是以语言的样式还是以形体的样式。这四样东西中的每一样都使得用语言或例证表达出来的实在变得容易被明显的感官所驳斥。其结果实际上就使每一个人都成为困惑和不确定性的牺牲品。”[1]

然而，尽管柏拉图并不认为通过语言批判可以让我们获得关于基本实在的可靠信息，但他同时也清醒地意识到，除此之外似乎再也没有别的更好的途径可寻了。在其早期对话《斐多篇》中，柏拉图便提出要借助媒介来研究事物的设想：“在对研究自然感到筋疲力尽以后，我想一定要提防一种危险，就好像人们在观察和研究日蚀，如果不是通过水或其他同类的媒介物观察太阳反射出来的影子，而是直视太阳，那么肉眼真的会受到伤害。我感到类似情况也在我身上发生了。我担心，由于用肉眼观察对象，试图借助每一种感官去理解它们，我也有可能使自己的灵魂完全变瞎。”[2]

柏拉图显然把语言当作了研究实在的主要媒介，尽管他也明确指出，通过语言间接地研究事物不如直接研究事物那么可靠：

苏格拉底 让我们假定，只要你喜欢，都可以通过名称的中介来学习事物；我们也假定你可以通过事物本身来学习事物。这好像是一种更加高尚、更加清晰的方式——一种方式学习形

1 《柏拉图全集》，第四卷，第98–99页。
2 《柏拉图全集》，第一卷，第108–109页。

象，以形象为真理的表达方式，并且要正确地察觉形象；另一种方式学习真相，事物的真相及其形象在适时地起作用，对吗？

克拉底鲁　我应当说我们必须学习真相。

苏格拉底　我怀疑你我如何能够学习或发现真正的存在。但我们可以承认，事物的知识并不是从名称中派生出来的。不是，要学习和研究事物必须学习和研究事物本身。[1]

柏拉图的最终目标是把握基本实在，亦即认识事物的相，而且他一直幻想着凭借人的理智和理性能力直接获取关于实在之本质的知识。但是，作为一名谨慎的理性主义者，他又时刻不忘人的理性禀赋来自于神灵，实不该妄想逾越自身的局限，企图达到只有神才真正拥有的那种最高的智慧。因此，柏拉图实际上一直对人们能否直接把握实在持存疑态度，而正是这样一种态度促使他尝试着从语言入手去窥探事物本身的真相。除了前面引用的第七封书信之外，柏拉图在多部对话中都涉及通过语言批判来研究事物的话题。其中，有三篇对话是完全围绕着语言问题而展开的，这就是：《克拉底鲁篇》、《智者篇》和《欧绪德谟篇》。这三篇对话大体呈现出了他的语言批判的整体面貌。具体而言，《克拉底鲁篇》探讨名称的指称问题，《智者篇》探讨陈述或判断的意义问题，这两种探讨实际也是“语言学转向”发生之后分析哲学家们所做的主要工作。《欧绪德谟篇》关注的则是语言的滥用会造成的荒谬后果，实际是想提醒人们慎用语言，不要被语言的表面用法所迷惑。这也是近、现代哲学家们

---

1 《柏拉图全集》，第二卷，王晓朝译，人民出版社，2002年，第131–132页。

反复用来澄清形而上学命题的主要方法。

一 《克拉底鲁篇》对名称的分析

《克拉底鲁篇》的主题是名称的正确性问题。名称都是事物的名称，而语言哲学家要探讨的问题就是：为什么以此名称称呼此事物？有一种观点认为，名称浑然天成，是什么样的事物就该有什么样的名称。这种观点被称为自然论，对话中的克拉底鲁持这种立场。但是，对话中的另一人物赫谟根尼则持约定论主张："除了说它是约定俗成的和人们一致同意的，我无法相信名称的正确性还有其他什么原则。在我看来，你提出的任何名称都是正确的，如果你换一个名称，那么这个新名称也和老名称一样正确——我们经常给自己的奴隶换个名字，我们给他们起的新名字和老名字一样好。因为自然并没有把名字给予任何事物，所有名称都是一种习俗和使用者的习惯。"[1]

对话中的苏格拉底首先对赫谟根尼的约定论展开了分析与讨论。他指出，约定论者认为，每个人都可以根据事物向他显现的样子给它命名，而这样得出的每个名字都可认作是该事物的名称，没有好坏之分。赫谟根尼同意他的分析，但苏格拉底气愤地对他说：你不能像普罗泰戈拉那样好坏不分！每个人都会承认，我们中间有些人聪明，有些人愚蠢；有些人是好人，有些人是坏人。既然如此，我们就不能像约定论者那样，断言每个人给事物取的名字同样正确。苏格拉底接着提到欧绪德谟的另外一种同样带有约定论色彩的观点：一切事物在同一时刻同等地属于一切人，并且始终如此。他指出，这种看法也是不对的，

1 《柏拉图全集》，第二卷，第 58 页。

因为依之同样无法区分开美德与邪恶、好人与坏人。据此，苏格拉底得出这样的结论："如果这两种看法都不对，事物并非与个人相关联，一切事物并非同等地在同一时刻属于所有人，并且始终如此，那么必须假定事物有它们自己专门的、永久的本质；它们并非与我们相连，或受我们影响，按我们的想象动摇不定，而是独立的，保持着它们自己的本质和自然给它们规定的联系。"[1]

在确定下事物具有永恒本质这一论点之后，苏格拉底接着迫使对话者承认，一切行为都必须按照事物的本性来进行，否则就是不正当的，而讲话就是一种行为，于是他得出这样的结论："成功的讲话者不就是按照自然的方式、依据事物必须被讲述的方式、使用自然的工具讲话的人吗？按照其他任何方式讲话都会导致谬误和失败。……论证会引导我们得出这样的结论：必须按照自然过程用恰当的工具来给事物命名，而不能随心所欲；只有这样我们才能成功地命名，除此别无他途。"[2]

这么一来，苏格拉底就明确地站到了自然论这边。他认为名称通过区分事物的性质而传递着信息，进而发挥着教育的作用，所以不是随便谁都可以给事物命名的，只有那些知道事物的"型"或"相"并且知道如何把事物的真正的、天然的名称放入声音和音节中去的立法家才有资格这样做。为了弄明白立法家们是如何给事物命名的，苏格拉底对许多名称做了词源学的考察，试图表明它们的原始含义是同它们所代表的对象的本质相吻合的。他举了"国王"这个名称为例："国王和持有者的意思非常

1 《柏拉图全集》，第二卷，第61页。
2 同上，第62页。

接近，都可以用来描述国王，因为这个人显然持有他作为国王所拥有的东西——他统治、拥有、持有。”[1]

柏拉图这里试图通过考察名称的含义来间接地把握该名称所代表对象的本质属性，并明确主张："关于名称的知识是知识的一大部分。”[2] 这其中的一个基本假定便是：名称的得来是建立在对事物的描述的基础之上的。而既然命名要以描述为基础，那么，名称便有真实与虚假、正确与错误之分。不过，柏拉图敏锐地注意到，专有名称的描述特征是不明显的，并主张忽略它们："名称自身可以证明它们不是人为地给予的，而是具有天然的适当性，是吗？一般说来，英雄和凡人的名字容易使人误解，因为他们经常按照祖先之名而得名，因此他们的名字经常并不符合他们的真实情况，或者说这些名字仅仅表达了一种希望，比如说'欧提基德斯'（幸福之子）、'索西亚斯'（救助者、救星）、'塞奥菲鲁'（为神所爱的），等等。但我想最好还是把这些名字搁下，因为要在那些本质不变的名称中发现名称的正确性还有更多的机会——我们一定要更多地留意这些名称的命名，而在赋予这些名称时，可能有某些超人的力量在起作用。”[3]

因此，柏拉图着重考察的是那些表达事物之本性的通名。在他看来，这些通名的正确性必定在于它们与相应的自然种类相吻合："我认为有理由把幼狮称作狮子，把马驹称作马；我现在讲的只是动物合乎自然本性产下来的后代，而非那些奇异的降

1 《柏拉图全集》，第二卷，第 71 页。
2 同上，第 57 页。
3 同上，第 76–77 页。

生。如果违反自然本性，一匹马生下了一只牛犊，那么我不会把它称作马驹，而会称为牛犊；我也不会把任何非人的东西生下来的后代称作人，而只会把合乎自然本性生下来的人称作人。同样的道理也可用于树木和其他事物。”[1]

不过，在讨论到抽象名称的含义与指称时，柏拉图却遇到了这样一个尖锐的矛盾：尽管正确的名称应该描述永恒不变的本质，可很多抽象名称所描述的却是变化不定的事物。我们来看下面这段对话：

赫谟根尼 下一步我想知道你如何解释美德。智慧、理智、正义以及其他美德——在这些迷人的字眼中有什么正确性的原则？

苏格拉底 你正在挖掘的这类名称数量巨大，不过，既然已经在与虎谋皮，那么我一定不能当懦夫。我认为自己必须考虑智慧、理智、判断、知识这些语词的意思，以及其他所有迷人的词汇，这是你说的。

赫谟根尼 那当然了，在发现它们的意思之前，我们决不能罢休。

苏格拉底 以埃及神犬的名义起誓，我此刻心中出现的想法并不坏。我相信最先提供这些名称的人在探讨事物的性质时，由于不停地转圈子而头晕目眩，这时候他们就想象这个世界也在朝着各个方向旋转和运动。他们把源于自身内在状况的这种现象假定为事物的真实性质，认为没有任何事物是稳定的或永

1 《柏拉图全集》，第二卷，第71页。

久的，一切事物都在流动，这个世界永远充满各种运动和变化。对这些名称的思考导致我产生这样的想法。

赫谟根尼 怎么会这样呢，苏格拉底？

苏格拉底 你也许没注意到，我们已经提到过的那些名称确实都在表示事物的运动、流动或发生。[1]

在接下来的谈话中，苏格拉底通过词源学考察逐一指出上述那些表示美德的抽象名词全都含有运动变化之义。于是，他不得不得出这样一个无奈的结论："名称的正确性成了一种习俗，因为不相似的字母同样也可以表示相似的东西，只要它们能被习俗和约定所批准。……我非常同意你的说法，语词应当尽可能与事物相同，但我担心这样一来我们所说的相似性就如赫谟根尼说过的那样变得非常可怜，必须要由习俗的帮助方能维护其正确性。"[2]

但是，柏拉图似乎并没有心甘情愿地接受约定论的立场。宁可说，他们仍怀抱着自然论的理想，并希望改进语言的现实状况："我相信，如果我们能够一直，或几乎永远使用相似的东西、完全适宜的东西来表达事物，那么这是语言最完善的状态，与之相反则是最不完善的。"[3]不过，《克拉新鲁篇》反复表达着这样一层意思：只有借助神圣的力量，才能达到名称与事物的完全吻合。名称的提供者总是会面对变动不居的实际事物，所以最容易被

1 《柏拉图全集》，第二卷，第 96 页。

2 同上，第 126–127 页。

3 同上，第 127 页。

它们的表面现象所诱导，从而满足于以对事物表现出的性质的描述作为命名的基础和依据。因此，甚至那些本该表达事物之永恒本质的迷人的名词，也会含有变化之意，从而不可避免地带有歧义、模糊之处。再高明的立法者也会受到自身在认知能力、意志能力等方面的局限性的束缚，从而无法为事物提供完全表达其永恒本质的名称，只有神才会凭借其无限之能力完成这样的使命。

柏拉图在《克拉底鲁篇》中关于命名的自然论与约定论的探讨，实际并没有得出最终的结论。这篇对话在语言哲学上的重大贡献就在于：它多方面地考察了语词如何获取意义的问题，从而首次将意义理论明确纳入了哲学的视野。这种贡献是里程碑式的。柏拉图明明白白地追问：名称何以代表事物？或可给出这样一个一般性的回答：因为名称拥有意义。那么，接下来的问题便是：意义是什么？它何以可能充任联系名称与事物的中介？

约定论者一般倾向于否认意义作为一种独立的东西存在着。他们主张从名称的实际使用情况着眼，以了解名称使用的正当性及差异性为目的，不大关心名称本身的正确性问题。自然论者则相反，他们企图追踪名称的由来，为其合理性做辩护。他们坚定地认为，名称的得来绝非任意，而是要参照事物的本质的。简言之，名称因为表达事物的本质而获得意义，同时也因为表达了事物的本质而成为事物的代表。但是，正如前面所看到的，柏拉图通过细致的词源学考察发现，无论是专有名称还是抽象名称，都难以成为被命名事物的完全恰当的名称。这表明自然论也面临着难以克服的困难。

我们完全可以认定柏拉图乃是西方哲学史上第一位有意识

的语言哲学家。他系统地探讨了通过语言去了解实在的可能性这一问题。而这一问题又进一步转化为语言如何映照世界的问题，而这正是现代语言哲学家集中探讨的核心问题，亦即语言表达式如何获取意义的问题。通读整部《克拉底鲁篇》，我们就可以发现，柏拉图考虑到了影响名称之意义的诸多因素。这些因素包括：第一，事物或实在；第二，思想或知识；第三，名称本身；第四，名称的制订者和使用者。正因为兼顾到了所有这些方面，柏拉图的探讨才表现出前所未有的丰富性和深刻性。

首先，柏拉图假定了两个完全不同的世界，亦即由具体事物组成的现象世界和由相组成的本质世界。名称要命名的就是这两个世界中的存在物，但是，由于这两类存在物各自的本性，却又难以给它们配上适当的名称。具体来说，现象世界中的事物变化多端、生灭无常，实难为之确立固定的名称，而本质世界中的事物又因高高在上、远离尘世而难以把握，所以也极不容易为它们赋予妥帖的名称。

其次，对这两类事物所能形成的思想或认识，都是不完全可靠的，因而，以此为基础而赋予名称的意义也是不确定的，甚至会是错误的。关于这一点，苏格拉底和克拉底鲁有这样一段对话：

苏格拉底 很好，克拉底鲁，但是你难道看不到追随名称去探索事物，分析它们意义的人处在上当受骗的巨大危险之中吗？

克拉底鲁 怎么会呢？

苏格拉底 最先提供名称的人显然按照自己对那些要加以指称的事物的印象来命名，难道不是吗？

克拉底鲁　是的。

苏格拉底　如果他的印象是错误的，那么他据此提供的名称也是错误的，作为他的追随者，我们会发现自己处在一种什么样的状况之下？我们难道不会受他的骗吗？[1]

再次，作为语言表达式的名称本身也是有很大局限性的。一个名称由一串字母和音节构成。最理想的名称应该用字母和音节去模仿事物的性质。但是，经过一番探讨，对话者们最终放弃了构成名称的最初要素必须与被模仿的事物有某种程度的相似性的要求，因为这样会引出一个荒谬的结论："事物的名称如果与事物完全一模一样，结果会多么可笑！因为这样一来名称就成了第二个事物，无人能够决定哪一个是名称，哪一个是实际事物。"[2] 柏拉图这里试图把字母文字追溯到象形文字，以此来探究词与物之间的关系最早是如何确立的。但他最终又不得不放弃这种想法。而一旦放弃了这种想法，就意味着承认名称的得来带着某种随意性，而这种随意性的存在又直接导致名称意义的含混性和不确定性。

最后，人是名称的制订者和使用者，对名称意义的获得和维持起着至关重要的作用。名称的得来固然得参照事物的性质，得依据关于事物的思想与认识，还得遵循语言本身的规则，但命名过程却完全是由命名者掌控的。柏拉图认为，能为事物提供名称者绝非泛泛之辈，而必须是拥有关于事物的真正知识的立法

1 《柏拉图全集》，第二卷，第 127–128 页。
2 同上，第 123 页。

家。但是，他同时又清醒地认识到，再有能耐的立法家也是凡人，免不了会犯错误，同时也难以摆脱习俗的强大影响，从而制订出和事物之本性相差甚远的名称来。

基于所有这些考虑，柏拉图最终得出这样一种无奈而略带折中色彩的看法："要有勇气承认有些名称的命名是正确的，有些名称的命名是不正确的，不要坚持说名称应当与事物完全一样。"[1]

于是，我们在《克拉底鲁篇》关于名称之意义的探讨中发现，柏拉图受困于理想与现实、应然与实然的激烈对立与冲突。一方面，他赞同自然论者的观点，认为名称应当依照事物的本性而定，否则便不能确保名称的正确性，同时也很难借助名称区分开不同的事物。这是一种理想化的要求，若能满足，则名称自然会因为表达着事物的本质而拥有确定的意义。但是，柏拉图清楚地意识到，这种要求难以满足，因为我们无法在名称与被命名的事物之间保证足够大的相似性，况且，如果一味要求这种相似性还会陷入要求名称与事物绝对同一的荒谬境地。在对话过程中，苏格拉底试图通过分析构成名称的终极要素的方式去寻找它与被命名对象之间的本质关联，进而确立该名称的意义。但他后来被迫承认此路不通："我们应当记住，如果一个人通过语词来分析名称，探讨这些语词的构成要素，并且一直重复这个过程，那么对这个作答的人最终一定会绝望地放弃探讨。"[2]不过，由柏拉图开创的这种化繁为简的语义分析方法还是产生了极其巨大

---

1 《柏拉图全集》，第二卷，第 123 页。

2 同上，第 109 页。

的历史影响。19 世纪末 20 世纪初的分析哲学家们所秉承的正是这种分析精神及方法，而他们对精确的理想语言的追求与构建正是柏拉图的这一崇高理想的又一次光辉呈现。

但另一方面，柏拉图也始终保持着清醒的现实头脑，他密切注视着名称的实际用法，并坦然面对那些不适当、甚至不正确的名称。他看到了习俗对于名称的确立和使用所产生的巨大而不可改变的影响。习惯成自然——柏拉图很能明白这其中的道理。然而，一旦我们接受了约定论者的立场，似乎就很难再对名称的意义做进一步的解释与探讨了。再者，假如将约定论彻底贯彻下去，柏拉图所拟定的通过语言研究世界的计划似乎就要落空了，因为，就连名称这样的最基本的语言表达式也难以提供关于世界的准确信息。因此，尽管柏拉图不得已向约定论做出了一定的让步，但他绝没有放弃为名称寻求正确性标准的努力，而这也正是他的语言批判得以进行下去的前提和保证。

二《智者篇》关于“存在”与“非存在”的探讨

《智者篇》是柏拉图的一部重要的语言哲学著作，探讨的是陈述（判断）的性质问题，可视作其语言批判的核心内容。他的探讨从“存在”与“非存在”的问题入手，涉及事物的类型划分、运动与静止、真实与虚假、一与多等一系列哲学问题，最终落脚到言谈、思维与存在的同一性问题，并据此得出关于陈述之性质的一般性结论。

对话主要在泰阿泰德和一位客人之间展开，而且一直是这位客人主导着谈话的进程。他率先引入关于“非存在”的话题，并指出，伟大的巴门尼德明确告诫我们说：决不可能证明“非存在存在”这个论断为真。接下来，他便围绕这一问题同泰阿泰德展开了探讨。他首先明确这一点："'非存在'这个术语一定不能用于任何存在的事物。"[1]因此，我们就不能有意义地说"非存在的某事物"、"非存在的一个事物"、"非存在的某些事物"。于是他得出这样的结论："人不能合法地发出非存在这些词的声音，也不能言说或思考它；非存在是不可思考、不可言说、不可发声、不可表达的。"[2]紧接着，这位客人又提到关于"非存在"的谈论所面临的另一个更深层次的困难："非存在甚至迫使驳斥它的人陷入这样的窘境，一旦开始驳斥非存在，他就被迫自相矛盾。"[3]因为一旦我们在谈话中用到"这个非存在"这样的词，就似乎已经假定了它的存在和数量，即便我们本来是想驳斥它。所以，"严格说来，一定不能把非存在具体化为一个事物或多个事物，甚至也不能称之为'它'，因为用这样的称呼也表明非存在是一个事物。"[4]

不过，尽管明确意识到谈论非存在会面临这样一些困难，但对话者们还是决定知难而上："振作起来，尽力而为，试着用某些语词对非存在作正确的描述，但不要把存在、一或多归于非存在。"[5]于是，对话便进入到核心话题：关于事物的真实论断与虚假论断的区分。关于这一话题的探讨包含着柏拉图语言哲学的重要洞见。

这种探讨从真实的事物开始。首先，真实的事物总是作为

---

1 《柏拉图全集》，第三卷，王晓朝译，人民出版社，2003年，第32页。
2 同上，第34页。
3 同上，第34页。
4 同上，第35页。
5 同上，第35页。

一个整体而存在，有其确定的数量。其次，某一真实的事物要么是运动的，要么是静止的。再次，真实的事物总表现为某种力量："任何具有真实存在的事物总是具有某种力量，或者是影响其他事物，而无论影响程度是多么微小，或者受到最重要的动因的影响，哪怕这种影响只有一次。我正在提出这样一个界定，真实的事物无非就是力量。"[1]再次，真实的事物会发生变化："如果认知是对某事物实施的行为，那么被认知必定是对认知行为的承受。由此可见，当真实的事物在被认知行为认知时，在它被知的范围内，一定会由于承受认知行为而发生改变。因此我们说，真实的事物不可能不变。"[2]最后，真实的事物是一种独立的存在，既不是静止，也不是运动，而是在二者之上或之外的某种东西。

真实的事物是我们谈论的对象，但是，在具体的谈论过程中，我们又会遇到许多困惑。例如，我们会用几个不同的名字称呼同一个事物："当我们说到人，我们给他许多附加的名称，把颜色、形状、身材、缺点、优点归于他，在所有这些和其他无数的论断中，我们说他不只是一个'人'，而且也是'好的'，以及其他许多说法。我们把某个给定的事物当作一，然而把它当作多来谈论，用许多名字称呼它。"[3]这种考虑把对话者们引向关于事物之间如何相互匹配的问题，因为只有解决了这一问题，才能进一步探讨关于事物的谈论是否真实的问题。

柏拉图认为，区别事物的种类并判定它们相互之间是否匹

---

1 《柏拉图全集》，第三卷，第 49 页。
2 同上，第 50 页。
3 同上，第 54 页。

配，这乃是辩证法的任务。在本篇对话中，对话者们一致同意："某些种类能够相互结合，某些种类不能，有些种类能结合的范围很小，有些种类能结合的数量很大，而且有些种类渗透一切，没有任何东西可以抵挡它们与所有事物的结合。"[1] 在接下来的对话中，着重谈论的是以下五个种类及其相互关系：存在、运动、静止、相同、相异。这是五个不同的"相"，它们两两之间有着不同的匹配或不匹配的关系。经过一番烦琐、细致的探讨，对话者们终于得出了他们的结论：

客人 当我们说"不存在的东西"时，我们的意思似乎并非指某些与存在对立的东西，而是指与存在相异。

泰阿泰德 怎么会这样?

客人 举例来说，好比我们说某物"不高"，此时我们的意思有可能是"矮"，也有可能是"一样高"，对吗?

泰阿泰德 没错。

客人 所以，若有人断言一个否定词表示一种对立，我们对此不要同意，而至多承认，"非"这个前缀表示与后续的词不同的某事物，或者倒不如说，表示与否定词后面的词所表示的事物不同的事物。[2]

这样一来，对话者们就通过引入"相异"这个相而对"非存在"问题给出了明确的回答：在任一名称前面加上一个否定词，就

---

1 《柏拉图全集》，第三卷，第 59 页。
2 同上，第 64–65 页。

构成一个新的名称，它描述着与原名称描述的事物不同的事物，因此可以说，不美丽与美丽、不高与高、不正义与正义具有同样多的存在，只不过是为了区别于原来被命名的事物才被称为“非存在”：“那么它是一种并不劣于其他真实存在的存在吗？我们现在是否可以大胆地说，‘非存在’无疑也是一种具有其自身本质的事物，正如高就是高，美就是美，所以非高就是非高，非美就是非美。在此意义上，‘非存在’按照同样的原则，过去是，现在也是‘非存在’，应当算作多种真实存在的事物中的一种相？”[1]

“非存在”表示与存在不同的另一种存在。而且，既然“非存在”所表示的就是事物的相异，那么，任何真实的事物同时也都是非存在，因为它总是只与自身相同，而与其他所有事物相异。那么，在思想和言谈的层面上，是否也有“非存在”的存在呢？对话者们一致认为，在这两个层面上也有“非存在”的存在，因为言谈和思想中也存在虚假：“这就是我们必须从研究言谈、思想和现象的性质开始的原因，为的是我们能确定它们与非存在的结合，以此证明虚假的事物是存在的。”[2]

柏拉图认为思维和言谈是一回事，所以，《智者篇》最后的落脚点放在了关于陈述的探讨上，而这种探讨就表现为一种站在哲学高度上展开的语言批判。首先，他认为，言谈之成为可能，取决于事物之间相互结合的可能性：“把某事物与其他一切事物分离意味着完全取消一切谈话，因为我们所能进行的任何谈话

---

1 《柏拉图全集》，第三卷，第66–67页。

2 同上，第70页。

之所以能够存在都在于把各种相编织在一起。”[1] 其次，作为言谈的基本组成部分的语词也像事物一样，有些可以相配，有些则不可以相配，相配的语词构成陈述。最简单的陈述必须由一个名词和一个动词构成，简单地罗列一堆名词或动词，并不能构成陈述：

客人 举例来说，“走跑睡”，乃至其他所有表示行动的动词，你可以一个接一个地把它们说出来，但并不能构成一个陈述。

泰阿泰德 当然不能。

客人 又比如，如果你说“狮鹿马”，乃至其他给予所有行动的实施者的名字，这样一串名词也不能构成一个陈述。这两个例子表明，不把动词与名词结合起来，就无法表示任何实施或没有实施的行为，存在或不存在的任何事物的性质。一旦你这样做了，它们就结合在一起，名词与动词最简单的结合变成了最简单的陈述。

泰阿泰德 怎样做出这种最简单的陈述？

客人 如果某人说“人懂”，你会同意这是最简单、最简短的陈述吗？

泰阿泰德 同意。

客人 因为现在它提供了关于事实，或关于现在、过去、将来的事件的信息；它不只是对某事物的称呼，而是靠着把动词与名词的结合，把你带往某处。因此我们说它“陈述”某事件，而不只是“称呼”某事物，它实际上就是我们用“陈述”这个

---

1 《柏拉图全集》，第三卷，第69页。

词表示的复合体。[1]

这番对话清楚地道出了柏拉图关于陈述的基本观点：陈述本质上不同于名称，是一个有自身结构的复合体；它的功能不是命名事物，而是陈述事实。此外，我们还应该注意这段对话中所表达出的这样一个观点：一个陈述可以表示一个没有实施的行为或者一个不存在的事物的性质。这样的陈述也是有意义的，因为它们同样是名词与动词的适当结合。由此才引出了对话者们关于陈述的真假两极性的探讨：

客人　我将作一个关于你的陈述，然后，用一个名词和一个动词，把一个事物与一个行动放在一起。你得告诉我，这个陈述是关于什么的？

泰阿泰德　我会尽力而为。

客人　“泰阿泰德坐着”，这个陈述不算长，对吗？

泰阿泰德　不长，正好。

客人　现在该你说这个陈述是关于什么的，它属于谁？

泰阿泰德　显然是关于我的。它属于我。

客人　现在来看另一个。

泰阿泰德　另一个是什么？

客人　我此刻讲的是“泰阿泰德飞”。

泰阿泰德　这个陈述也只能是属于我的，是关于我的。

客人　我们同意说任何陈述必定具有某种性质。

---

1 《柏拉图全集》，第三卷，第72页。

泰阿泰德 对。

客人 那么，我们可以把何种性质指定给这两个陈述？

泰阿泰德 一个是虚假的，另一个是真实的。

客人 关于你的这个真实的陈述说的是存在的事物（或事实）。

泰阿泰德 确实如此。

客人 而那个关于你的虚假的陈述说的是与存在的事物不同的事物。

泰阿泰德 对。

客人 也可以说，它说的是不存在那样的事物。

泰阿泰德 确实无疑。

客人 没错，但是与你的这个例子中存在的事物相异的事物是存在的。因为我们说过，一般说来，有多少存在的事物，就有多少不存在的事物。

泰阿泰德 对。

客人 按照我们给陈述的性质所下的定义来衡量，我作的关于你的第二个陈述，首先，它算得上最短的陈述之一。

泰阿泰德 这一点我刚才同意过。

客人 第二，它必须是关于某事物的。

泰阿泰德 对。

客人 如果它不是关于你的，那么它也不是关于其他事物的。

泰阿泰德 确实如此。

客人 如果它不是关于任何事物的，那么它就根本不是一个陈述，因为我们指出不可能有一个不关于任何事物的陈述。

泰阿泰德 相当正确。

客人　所以这个陈述，它是关于你的，它对相异作了与相同一样的陈述，对不存在作了与存在一样的陈述，它符合有关陈述的描述，是动词与名词的结合，到头来似乎真的是一个虚假的陈述。[1]

这段对话集中了柏拉图语言哲学的精华，涉及语言哲学的基本问题。首先，柏拉图已初步形成了关于作为一个复合体存在的事实的观念。事实不同于单个存在的事物，它是由事物构成的复合体，而且，这些事物必定既包括动作的施行者又包括动作本身，而不能仅仅是施行者或者仅仅是动作本身的堆积，这表明，事实必定有其自身的内在结构。不过，他又没有明确提出事实本体论的思想，而这也给他的语言批判造成了某种程度的妨碍。其次，柏拉图已经非常明确地提出了陈述作为一种语言复合体而存在的思想。一个陈述至少得由一个名词和一个动词组合而成，并形成固定的语法结构，从而在本质上不同于只为事物命名的名称。此外，陈述作为一个存在必赖乎它所陈述的对象即外在事物的存在。

有了关于事实和陈述的这种相对应的界定，语言批判的基本架构就算确定下来了。柏拉图在《智者篇》中所展开的语言批判是富于成果的，尽管还存在很多缺憾。更为重要的是，这一批判过程中所提出的一系列问题本身就具有永恒的价值。下面就对话中所举的具体例子来看一看其中的问题之所在以及要解决这些问题所面临的困难。

---

1 《柏拉图全集》，第三卷，第 73~74 页。

先来看那个真实的陈述："泰阿泰德坐着"。这个陈述之所以被当成一个真陈述，是因为这个陈述被说出来的时候，泰阿泰德确实坐着呢。我们可以设想，当客人说出这句话时，泰阿泰德站着呢或躺着呢，那么这就是一个假陈述。我们还可以设想，泰阿泰德坐着不动，客人说出的却是"泰阿泰德站着"，那么这就是一个假陈述，而如果他说出的是"泰阿泰德没有站着"或者"并非泰阿泰德站着"，那么所说出的又是个真陈述了。后一种情况涉及所谓的负事实（否定事实）的存在问题：使"泰阿泰德没有站着"这个陈述为真的是不是一个事实？这样的负事实到底是不是一种存在？如果是，又是什么样的存在？假定它是一种存在，我们可以进一步分析得知，它实际上是由许许多多的正事实构成的：泰阿泰德坐着、泰阿泰德躺着、泰阿泰德蹲着、泰阿泰德倒立着……按照柏拉图《智者篇》关于"非存在"的探讨，负事实的复杂性是完全可以解释的，因为"非存在"就是指不同的或者相异的存在。因此，对于像"泰阿泰德坐着"这种的陈述的真假问题的讨论不会遇到太大的困难。

让人困惑的是"泰阿泰德飞"这样的陈述。对话中，这个陈述之所以被视为虚假的，是因为当时的场景是：泰阿泰德坐着。但是，这个例子的举出，恐怕不只是针对当时的场景的，因为如果只是想针对当时的场景而举出一个假陈述的话，"泰阿泰德站着"会更合适，更没有争议。但那位客人举出的偏偏是"泰阿泰德飞"这样一个陈述。这样一个陈述的独特性在哪里呢？应该在于它是一个不依赖于具体场景便可判定为假的陈述。我们无法想象泰阿泰德飞的样子，因为人之为人就根本不会飞起来。我们注意到，对话中，客人解释这一命题为何虚假时，先后用了两种说法。第一种是说，它说的是与存在的事物不同的事物。这种说法是依据当时的场景的。另一种说法是，这个陈述说的是不存在那样的事情。这就是说，这个陈述所判定的是子虚乌有的情况，这种情况根本不可能发生。如果是这样的话，这个陈述就不能说是虚假的，而应该说是无意义的。于是，这里便出现一个深刻的困难：为什么一个完全符合语法构造的陈述却描述了一个完全不可能发生的事情呢？因为按照柏拉图关于陈述的界定的要求，一个陈述要成为可能的必须以存在的事物或者虽不真实存在却可能作为一个相异的存在而存在的事物（非存在）为陈述的对象，可是，现在却出现了描述不可能情景的陈述。这个问题显然没有引起柏拉图的足够重视，而对此类问题的深入而系统的探讨要等到 19 世纪末 20 世纪初的"语言学转向"发生之后。

柏拉图《智者篇》中所展开的语言批判的主要成就表现为：由分析陈述的结构及性质入手，进而揭示存在的事物相互匹配或不匹配的各种可能性。而这就是柏拉图通过语言批判要达到的正面的形而上学结论。

柏拉图十分明确地表明他要探讨"非存在存在"的可能性，而这是直接针对形而上学大师巴门尼德而来的，因为后者断定，要证明"非存在存在"是行不通的。柏拉图欲证明这一形而上学命题，显然是带着极大的雄心的：若能成功，便可大大拓展存在的疆域，并极大地丰富事物之间相互联系的可能性。我们知道，巴门尼德把"存在物存在"作为唯一合法的形而上学命题的依据是：思维与存在是同一的，我们能思维的东西就是存在的东西，而所谓存在的东西就是能被思维到的东西，所以，不能被思维到的东西就是不存在的。我们也注意到，巴门尼德也把“能被思维”与“能被言说”相提并论。而柏拉图在《智者篇》中也明确坚持思维与言说是同一的。正因为如此，他才在本篇对话中采纳了从语言分析入手进行形而上学探究的研究策略。

其实，柏拉图的探讨是由这样一个简单的日常观察引起的：我们时常用一些否定性的词语来对事物做出断言。例如，我们会说“泰阿泰德个子不高”、“苏格拉底不美”、“泰阿泰德没有坐着”，等等。这些陈述都是有意义的，甚至大多是真实的。但是它们所描述的显然不同于“泰阿泰德个子高”、“苏格拉底相貌俊美”、“泰阿泰德坐着”等不带否定词的陈述所描述的东西。后一类陈述是对某种肯定性的东西做出断言，亦即断言某个对象具有某种性质或者做出了某种行为、处于某种状态，而前一类陈述则是对某种否定性的东西做出断言，亦即断言某个对象不具备某种性质或者没有做出某种行为、没有处于某种状态。简言之，后一类陈述所描述的是存在的事物，而前一类陈述描述的则是非存在的事物。但是，这两类陈述都是可真可假的。例如，泰阿泰德确实是个高个子，那么断言泰阿泰德个子不高的陈述就是假的，而断言他个子高的陈述就是真的，相反，如果泰阿泰德个子矮，则前一个陈述是真的，后一个陈述是假的。也就是说，这两类陈述都是有意义的。

我们单看“泰阿泰德个子不高”这个陈述。按柏拉图的分析，“不高”的意思有可能是“矮”，也可能是“一样高”。但是，不管这个词是什么意思，当这个陈述为真时，它所描述的就是这样一个单一的事实：泰阿泰德个子不高。我们说这是一个否定的事实，或者叫作负的事实。而按柏拉图的界定，这种负事实是非存在，但是，这个负事实却又使得一个陈述为真，所以它又是某种存在的东西，因此，我们似乎便可通过这种语言分析证明“非存在存在”这个命题为真了。

于是，柏拉图通过语言批判得出了他的正面的形而上学结论：

客人 事实上，运动确实不是存在，而是一个存在的事物，因为它分有存在。

泰阿泰德 这一点完全清楚。

客人 那么，“不存在”（亦即与存在不同的）存在必定是可能的，不仅在运动这个例子中是可能的，而且在其他所有种类中都是可能的。相异的性质使所有种类中的每一个都与存在不是一回事，这样就使它成为一个“不是”存在的事物，因此我们按照相同的原则在这个意义上把它们全都说成“不是”存在；此外，由于它们分有存在，因此可以说它们“是”存在，称它们为具有存在的事物。

泰阿泰德 无疑如此。

客人 所以，在每一种类中，有许多存在的东西，也有无数不存在的东西。[1]

柏拉图这里说的种类就是相。例如，在“运动”这个相中就有许多存在的东西，亦即许多运动的事物，它们分有了“运动”这个相，也有许多不存在的东西，亦即不运动的东西，它们没有分有“运动”这个相。同样在“高”这个种类（相）中，就有许多存在

1 《柏拉图全集》，第三卷，第64页。

的事物，即这种性质的事物，也有许多不存在的事物，亦即不拥有高这种性质的事物。

我们看到，柏拉图在《智者篇》中通过对各类陈述进行分析，进一步阐明了他的相论，并借此丰富了自巴门尼德以来的本体论学说。语言批判由此被表明为一种富有成效的哲学探究途径和手段。由于柏拉图对透过语言探究实在的真理持有审慎的态度，所以他并不主张把语言批判作为哲学研究的唯一途径。但是，从他多部对话的探讨主题来看，我们完全可以说，他已经把这种探究方式视作一种十分重要的哲学工具了。

三 柏拉图对哲学病的诊疗

后期维特根斯坦提出了“治疗型哲学”的观念。他认为，传统的哲学思维方式乃是人类理智不幸患上的一种疾病，需通过关注语言的日常用法而予以治疗。他呼吁人们把语词从形而上学用法带回到日常用法中来，以便从根本上摆脱哲学上的种种迷惑。柏拉图当然没有如此明确地痛斥哲学家们使用语言的方式，不过，他还是对哲学家们误用语言的情况保持着戒备。例如，他在多篇对话中反复指责智者派玩弄辞藻，蛊惑人心。他对哲学家们运用语词和进行论辩的具体方式提出了批评。《智者篇》中的如下这段对话很有代表性：

客人 巴门尼德和其他一些人要确定有多少真实的事物，或它们是什么样的。但令我惊讶的是他们对此进行的讨论却太简单、太轻率。

泰阿泰德 怎么会这样？

客人 他们似乎都把我们当作幼稚的儿童，给我们讲故事。

一个人说有三种真实的事物，这些事物中有些相互争斗，有些交朋友、结婚、生子。另一个人告诉我们有两种真实的事物：潮湿与干燥，或热或冷，他使他们结合，住在一起。在我们所住的世界的这个部分，爱利亚学派——其历史可以追溯到塞诺芬尼或更早一些时候——把他们的故事建立在“一切事物”只不过是一个事物的假设之上。后来，伊奥尼亚和西西里的某些缪斯感到把这两种解释结合在一起要更加保险，于是就说真实的事物既是多又是一，敌对和友谊使它们联系在一起。这些缪斯中最严格的一位说，“它在分离中被聚合在一起。”温和一些的则不那么死板，认为并非总是如此，而是提出另一种状态：这个世界通过爱的力量有些时候处于和平状态，有些时候由于某些纷争而处于战争状态。

上述种种观点，我们很难说出是否有人道出了真理。轻率地对这些有着稳固名声的人挑毛病绝不是一件好事，但是作一番观察并不一定会冒犯他们。

泰阿泰德　你观察到了什么？

客人　他们全都高高在上地谈论，而对像我们这样的普通人考虑太少。每个学派追求它自己的论证，直至得出结论，而对我们是否跟得上他们的话，或是否被甩在后面一点也不在乎。

泰阿泰德　你这是什么意思？

客人　他们中的某个人或另一个人在论断中使用这样一些表达：“确实是”、“成为”、“将成为”、“许多事物”、“一个事物”、“两个事物”、“或者说热与冷混合”、“假定说结合与分离”。你泰阿泰德明白他说的每个词吗？拿我自己来说，年轻时有人对我讲“非真实”，我以为自己理解得很清楚，而现在它却使我们感到疑虑。你现在该明白我们的困惑有多大了吧。

泰阿泰德 我明白了。

客人 那么我们的心灵对真实的事物也有可能处在相同的混乱状态。尽管我们可以不必理解非真实，而在说真实这个词的时候轻松地明白它的意思，但也许我们对二者的理解同样处在黑暗之中。

泰阿泰德 可能是这样的。

客人 可以说，对刚才提到的其他一些表达法，我们也处于同样状态。[1]

我们看到，这段对话指出了哲学家们使用语词表达观点、进行论证时所引起的理解上的困难。这里已非常清楚地显现出了一种对哲学语言进行批判性考察的视角。被当作批判对象的是此前各派哲学的基本观点。柏拉图试图分析造成哲学家们滥用语言的原因。他首先指出，这些哲学家在表达自己的观点时不够慎重、语言太过随意，例如，在谈到关于世界生成、变化的严肃话题时，他们居然会用到交友、结婚、生子、爱、恨与这样一些通俗、幼稚的词语，像是在讲一个故事似的。其次，哲学家们自说自话，只追求各自派别观点的内在一致性，而全然不顾及局外人能否理解他们的理论。这就不可避免地导致哲学家们不惜使用一些莫测高深的词句，企图表达出一套完整的形而上学理论。而恰恰就是因为屈从了这种诱惑，哲学家们的语言才渐渐丧失了生活的根基，处于一种如维特根斯坦所说的“休假状态”，不能正

1 《柏拉图全集》，第三卷，第 40–41 页。

常地表达意义。

柏拉图甚至列举出了一整串经常被哲学家们误用的词语。而他也有意识地要对这些哲学语词的用法进行必要的澄清。就像上面所引的这段对话的稍后部分所暗示的，他的《智者篇》主要就是要考察“真实”与“非真实”（以及相应的“存在”与“非存在”）这对哲学概念的真正用法和含义。再有，他明确列举出了“一个事物”、“两个事物”、“许多事物”这样几个哲学表达式，很显然就是想表明哲学上的一元论、二元论和多元论的确立是同语词的使用密切相关的。我们知道，古希腊自然哲学从最早的米利都学派到最后的原子论者，走出了一条清晰的由一元论到多元论的发展轨迹，其间各种观点竞相迭出，纷争不断，这一方面表现出早期希腊哲学的繁荣景象，另一方面却也难免给局外人造成一种混乱无序的印象。因此，柏拉图作为一代哲学巨匠，他试图正本清源，恢复哲学探究应有的秩序。事实上，柏拉图哲学的很大一部分就是概念分析。随手翻开他的一篇对话，都可以看到他关于诸如“正义”、“勇敢”、“美德”、“知识”、“善”等等哲学概念的详尽探讨。他试图界定这些概念，但每每只能从表达这些概念的语词的实际用法着手。对于每个概念的探讨都是复杂而艰苦的，而且最终往往得不到任何确定的结论，对话者们总是把希望寄托于下一次讨论。读柏拉图的对话，会给人留下这样一种强烈的印象：探究可以无止境地进行下去，永无终了。从语言哲学的视角来看，哲学探讨的永无止境，正表明了哲学语词在用法上的无限丰富性。只是，这些用法不能脱离具体的语言实践，成了“空转的机器”，而适当的概念分析正是防止这种后果的有效办法。

柏拉图的《欧绪德谟篇》就是专门探讨如何正确使用语词以及如何识破各种诡辩的。这篇对话的主要内容是苏格拉底向克里托转述他与欧绪德谟、狄奥尼索多洛、克特西普等人的谈话的具体情况。首先谈及的是语词的歧义性问题。例如我们常用的“学习”一词：“人们实际上在两种意义上使用‘学习’这个词：第一种是某人起初对某件事情没有知识，后来得到了知识；第二种是某个已经对某事物拥有知识的人使用这种知识来考察他要做的或谈论的相同事情。这第二种意义倒不如称作理解，而不是学习，不过人们有时候仍旧把它称作学习。……好吧，所有这些都只不过是一种涉及学习这个字眼的小把戏，所以我说他们正在和你做游戏。我之所以称之为游戏，那是因为这种东西学得再多，哪怕全都学了，也不可能朝着认识这些事物到底是什么的方向前进，而只能用它来和别人做游戏，利用语词的不同意义把人弄得晕头转向，就好比有人想要坐下，而有人把凳子抽走，当他摔得四脚朝天时，其他人就哈哈大笑。”[1] 一个语词有多种用法，因而有不同的意义——这是既定的事实。但是，如果利用语词的多义性而去故意做出一些意义模棱两可的陈述，却是十分不严肃的事情。以下这段关于“撒谎”的对话就充满了歧义性：

欧绪德谟说，我亲爱的克特西普，你真的以为有可能撒谎吗？

对，老天在上，否则就是我理智错乱。

你说的撒谎者提没提出一个相反的陈述？

---

1 《柏拉图全集》，第二卷，第 10–11 页。

他答道，提出了。

如果他提出了，那么在这种情况下，他不就是在提出与他真正要说的事实不同的另外一个事实吗？

怎么会呢？

他所说的显然是与其他事实不同的另外一个事实。

就算是吧！

欧绪德谟说，因此在叙说的时候，他正在叙说另外一个事实，是吗？

是的。

因此，叙述这个事实和其他事实的人在说真话，所以狄奥尼索多洛在叙述事实的时候并没有对你们撒谎。

克特西普说，没错，但是欧绪德谟，他在作这些陈述时并不在叙说事实——他并不在说存在的事情。[1]

歧义出在哪儿呢？关键在于这两个人对“事实”的界定不一样：克特西普认为事实就是实际发生的某件事情，而欧绪德谟则主张事实应该包括所有已发生的事情，甚至还包括可能发生但尚未发生的事情。让我们设想这样一个场景：狄奥尼索多洛被怀疑与一桩谋杀案有牵连，法官问他：你昨天晚上十点在干什么？他回答说：我在睡觉。那么，按照克特西普的界定，如果狄奥尼索多洛昨天晚上十点没在睡觉，他就是在撒谎。但是，如果按照欧绪德谟的界定，狄奥尼索多洛并没有撒谎，因为“狄奥尼索多洛在睡觉”是他所认可的一个事实。我们会立即向他

1 《柏拉图全集》，第二卷，第 19 页。

指出：你忽略掉了“昨天晚上十点”这个时间限定！但是，正如接下来的对话所显示的，欧绪德谟和狄奥尼索多洛这两兄弟开始了进一步的狡辩。他们的意思是：要完全如实地陈述事实是不可能的，因而在真话和谎言之间没有绝对的区分。他们认为，要做到按照事物的存在方式说话，就意味着我们要很坏地谈论坏的事物，很大地谈论大的东西，很热地谈论热的东西，等等。其实，他们这是在故意转移话题，以掩饰自己的尴尬处境。我们可以说，这二人是在偷换概念，因为他们所说的“事实”这个概念在内涵和外延上都不同于克特西普的“事实”概念，由此才导致真话与谎言不分的局面。

由关于谎言的讨论，又进一步引申到关于知识的讨论。在这一讨论中，欧绪德谟和狄奥尼索多洛再次使出他们一贯的诡辩手法，死抱着自己的论点不放。他们的论点是：如果你知道一样事物，你也就知道了一切。理由是，假如一个人既知道一些事物又不知道另一些事物，那么他就既有知识又没有知识，从而陷入矛盾。而且，他们兄弟二人也声称自己知道一切。接下来，苏格拉底和克特西普就要求他们证明自己确实知道一切。但是，不管苏格拉底问他们知道不知道某件事或某种技艺，他们一律坚定地说知道，却并不提供现实的证据。这时克特西普忍不住了：

以神的名义起誓，证明给我看，狄奥尼索多洛，让我能知道你们俩说的是真话。

他说，要我向你证明什么呢？

你知道欧绪德谟有几颗牙齿？他知道你有几颗牙齿？

他说，告诉你我们知道一切难道还不够？

克特西普说，请不要这样说。你只需要告诉我们一件事，说出对方有几颗牙齿就能说明你们说的是真话，到时候我们来数一下，以此证明你们确实知道，这样一来我们马上就能相信其他所有事情了。

他们认为克特西普在开玩笑，所以不愿意这样做。克特西普毫无约束地继续向他们提问，一个接一个，但他们仍旧坚持说自己知道一切。最后，克特西普连最丑恶的事情都提到了，问他们知道不知道。但他们勇敢地面对每一个问题，坚持说自己知道，就像面对投枪的野猪。[1]

这段对话实际涉及关于命题意义的证实原则。欧绪德谟兄弟坚持这样一个独断的论点：我们知道一切。而克特西普则要求他们表明他们的论点是可证实的。他的思路是这样：既然你们声称知道一切，那么你们肯定知道每一件事情，而要检验你们是否知道这些事情，我们可以问你们是否知道任何一件具体的事情，譬如，你们是否相互知道对方长几颗牙齿？但是，这兄弟二人始终不愿做哪怕最简单的断言，因为他们很清楚，一旦做出一个断言就很可能被当场证明为假，从而推翻他们的整个论点。而克特西普俨然一位实证主义者，非要求他们给出实际的证据不可，于是双方僵持不下，只好不了了之。

当然，我们可以很明白地看出，欧绪德谟兄弟的论点是一个空洞的判断，无法证实，因而是没有意义的。克特西普抓住的就是这一点，而且很可以迎合普通大众的认可。但是，我们

---

1 《柏拉图全集》，第二卷，第35页。

也不能说这兄弟二人的观点完全是没来由的胡说八道，因为他们的论点是经过论证得来的，尽管这种论证只是一种思辨性的概念游戏罢了。

随着对话的进行，这两兄弟又接二连三地提出一些稀奇古怪的论证，得出令人咂舌的结论。我们来看一看，狄奥尼索多洛是如何证明克特西普是一头畜生的：

你愿意回答我的问题，那么你马上就会承认自己就是这些畜生。来吧，告诉我，你有狗吗？

克特西普说，有，有一只恶狗。

它有小狗吗？

克特西普说，有许多小狗，像这只老狗一样坏。

那么老狗是小狗的父亲，对吗？

克特西普说，我亲眼看到这只老狗与母狗交配。

很好，这只老狗不是你的吗？

克特西普说，肯定是。

那么作为一名父亲的这条狗是你的，所以这条狗成了你的父亲，你成为小狗的兄弟。[1]

这当然是一个无效的推理，但是它又具有迷惑人的语言表达形式：这条狗是你的，这条狗是父亲，所以这条狗是你的父亲。这个所谓推理就是把两个前提简单迭加起来构成一个新的判断，充作结论。其实，这纯粹只是语言层面上的戏法，根本不构成

1 《柏拉图全集》，第二卷，第42页。

一个有内容、有结构的推理过程。

正因为整个对话充斥着这样一些浅薄无聊的内容，亲历这次对话的人才对像欧绪德谟兄弟这样的所谓辩证法家表现出鄙夷的态度。克里托没能挤进去倾听这次谈话，不过，他向苏格拉底转述了另外一个人对这场对话的看法：

我问道，这是一场什么样的谈话？

你也许听说过使用辩证法的人，在现在还活着从事谈话的人中间，这种人最能干。

我说，那么你认为他们怎么样？

他们？无论谁听了他们谈话都会认为他们在胡说八道，谈论一些根本没有价值的事情，或者小题大做。

这是他的原话，一字不落。然后我说，不过，哲学是一样迷人的东西。

他说，呸，呸，迷人，得了吧！我告诉你，一文不值！如果你刚才在场，我敢肯定你会为自己的老朋友感到耻辱，他是个大傻瓜，竟然把自己交到这样的人手中，他们只会咬文嚼字，根本不在乎自己在说些什么。这些人竟然还算是当今最强大的人。克里托，这些人运用的整个方法确实是卑鄙的、可笑的。

在我看来，苏格拉底，这个人责备这种方法是不对的，其他人责备这种方法也不对，至于他认为不要当众与这样的人争论，我认为他的态度是正确的。[1]

---

1 《柏拉图全集》，第二卷，第52页。

苏格拉底在《欧绪德谟篇》中一直是一个冷静旁观者的形象，只是偶尔插问几句，而不对双方的争执发表直接的评论，更不明确站在哪一边。当克里托向他复述别人对这场谈话的看法时，他也表现得相当平静。不过，他在最后的总结性话语中，还是表现出了他对于哲学探讨所持有的那种一贯的坚定信心："别为那些实践哲学的人担心，无论他们是好是坏，只要能认真仔细地考察事物本身。如果哲学在你看来是样坏东西，那么我让所有人回避它，而不仅仅是你的儿子；但若你对哲学的看法也和我一样，那么如谚语所说，让'你自己和你的家人'鼓起勇气去追求它，实践它。"[1]

也许苏格拉底的这番话正好表达了柏拉图对哲学探究所抱的态度。首先，他认为哲学是好的，值得我们去终生实践它；其次，他主张哲学应当认真细致地考察事物本身。而这一主张作为最后的结语写在以探讨语言之滥用为主题的《欧绪德谟篇》中，应当说是意味深长的。我们知道，柏拉图是明确采纳语言批判手段进行哲学探讨的哲学家，因为他坚定地认为，语言能够提供关于世界的有价值的信息。不过，在《克拉底鲁篇》中他就已经充分意识到语言作为表达事物之媒介的局限性，并转而主张，最好还是直接研究事物本身。然而，我们在前文中也已指出过，柏拉图之所以主张透过语言研究实在，就是因为实在本身无论对于我们的感官还是对于我们的理智来说，都是难以直接把握的。于是，他在这个问题上便陷入了进退维谷的境地。

---

1 《柏拉图全集》，第二卷，第55页。

当然,《欧绪德谟篇》最终落脚到看重对事物自身的考察,或许暗含着对语言手段的更大的不信任。这当然不只是说语言本身有多大的缺陷(《克拉底鲁篇》是以此立论的),更重要的是,柏拉图看到了语言使用者故意滥用语言可能对哲学造成的巨大危害。也就是说,《欧绪德谟篇》着重进行的是语言的实际用法批判,而不是语言的表达功能批判。在本篇对话中,柏拉图明确区分了言语的制造和使用这两种不同的技艺:"有些言语制造者并不懂得如何使用他们自己制造出来的言语,就像那些竖琴制造者对待他们制造的竖琴一样;不过也有其他一些人能够使用别人制造的言语,而自己不能制造。可见在言语方面也一样,制造是一门技艺,使用是另一门技艺。"[1] 接下来,他进一步强调,只有正确掌握了使用言语的技艺,才能谋取幸福。正是在做出这样的一般性结论之后,对话才过渡到那些滥用语言的具体事例。因此可以说,柏拉图写作《欧绪德谟篇》的主要目的,便是通过展示种种滥用语言的实例以及它们所导致的荒谬结论,以告诫人们致力于掌握正确使用语言的技艺,尤其是要在实践哲学的过程中明辨诡辩的实质,勿使其影响到关于事物自身的考察。当然,柏拉图还没有得出这样极端的结论:哲学语言必然是误导的,而正确使用语言,就意味着哲学的终结。这是后期维特根斯坦的治疗型哲学所主张的。不过,柏拉图关于语言之滥用及其哲学后果的考察对于其后的哲学家们的语言批判工作还是具有很大的启发价值的。

---

1 《柏拉图全集》,第二卷,第 28 页。

第三节 亚里士多德的语言批判

亚里士多德又将语言批判向前推进了一大步。他的语言批判有着明确的建构性目标：通过语言的逻辑分析和日常用法分析，建立起一套完整的形而上学体系。我们知道，尽管亚里士多德本人并没有使用“形而上学”这个词，但正是他规定了这门最高学问的研究对象、理论目标和研究方法。他写道：“存在着一种研究作为存在的存在，以及就自身而言依存于它们的东西的科学。它不同于任何一种各部类的科学，因为没有任何别的科学普遍地研究作为存在的存在，而是从存在中切取某一部分，研究这一部分的偶性，例如数学科学。既然我们寻求的是本原和最高的原因，很明显它们必然就自身而言地为某种本性所有，故假若寻求存在物之元素的人寻求的就是这些本原，那么这些元素必然并不为就偶性而言的存在所有，而是为作为存在的存在所有。所以我们应当把握的是作为存在的存在之最初原因。”[1]

形而上学以作为存在的存在即存在自身作为研究对象，并以把握其本原或最初原因为理论目标。而在亚里士多德看来，作为存在的存在也就是就其自身而言的存在，而非就其偶性而言的存在，因此，这样的存在自身也便是他所说的实体。所以，亚里士多德的形而上学主要就是研究实体的存在及其规定性的。为完成这样的研究任务，亚里士多德援用了独特的研究方法。这些研究方法的使用也正是他的语言批判的实际展开过程。细究

1 《亚里士多德全集》，第七卷，第 84 页。

下来，亚里士多德在其形而上学探究过程中，既系统地运用了逻辑分析方法，又充分使用了语义分析方法。

一 《工具论》中的逻辑分析

亚里士多德的《工具论》由《范畴篇》、《解释篇》、《前分析篇》、《后分析篇》、《论题篇》和《辩谬篇》构成。这既是一套完整的逻辑学系统，又是一套严密的哲学方法论。作为一个逻辑学系统，它涵盖着关于概念、判断和推理的形式理论，而作为哲学方法论，它探究的是如何从语言表达式入手去分析被表达事物的性质及其相互关系。

《范畴篇》正是通过对命题进行逻辑分析而确立一套关于实体的学说的。亚里士多德首先列出了由非复合词表示的十个范畴："一切非复合词包括：实体、数量、性质、关系、何地、何时、所处、所有、动作、承受。举个例子来说，实体，如人和马；数量，如'两肘长'、'三肘长'；性质，如'白色的'、'有教养的'；关系，如'一半'、'二倍'、'大于'；何地，如'在吕克昂'、'在市场'；何时，如'昨天'、'去年'；所处，如'躺着'、'坐着'；所有，如'穿鞋的'、'贯甲的'；动作，如'分割'、'点燃'；承受，如'被分割'、'被点燃'。"[1] 人们用这些表示范畴的非复合词构成命题、做出判断："这些词自身并不能产生任何肯定或否定，只有把这样的词结合起来时，才能产生肯定和否定。因为，所有的肯定命题和否定命题必然被看作或者是真实的，或者是虚假的。而非复合词既没有真实，也没有虚假，如人、白、跑、

---

1 《亚里士多德全集》，第一卷，第 5 页。

得胜等等。”[1]

在所有这些表示范畴的词语中，只有表示实体的词才能作为命题的主词，成为被述说的对象。亚里士多德正是从分析语言表达式入手构建其实体学说的。他首先区分开了第一实体和第二实体。第一实体就是个别的存在，如苏格拉底这样一个人，在语言层面上用“苏格拉底”这个词语表示；第二实体就是一类存在物，如人和动物这样的属和种，在语言层面上用“人”和“动物”这些词语表示。其中，第一实体是单一的主体，是最基本的存在物，其他事物都依存于它，没有它，其他一切都不可能存在：“第一实体之所以被认为比其他事物更是实体，就在于第一实体是支撑着其他一切事物的载体，其他事物或被用来表达它们，或存在于它们中。”[2]另外，第一实体无一例外地都是一个“这个”，亦即一个个体化的、不可分割的存在物，而第二实体却只是表面上看来似乎表示某一“这个”：“它更多地表明的是某种性质，它不像第一实体那样，是单一的主体，我们说‘人’和‘动物’，并不是一件事物而是多种事物。但它们所表明的不是某种笼统的性质，如‘白的’。因为‘白的’除了表明性质以外，别无所指。而属和种决定了实体的性质，这些性质表明它是什么实体。”[3]

第二实体并不存在于第一实体之中，如“人”并不存在于“苏格拉底”之中，但是，可用前者述说后者，构成这样的命题：苏格拉底是人。这显然是一个有意义的命题。亚里士多德正是

1 《亚里士多德全集》，第一卷，第5–6页。
2 同上，第7页。
3 同上，第10页。

通过分析这样一个命题的逻辑构造来说明苏格拉底这样的第一实体和人这样的第二实体之间的区别和联系的。首先，“是人”这个谓词被用来判定“苏格拉底”这个主词，是要表明苏格拉底具备人的性质，也就是说，苏格拉底因为具备了这种性质而不是一条狗、一只猫等等；其次，按亚里士多德的看法，这个命题除了断言苏格拉底具有人的性质之外，更重要的是表明作为第一实体的“苏格拉底”这个人，同时还和“人”这一第二实体有着某种必然的关联。那么，二者之间到底是什么关系呢？这在柏拉图那里就是具体事物与相(理念)的关系。按他的观点，苏格拉底这个具体事物因为分有了人这个相而成为一个有血有肉的人。相的存在优先于事物的存在，人的存在优先于苏格拉底的存在。因此，在柏拉图看来，人比苏格拉底更是实体。但是，亚里士多德却持相反的观点，认为苏格拉底才是更为根本的实体，而他正是通过分析命题的逻辑结构得出这种形而上学结论的：第一实体才是被述说者，如果没有第一实体，第二实体便失去述说对象，从而也就失去自身存在的依据了。不过，既然亚里士多德将人当作一类实体，并且断言苏格拉底因为具备“是人”这样的性质而获得某种实质的规定性，那便说明他并没有抛弃柏拉图关于两类存在物的区分。

其实，亚里士多德所说的第二实体可以简单地理解为第一实体的本质属性，例如，“是人”就是苏格拉底的一个本质属性，也就是说，苏格拉底拥有人性。只要和亚里士多德接下来对第一实体的偶然性质的分析联系起来，就可以看到他的真正用意来。他认为，其他范畴都是用来述说实体的。我们可以构造出这样一些命题：“苏格拉底身高 1 米 80”、“苏格拉底是有教养的”、“苏格拉底比柏拉图年长”、“苏格拉底在雅典”、“苏格拉底昨天来过”、“苏格拉底坐着”、“苏格拉底打人”、“苏格拉底被打”。所有这些命题都是关于苏格拉底这个第一实体的，它们全是关于他的述说。不过，这些谓词所断言的都只是苏格拉底的偶然性质，因为这些性质或状况都是可变的，而这恰恰是第一实体作为载体的特点：“实体不仅能在数目上保持单一，而且能容受相反的性质，如某个人，在数目上始终是同一个人，但他有时白，有时黑，有时发热，有时发冷，有时行善，有时行恶。而其他的事物则不会这样。……因此，就实体在自身之中发生变化的方式来说，具有相反的性质，乃是实体的特点。”[1] 苏格拉底可以从有教养的变为没教养的，可以一会儿坐着一会儿站起来，如此等等，但是，我们不能有意义地说苏格拉底一会儿是人一会不是人。这就是本质属性与偶然属性的区别，在亚里士多德那里就是第二实体与其他范畴的区别，而这种区别是通过分析不同命题的逻辑构造而发现的。

二 亚里士多德关于知识的逻辑分析

在《范畴篇》里，亚里士多德把知识归在“关系”这一范畴内：“知识乃是知识对象的知识，而知识对象是被知识所认知的东西。”[2] 这样，知识就被理解为认知者与认识对象之间所处的一种关系。不过，在亚里士多德看来，知识与对象之间并不是完全对等的关系：“在大多数情况下，我们获得事物的知识之前，事物就已经存在了。因为，我们的知识与知识的对象同时存在只

1 《亚里士多德全集》，第一卷，第 11–12 页。
2 同上，第 19 页。

是极个别的情况，或者说绝无仅有。如若知识的对象一旦被取消，那么知识自身便不复存在了，但相反的情况则不会出现，如若知识的对象不再存在，也就不可能再有任何知识了，就不会有任何东西的认知了。但是，即使我们还没有关于某一特殊对象的知识，对象自身也依然存在。例如，使圆的面积等于正方形的面积，如若这也可以称为知识的对象的话，虽然它作为知识的对象是存在的，但还没有关于它的知识。如若所有的动物都不存在，则根本不可能存在知识，尽管这样，知识的对象却依然存在。”[1]

在《后分析篇》里，亚里士多德结合他的证明理论对知识做了更进一步的分析："我们无论如何都是通过证明获得知识的。我所谓的证明是指产生科学知识的三段论。所谓科学知识，是指只要我们把握了它，就能据此知道事物的东西。”[2] 科学知识以普遍事物为对象，而且带有必然性，不同于一般的意见："知识和知识的对象与意见和意见的对象并不相同。知识是关于普遍的，是通过必然的命题而进行的，必然的东西不可能变成其他。某些命题虽然是正确的、真实的，但也可变成其他。显然，知识不涉及它们。……如果某人以把握证明借以产生的定义方式把握了不可能变成其他的命题，那么他所具有的就不是意见而是知识，如果他只理解到属性是真实的，但不知道它们通过实体和形式而属于主体，那么他所具有的就不是真正的知识而只是意见。”[3]

具体而言，我们对科学知识的追求就是对三段论中的中词

1 《亚里士多德全集》，第一卷，第 22–23 页。
2 同上，第 24 页。
3 同上，第 308–309 页。

的研究。亚里士多德经常举关于月蚀的研究为例，他认为这一科学研究的关键就是找到“月球被遮蔽了”这个中词。而这种研究大致可归结为关于存在和本质的研究。其中，关于存在问题的探讨是更为基本的，也就是说，必须先确定事物的存在，然后才能进一步探究本质。亚里士多德首先区分开了两类不同的存在，即“在特殊意义上的存在”和“在一般意义上的存在”：“所谓在特殊意义上的和在一般意义上的‘事实’或‘存在’，我的意思是这样的：如果我们问：‘月球被遮蔽吗？’或‘月球渐圆吗？’，那么这就是在特殊意义上的存在的例子，因为我们在这些问题中所探讨的是：属性是否属于主体；如果我们问‘月球存在吗？’或‘夜存在吗？’这些问题时，这就是在一般意义上的存在的例子。……所谓在一般意义上的存在，我指的是主项，例如月球、地球、太阳或三角形；所谓在特殊意义上的存在，我指是谓项，如被蚀、相等、不相等、侵入和非侵入。”[1] 在确定下来事物的存在之后，我们接下来要研究的便是事物的本质，也就是事物的“是什么”。亚里士多德认为，追问事物的“是什么”，也就是追问它的“为什么”，亦即它产生的原因：“原因和‘是什么’是相同的。‘蚀是什么？’回答：‘因地球遮蔽而使月球失去光亮。’‘蚀的原因是什么？’或‘为什么月球受遮蔽？’回答：‘由于地球的阻挡而失去了阳光。’这两种回答是完全相同的。”[2]

因此，在亚里士多德看来，我们求知的过程也就是追问事物之所以发生的原因的过程，也即是寻找中词的过程：“只有当

---

1 《亚里士多德全集》，第一卷，第 313 页。

2 同上，第 313–314 页。

我们知道事物的原因时，我们才认为具有了关于它的知识。原因有四类:'是其所是'、必然条件、最初的动力因以及'何所为'或目的因。所有这些都是通过中词提示的。因为如果只设定一个前提，那就没有必然的根据，至少必须有两个。但当两个前提有一个中词时，条件就满足了。所以设定了这一词项，结论就是必然的。从下面的例子中可以看得很清楚。为什么半圆的内切角是直角，什么是它成为直角的根据？让A表示'直角'，B表示'两个直角的一半'，C表示'半圆的内切角'，那么，A（直角）属于C（半圆的内切角）的原因就是B。B等同于A，C等同于B，因为B是两个直角的一半。因此，B是两直角的一半这一事实就是A属于C，即半圆的内切角等于直角的必然根据。再者，它与'是其所是'相同，因为它是定义所表示的。'是其所是'意义上的原因也可以被证明是中词。'波斯人为什么向雅典人发动战争？'换言之：'雅典人为什么卷入波斯战争？'答曰：'因为雅典人伙同埃莱特里人袭击色底斯。'这就是战争的最初原因。……'何所为'即目的意义上的原因亦同样。例如，人们为什么散步？为了健康。"[1]

亚里士多德在其关于知识的探究中，一直贯穿着语言批判的视角。首先，他将知识列入"关系"范畴，对其展开概念分析；其次，他把两类不同意义的存在分别对应于命题的主词和谓词；再次，他将事物的本质归结为证明中的中词，从而把关于事物的知识的探究上升到了语言的层面。除此之外，更重要的一点是，亚里士多德还详细地探讨了定义对于求知的重要性。在《论

---

1 《亚里士多德全集》，第一卷，第328–329页。

题篇》中，他为“定义”下了这么一个定义：“定义乃是揭示事物本质的短语。”[1]这似乎是一个意义明确的关于“定义”的定义。不过，在《后分析篇》中，亚里士多德则探讨了“定义”一词的各种不同的含义：“在什么意义上它说明了‘是什么’，在什么意义上则不；什么事物是可定义的，什么事物是不可定义的；定义与证明的关系以及在什么意义上同一事物既是可下定义的又是可证明的，在什么意义上则不行。”[2]

亚里士多德首先肯定，定义要从字面上解释被定义名称的意义。但是，若仅仅停留在这个层面上，我们还不能得到真正的定义：“从现在所使用的定义方式中可以清楚地看到，下定义的人并没有证明被定义事物的存在。即使假定存在着与圆心等距离的某事物，但为什么如此定义的事物存在呢？为什么它是一个圆呢？因为人们也可以同样把它说成是铜的定义。定义并没有确保被下定义的事物能够存在，也不与它们要为之下定义的事物相等同。”[3]因此，要成其为一个定义，除了具备字面含义之外，还需要确保被定义事物的实际存在。否则的话，我们便可以给“独角兽”下这么一个定义了：“只有一只角的野兽”。但是，我们并不承认这样的所谓定义，因为它要定义的是某种非存在的事物。除了要求被定义事物必须存在之外，还要求它们不是单个的事物，如《伊利亚特》，而必须是普遍的事物，因为只有这样的事物才具有可供描述的一般本质。亚里士多德举“雷”为例。

---

1 《亚里士多德全集》，第一卷，第357页。

2 同上，第327页。

3 同上，第322页。

我们要定义的显然不是某一次雷击，而是打雷这样一种天气现象。一方面，我们可以解释“雷”这个词的字面意思，像任何一本词典会告诉你的那样，另一方面，我们则要求为“雷”这种事物下一个本质定义，而这样一个定义的获得必须是在经过科学的证明发现了雷何以发生的原因之后。也就是说，关于事物的定义必须建立在关于它是什么或者它由何而来的科学描述之上。不过，亚里士多德认为，词义的解释和关于被定义事物之本质的描述显然是互不相同的，但是这并不排除两者可以是相互一致的:“前一类只是表明意义却没有证明，后一类则是一种类似‘是什么’的证明的东西。说明为什么打雷与解释雷是什么并不相同。为什么打雷？答：‘因为云中的火的猝灭’；雷是什么？答：‘由于云中的火的猝灭而发出的响声’。因而，同一陈述采用了不同的表达方式：在一种形式中，它是连续的证明；在另一种形式中则是定义。然而,可以把‘雷’定义为是云中的响声,这是证明‘是什么’的三段论的结论。”[1]

这么一来，亚里士多德在对知识进行分析时，明显划分出了这样三个层次：首先必须假定作为科学探究对象的普遍事物的实际存在。每一门具体科学尽管不研究作为存在的存在自身，但都无一例外地研究存在的一部分。其次是科学知识本身，它表现为一种关系，是对普遍事物之本质的把握，这种把握表现为发现作为一个证明的关键的中词，而这个中词正是解释所研究对象何以发生的原因。因此，在亚里士多德看来，一切科学研究就是探寻普遍事物之本质或原因。最后是关于事物的定义，

1 《亚里士多德全集》，第一卷，第 327 页。

这表现为语言的层面。定义就是一个语言表达式，是对科学研究结论的描述与记录。作为语言表达式，一个定义首先必须有其字面含义，亦即其意义，这种意义是保证其自身的可理解性的必备要素。这种意义是什么？显然就是固定下来了的关于被定义事物的认识。我们对于任何语言表达式的接受似乎都依赖于这种约定俗成的过程。不过，亚里士多德敏锐地意识到，如果仅把定义限定在对认识的描述上，就会面临一些危险："由于下定义者要么说明事物是什么，要么说明它的名称的意义，如果定义根本没有证明'是什么'，那么，这样一来，定义就必定是一个其意义与名称相同的表述。但这是荒谬的。它会产生下列结果。首先，就会有非本质东西的定义以及非存在的定义，因为非存在也有一个有意义的名称。其次，所有的表述就可以变成定义了。因为任何表述都可加上一个名称，这样，我们就全部用定义谈话，连《伊利亚特》也会变成定义。再次，没有任何证明能证实特定的名称有特定的意义，定义也不能说明该名称具有这种意义。"[1]因此，一个定义要成为真正的定义，就必须描述被定义者的本质，亦即表述出通过科学探究所找到的该事物得以存在的原因。若能做到这一步，则这个定义就是完善的了：既然言之有物，就不可能是关于非存在的了；既然是描述某种普遍事物的，就可以同单纯的名称相区别了；既然是明确论述某一特定类型的普遍事物的，就可以和其他的定义判然有别了。

我们在亚里士多德这里同样清楚地看到了自巴门尼德、经高尔吉亚到柏拉图以来的关于语言、知识和世界三者相互同一的

---

1 《亚里士多德全集》，第一卷，第322–323页。

论断。正是对这种“三界同一”的基本构架的默认，才促使亚里士多德展开了他的系统的语言批判，并由此构建起他的知识论和形而上学体系。亚里士多德的语言批判的系统性表现为：他以前所未有的理论眼光与气度，精心构制出了一套方法论系统，并将这套方法全面应用到了他的形而上学、认识论等等方面的研究之中，取得了不朽的理论成果。此外，就语言分析方法而言，亚里士多德还是一位难得的既注重逻辑分析又注重日常用法分析的语言哲学大师。所谓逻辑分析，就是指他运用自己的范畴学说、命题学说和证明学说，构建出了他的实体理论和认识论思想。而所谓日常用法分析则体现在他的《论题篇》、《辩谬篇》和《形而上学》这几本著作中，在那里，他对一些哲学概念的日常含义做了条分析缕的分析，并以此为出发点表达出自己对这些哲学概念的理解。

三　亚里士多德的日常语言分析

亚里士多德十分重视对语词的多种意义进行区分和辨别。他认为，这样的分析工作对于哲学概念的界定和哲学论证的展开具有至关重要的作用。他这样写道：“关于语词的多层含义问题，不仅要处理那些不同的含义，而且要努力揭示出它们的定理。例如，我们不仅在一种意义上把公正和勇敢叫作善，在另一种意义上把强壮和健康叫作善，而且认为称前者为善是由于它们自身具有某种善的性质，称后者为善则是由于它们能产生某种善的结果，而不是由于它们自身有某种善的性质。其他情况也如此。”[1] 也就是说，在对语词的不同含义进行分析时，不仅要知

---

1 《亚里士多德全集》，第一卷，第 368–369 页。

其然还要知其所以然。在具体的分析过程中，亚里士多德要求特别注意造成一词多义的原因到底是来自于所描述的事物的种类方面的，还是来自于语词用法方面的：

一个语词到底具有多层含义还是有一层含义，可以用下述方法来考察确定。首先，考察相反者是否具有多层含义，如若有多层含义，其差别是种方面的还是用语方面的。因为在某些场合，仅从用语方面也能发现区别。例如，在形容声音时，尖锐的反义词是低沉的，但在修饰刀刃时，尖锐的反义词是滞钝的。显然，尖锐的反义词有多层含义，尖锐的也就有多层含义。因为对应于尖锐的不同含义，它的反义词也就不同。因为尖锐的作为低沉和滞钝的反义词时，其含义是不相同的，虽然它都是二者的反义词。再有，在形容声音时，低沉的反义词是尖锐的，但在修饰物体时，其反义词则是轻飘的。可见，既然低沉的反义词有多个，它就具有多层含义。同样，用于说明动物时，漂亮的反义词是丑陋的，但在描述房屋时，漂亮的反义词就是粗劣的。因此，漂亮的是个多义词。

有时，语词在用法上并无区别，但在种方面的含义却会立即显现出差别来。例如清和浊；因为它们既可表述声音也同样能说明颜色。在用语上它们并无区别，但在种上的含义，其差别就非常明显。因为用清去指称颜色和声音时含义是不同的。通过感觉也能明显地看到这一点，因为对于同种的东西有相同的感觉，但对于声音和颜色，我们并不是用同样的感觉去判定其明晰性，而是以目视色，用耳听音。[1]

从以上论述中可以看出，亚里士多德在分析语词在纯粹用法方面的差异时，用了一个十分巧妙的方法，就是通过看一个词在不同的使用场合时的反义词来确定它的词义变化。他之所以把这种情况看作仅仅是用语上的差别，是因为同一个词在不同使用场合的反义词是不同的词，所以仅凭语言层面上的差别，便可判定这类一词多义的情况。而他所说的第二种一词多义现象的判定则要参照语言之外的东西，即事物之间在种上的差异，因为单从用语上看不出该词的词义变化，因为它在不同使用场合的反义词也是同一个词。亚里士多德主张不仅要弄清楚词语的多义词，而且要分析造成这种多义性的不同原因，其目的首先是提醒人们在使用语词时多加小心，以便清楚地表达自己的意思，避免误解。他尤其强调在进行论证或同他人辩论时，一定不要把含混不清的词语不加区别地使用进去。他这样告诫人们："就语词的多种含义做出考察，对于弄清词义（因为某人如若弄清了所用语词的多种含义，就会更能知晓他所主张的到底是什么），对于保证推理依据事实自身，而不只是相关于所用的那些语词，都是有用的。因为如果没弄清楚语词的多种含义，就可能出现回答者与提问者在思想中所指并非同一含义的情况。相反，如若明确了所用语词的多种含义，而回答者也明白了是什么意思，那么，假如提问者所做的论证不是针对于此，就会显得荒唐。它也有助于我们不致迷茫和误入歧途。因为知道了语词的多种

1 《亚里士多德全集》，第一卷，第369–370页。

含义，就不仅能使我们自己摆脱了谬误，而且假如提问者所做的论证不是针对于此，我们也能看出来；再有，当我们在提问时，如若回答者碰巧不知道所用语词的多种含义，我们也能把他引入谬误。”[1]

当然，亚里士多德对语词的用法分析还有更高的用意，那便是：通过分析由语词的不同用法所导致的意义差异，会大大有助于我们发现事物间的差别，而这种差别的发现又会帮助我们掌握每一类事物的本质：“发现事物的差别不仅对于我们有关相同和相异的推理有用，而且对于认识每一事物的本质也有用。它在有关相同和相异的推理方面的作用是显而易见的；因为当我们发现了所议论题的某种差别时，我们也就表明了它们不是相同的。它之所以对于认识事物的本质有用，是因为我们常常通过每一事物所特有的种差去分离出每个事物的本质所特有的定理。”[2]

亚里士多德之所以认定语言分析有助于我们把握事物的本质，就在于他不承认有所谓的纯粹针对语词的论证。相反，他坚持主张，任何一个真正的论证都是针对思想的：“在针对语词的论证和针对思想的论证之间，并不存在有些人所想象的真正的差别。以为有的论证是针对语词，有的论证是针对思想，两者并不同一，这是荒谬的。为什么就不能用这个论证来针对思想呢？除非一个人不是在被追问者所想到的意义上使用名词，而当他正被追问时他是承认这个定义的；这与使用思想针对语词完全是同

1 《亚里士多德全集》，第一卷，第 375–376 页。
2 同上，第 376 页。

一的。然而使用语词针对思想则等于在这一层意义上使用语词，即一个人在承认这一意义时所想到的意义。如果这个名词具有多种意义，而追问者和被追问者都认为它只有一种意义，例如，'单一'和'存在'都具有多种意义，然而回答者在回答时，以及追问者在提问时，都假定只有一种意义，并论证说，万物是一。难道这种论证只能被用来针对语词而不能针对被追问者的思想吗？"[1]

亚里士多德这里谈到的对话者之间在语词和思想方面均达成一致的情况，与其说是一个事实，不如说是一种要求。人们之间的很多争论都缘于彼此在不同的意义上使用相同的语词，于是，这样的争论必定沦为毫无益处上的语词之争。亚里士多德不是没有看到这种状况，相反，他的语言分析恰恰是为了消除这种不好的状况。他首先明确承认一词多义现象是普遍存在的，而且没有想着设计出一套排除歧义性的理想语言来，而是立足于语言具有多种不同用法这一事实，从容不迫地展开他的语言批判。他意欲向人们展示一种正确运用语言去探讨哲学问题的方法。他一方面实际做着澄清哲学语词之含义的踏实工作，另一方面也鼓励人们照着他的做法力求认真、规范地使用语词。他宁愿看到人人都遵守语言使用规范进行论辩的理想状态，而倾向于把一切玩弄辞藻的把戏全不当作真正的论证。

亚里士多德的《形而上学》一书很大程度上可视作一部语言批判的经典之作。他的形而上学理论围绕一整套哲学概念而展开，而他在讨论这些概念时，无一例外地从分析表达这些概

---

1 《亚里士多德全集》，第一卷，第 571 页。

念的语词的意义入手，而且在大多数情况下，他都耐心而细致地区分出某个语词的多重含义，并循着其每一重含义往下探讨。关于这种探究视角，他做了这样的描述与说明：

应该区分每个字眼的全部意义，并且用每一范畴中最初的东西来加以说明，指出它如何与最初者相关；因为有的是因为具有它，有的是由于造成它，还有其他一些诸如此类的方式。

显而易见，对这些字眼以及对实体作出说明属于同一门科学（如同在《论题篇》中提到过的一样）。能够研究所有这一切是哲学家的本分。若不是哲学家，谁来研究苏格拉底与坐着的苏格拉底是否相同；或者是否一事物有一个相反者，或这个相反者是什么，它有多少种意义？对于诸如此类的其他问题也是一样。既然这些东西是作为一的一和作为存在的存在的就自身而言的属性，而不是作为数目、线段或火，显然应由那种科学来认识它是什么以及它的偶性。[1]

这里提到的这门科学就是第一哲学，或称形而上学。按照定义，形而上学就是研究作为存在的存在的最高学问，这种研究乃是哲学家独特的任务，而亚里士多德明确指出这种研究应从澄清哲学语词的含义入手。在《形而上学》第五卷中，他列举了三十个哲学概念，并逐一对它们加以释义。这些概念包括：本原、原因、元素、自然、必然、一、存在、实体、相同、对立、在先和在后、潜能、量、质、关系、完全、界限、由于什么、处置、

1 《亚里士多德全集》，第七卷，第 87 页。

具有、属性或承受、短缺、有着、出于、部分、整体、损害、种、虚假、偶性。亚里士多德对于其中每一概念的分析，都几乎把表达这一概念的语词的主要含义全部列举出来。这些含义都是我们日常所熟悉的，而亚里士多德在列举这些词的日常含义的同时,也没有忘了凝练出它们的哲学意义。下面是他关于“本原”的解释，可作为一例：

本原的意思或者是事物中由之开始之点，例如一段线、一条路都在一端有一个起点，而在另一端有另一个起点；或者是某一事情最佳的生成点，例如学习有时并不必定从最初开始，从事情的开端开始，而要从最容易的地方学习起；或者是内在于事物，事物由之生成的初始之点，例如船只的龙骨，房屋的基石，所以有的人把心脏、有的人把脑髓、有的把类似的其他什么东西当作动物的本原；或者是由之生成、但并不内在于事物的东西，运动和变化自然而然从它开始，例如婴儿是由父母产生，战争是由争吵产生；或者是按照其意图能运动的东西运动，可变化的东西变化，例如城邦的首脑、当权者、君主或僭主们；而技术也被称为“本原”，尤其是建筑术。其次，事物最初由之认识的东西也被称为此事物的本原，例如前提是证明的本原。原因的意思和本原一样多，因为一切原因都是本原。

全部本原的共同之点就是存在或生成或认识由之开始之点。它们既可以内在于事物也可以外在于事物。正因为这样，自然是本原，而元素、思想、意图、实体和何所为或目的都是本原。

在很多情况下善和美是认识和运动的本原。[1]

亚里士多德从一个语词的日常用法入手，进而总结出其哲学含义的做法，一方面是分析性的，因为他试图尽量全面、详尽地揭示该词的各种不同的含义，另一方面又带有综合性，亦即他希望通过这样的语义分析来为该词所表达的哲学概念下一个本质定义。这也正是亚里士多德的语言批判所带有的特点，是这种批判不同于许多近代和现代哲学家的工作的地方。简单地说，亚里士多德的语言批判服从于建构性的目标，而且这种目标是直接指向形而上学的，而我们将会看到，尽管近代哲学家（比如洛克）进行语言批判的目标仍是建设性的，但其目标指向主要是知识论，至于现代“语言学转向”之后的很多哲学家则从事着摧毁性的语言批判，试图借之消解传统的形而上学和认识论问题。

四　亚里士多德的语言批判与他的存在论

我们前面探讨过亚里士多德的实体学说。尽管可以说这种学说乃是他的形而上学理论的核心内容，因为实体乃是最基本的存在物，但是，关于存在的更为一般的探讨才是其形而上学的基本特征。而他关于一般存在问题的探讨是大大倚重于语言分析的。首先来看亚里士多德关于“存在”一词的意义的一般分析：

存在的意义或者就偶性而言，或者就自身而言。就偶性而言的存在，例如，我们说公正的人是文雅的，这个人是文雅的，

---

1 《亚里士多德全集》，第七卷，第 110–111 页。

这个文雅的人是人；这正如我们说，这个文雅的人在造屋，这个造屋的人恰好是文雅的，或者这个文雅的人恰好会造屋；因为这一个人是那一个就表示这一个恰好是那一个的偶性。之所以这样说，是因为我们说这个人是文雅的，而这个文雅的人是人，或者说这个白净的人是文雅的，或者这个人是白净的。再者是由于两者恰巧属于同一个东西，前者是由于它恰好是存在物的偶性。我们说，这文雅的是人，因为文雅的恰巧属于某物，而某物是存在的。就偶性而言的存在的意义就是这样多，或者由于两者同属于同一存在着的东西；或者由于一个属于另一存在着的东西；或者由于自身存在且属于它所规定的东西。

就自身而言的存在的意义如范畴表所表示的那样，范畴表表示出多少种，存在就有多少种意义。在各种范畴的表述之中，有的表示是什么，有的表示质，有的表示量，有的表示关系，有的表示动作与承受，有的表示地点，有的表示时间，每一范畴都表示一种与之相同的存在。[1]

以上引文中区分了两类不同的存在，即就偶性而言的存在和就自身而言的存在。简单地说，前一类存在是偶然性的存在，例如一个人是文雅还是不文雅，是白净还是不白净，都是偶然的，不带有必然性。同时，这类存在又是依存性的存在，某个人成为文雅的人或白净的人必定赖乎这个人作为一个人亦即一个实体的存在。所以，亚里士多德对偶性的界定是："偶性，一个东西被称为偶性，它依存于某物被真实地说明，不过既非出于必然，

1 《亚里士多德全集》，第七卷，第121–122页。

也非经常发生。例如，一个人掘园种菜却发现了宝藏。对于掘园者来说，宝藏的发现就是偶性或机遇。因为发现并非必然出于掘园，或是其后果，而种菜人并不经常找到宝藏。”[1]

而所谓就自身而言的存在，亚里士多德指的是他本人这里所列的八大范畴所表示的存在。他这里既然把这类存在与作为偶性的存在相对立，那么就一定是把这类存在当作是必然性的、非依存性的存在了。因此，这类存在就是实体的存在，包括他所区分的第一实体和第二实体。第一实体好理解，就是由“苏格拉底”、“柏拉图”这样的专有名词所代表的单个的存在者。那么，剩下来的像“质”、“量”、“关系”、“时间”等等表示范畴的词语所表示的就应该是各种第二实体了，亦即某个种或属。例如，“质”表示一个涵盖各类性质的属，这个属下面又包含许多的种，如“颜色”、“修养”等等，这些词仍表示的是第二实体，也即是就其自身而言的存在。但是，再往下追踪到具体某种性质的时候，像“白净的”、“文雅的”这样的词所表示的就是就偶性而言的存在了。因此，亚里士多德这里关于存在一词的意义分析，涉及的是普遍与特殊、实体与属性，必然与偶然等等一系列存在论的问题，而他确定这些基本区分的依据就来自于语言分析。

亚里士多德关于“存在”一词的意义的考察还包含另外一个非常重要的方面，由这个方面入手，可以更具体地揭示他的语言批判对于建构其存在论的重要意义。关于“存在”的意义，他接着写道：“此外，存在表示真实，不存在表示不真实，而是虚假，肯定和否定也是这样，例如，苏格拉底是文雅的，这话真实，

---

1 《亚里士多德全集》，第七卷，第 143 页。

或者说，苏格拉底是不白净的，同样真实，而说对角线不是可通约的，在这里‘不是’表示虚假。”[1]“存在”一词的这一层含义是同亚里士多德的真理观密切相关的，而关于真理的载体，他有这样明确的主张：“所有句子都有意义。……并非任何句子都是命题，只有那些自身或者是真实的或者是虚假的句子才是命题。真实或虚假并不为任何句子所有，例如祈祷就是既无真实也无虚假可言的句子。”[2]也就是说，真理的载体是命题。我们知道，亚里士多德坚持符合论真理观：“一方面，说存在者不存在或不存在者存在的人为假；另一方面，说存在者存在和不存在者不存在的人则为真。因而说事物存在或不存在的人，就是以其为真实或者以其为虚假。”[3]这种真理观的根本之点就是：外在事物的存在与否是判定一个描述该事物的命题的真假的依据：“并不是由于我们真实地认为你是白的，你便白，而是由于你是白的，我们这样说了，从而说了真话。”[4]

因此，“真实”作为“存在”的一种意义，乃是亚里士多德从关于事物的言说入手探讨存在问题时的一个发现，他甚至认为，“真实”乃是“存在”的最主要的意义：“存在和不存在的意义是就范畴表而言，或者是指这些范畴的潜能和现实及其相反者，然而其最主要的意义还是真实和虚假。这在事物上是就其结合与分开而言，一个人认为分开的东西分开，结合的东西结合，

1 《亚里士多德全集》，第七卷，第122页。
2 《亚里士多德全集》，第一卷，第52页。
3 《亚里士多德全集》，第七卷，第106–107页。
4 同上，第218页。

就是真实，一个人所持的意见与事物相反就是虚假。”[1]他注意区分了单一事物的存在与否的问题以及事物之间的相互结合存在与否的问题。这就是事物的存在问题和事实的存在问题。亚里士多德倾向于认为，单个事物的存在或不存在的问题尽管也可说成是真实或者虚假的问题，但是这其实是对该事物的有知还是无知的问题。而后一个问题则涉及至少两个事物的结合与分开的问题。亚里士多德意识到，有些事物是永远结合的，如“苏格拉底”这个实体和“人”这个种；有些事物是永远不能结合的，如“苏格拉底”这个人和“树”这个种；有些事物则是既可以结合又可以不结合的，如“苏格拉底”这个人和“白净”这种属性。相应地，“苏格拉底是人”永远是真实的命题，“苏格拉底是树”永远是虚假的命题，而“苏格拉底是白净的”则可以是真实的命题也可以是虚假的命题，因为他可能今天是白净的，过些天又变成不白净的了。但是，亚里士多德特别强调，相矛盾的两个命题不可能同时为真，也就是说，尽管我们在不同时间内说“苏格拉底是白净的”和“苏格拉底是不白净的”可能都是真实的，但如果同时做出这两个陈述，则必定只有一个为真。他写道：“一切意见中最为确实的是，对立的陈述不能同时为真。”[2]这也就等于说，一个事物在同一时刻不可能既存在又不存在。但是，我们知道，智者派的代表人物普罗泰戈拉主张：人是万物的尺度，是存在的事物存在的尺度，也是不存在的事物不存在的尺度。亚里士多德也看到了这种观点的威胁：“他说人是万物的尺度，

---

1 《亚里士多德全集》，第七卷，第 217–218 页。
2 同上，第 106 页。

这话的意思只不过是，事物在每个人所看来的样子肯定就是这个样子。事情如若这样，那么同一个东西就要既存在又不存在，既是坏又是好，其他相互对立的说法都是对的，一个东西经常在一些人看来是美好的，在另一些人看来却恰恰相反，而对每个人所表现的即是尺度。”[1]

亚里士多德接着对普罗泰戈拉的论点进行了批驳。他首先指出，即便从感觉出发，也不可能就同一事物同时做出相矛盾的批判来：“同一种东西，从来不会对一些人是甜的，相反对另一些人是苦的。除非其中的一方的感觉对所说味道的分辨力受到损害。在这样的情况下，这一方应被承认是尺度，而另一方不被承认。我这里所说的意思，同样适用于善和恶、美和丑，以及诸如此类。”[2]在这里，亚里士多德一方面强调事物的可感性质是客观存在的，另一方面也强调每个人作为人类的一员，其感觉器官的感觉能力是一样的。因而，即使凭感觉对事物下判断，只要一切如常，也不可能对事物的存在或不存在做出相反的结论。不过，亚里士多德了清楚地意识到了根据现象判断事物时所面对的危险，因为现象是变幻无常的，势必会对人的判断能力造成误导。所以他最后得出了这样的见解：“总的说来，从现象界的变化和无物持久的现象作出有关真理的判断，是站不住脚的。应该从永远保持同一的东西中，从不作任何变化的东西中去探索真理。”[3]

1 《亚里士多德全集》，第七卷，第249页。
2 同上，第250页。
3 同上，第250页。

我们看到，亚里士多德通过对“存在”一词的意义进行分析，进一步确立了他的形而上学实在论立场：就自身而言的存在乃是最为实在的存在，这些实在的存在在种类上与范畴的种类一样多，其中第一实体是最主要的存在者，而其余范畴所表示的那些抽象的种和属尽管依赖于第一实体而存在，但毕竟也是实在的对象。至于作为偶性的存在则由于其偶然性和依存性而成为次要的存在。在对作为真实的存在的分析中，亚里士多德一方面依据矛盾律断定同一事物不可能同时既存在又不存在，并进一步表明即便是事物的可感性质对于感知者也是同一存在，另一方面又从其符合论真理观出发，明确宣称，我们真正要探究的对象，乃是真正永恒的存在及其相互之间的永恒结合，而不是变幻莫测的现象及其相互之间不确定的结合，而我们的一切关于真理的判断都必须参照我们关于此类对象的知识而做出。

第二章 近代哲学家的语言批判

亚里士多德关于第一实体与第二实体的区分引起了随后的哲学家们的持续不断的关注与讨论，尤其是在中世纪经院哲学家那里，这一区分实际成了左右他们的哲学争论的主要智识来源。在唯实论与唯名论的旷日持久的争辩中，学者们关注的焦点就是：有没有个别实体之外的一般实体存在？围绕这一焦点问题，形成了两大对立的思潮：唯实论者认为，不仅存在着抽象的一般实体，而且这类实体还具有较之个别实体更高的实在性，甚至是后者存在的原因和基础；唯名论者则认为，真正实在的只有个别实体，而所谓的一般实体并没有真正的存在，而只不过是空洞的名称而已。在这两种对立的思潮之外后来发展出一个居间的流派，这就是所谓的概念论：这一派别的代表人物认为，抽象对象既非唯实论者所称的永恒实在，亦非唯名论者所主张的空洞名称，而是抽象的观念或概念。当然，中世纪的博学之士们之间的这些争论最终还是要落脚到对各自神学立场的辩护上。而正因为如此，这些争论最后往往停留在空洞的语词之争的层面上，而对形而上学层面上的理论创见则无多大的推进。然而，这场持续数个世纪的大争论还是对整个西方思想发展史产生了无法抹去的影响。著名的唯名论代表人物奥卡姆的威廉的传世格言“如无必要，勿增实体”被后世称作“奥卡姆剃刀”。这把剃刀曾被后来的许多近、现代哲学家紧握在手，毫不留情地剃除那些不必要的形而上学假定，以便为新的理论创造扫清障碍。近代哲学家们，尤其是英国经验论者们在抽象对象的存在问题上，大都赞同奥卡姆的威廉的唯名论立场，而他们在进行各自的语言批判的过程中，也都时时提防着唯实论观点的侵入，以确保他们的新哲学轻松地步入正确的轨道。

第一节　前洛克的语言批判

洛克无疑是近代语言批判的核心人物。他将他的巨著《人类理解论》的四分之一篇幅全都用在了语言批判上，并且将这种批判视作他的整个哲学系统的一个不可分割的组成部分。洛克的这种统观全局的哲学视野不仅使他成为英国经验论的中坚人物，而且也使他的有关思想成为整个西方哲学发展史上承上启下的关键一环。

通观近代西方哲学史，尤其是英国哲学发展史，这一时期的哲学家们大都对语言问题表现出极大的关注。分析起来，这种关注一方面是出于对经院哲学家们的空洞的语词之争的厌恶之情，希望通过语言批判使人们正确理解语言的正当用途，以避免滥用语言，尤其是在进行哲学争论之时；另一方面则出于他们自己进行新的哲学创造的需要。我们知道，近代西方哲学的核心内容是知识论，各派哲学家们均以探究人类的认知能力为己任，企图构建出解释知识何以可能的哲学思想体系。一方面，知识以事物为对象，因此，一种知识论必然涉及形而上学问题；

另一方面，知识以语言表达出来，所以，一种知识论也必定少不了对作为知识之载体的语言的探究。语言批判对于知识论的必要性由此而来。当然，在近代哲学这里，语言批判也像在古代哲学那里一样，依旧是服务性的。只是古代的语言批判主要服务于形而上学体系的构建，而近代的语言批判主要服务于知识论的构建。服务的最终目标虽各有侧重，但语言、知识与世界的三重复杂结构体却始终是不同时期的语言批判所一致预设的。

一　培根的语言批判

弗兰西斯·培根是近代西方哲学的始祖。他率先提出了“知识就是力量”的口号，由此吹响了向知识进军的号角。人们追求的知识自然是为了现实的事功，但最为关键的是，如何才能获取知识？培根认为，最迫切的是找到一种有效的研究自然的方法。他坚决反对亚里士多德的三段论逻辑，认为这种逻辑无助于人们追求真理，反倒会引导人们形成错误的概念：“三段论式不是应用于科学的第一性原理，应用于中间性原理又属徒劳；这都是由于它本不足以匹对自然的精微之故。所以它是只就命题迫人同意，而不抓住事物本身。”[1] 他因此把自己的著作命名为《新工具》，以同亚里士多德的《工具论》分庭抗礼。他一针见血地指出：“三段论式为命题所组成，命题为字所组成，而字则是概念的符号。所以假如概念本身（这是这事情的根子）是混乱的以及是过于草率地从事实抽出来的，那么其上层建筑就不可能坚固。所以我们的唯一希望乃在一个真正的归纳法。”[2] 只有

1　培根：《新工具》，许宝骙译，商务印书馆，1997 年，第 10 页。
2　同上，第 10–11 页。

借助于真正的归纳法，才能得到健全的概念，而只有以这样的概念为基础才能形成关于事物的正确判断，进而做出严格的论证，以获取关于自然的知识。培根随后对造成科学研究中的种种谬误的根源做了更为具体的分析："我们在逻辑中现有的论证不外是把世界做成人类思想的奴隶，而人类思想又成为文字的奴隶。实在说来，论证实际上就是哲学和科学本身。因为论证是怎样，视其树立得是好是坏，随之而来的思辨和哲学体系也就怎样。现在，在从感官和对象到原理和结论的整个过程中，我们所使用的论证都是欺骗性的和不称职的。这个过程包含着四个部分，也就有着同数的错误。第一点，感官的印象本身就是错误的，这是因为感官既不得用，又欺骗我们。不过，感官的缺陷是要予以弥补的，它的欺骗是要加以纠正的。第二点，从感官的印象来抽取概念，这做得很恶劣，以致概念都是不明确的，都是混乱的，而实则它们应当是明确而有清楚界限的。第三点，现在的归纳法是无当的，它是以简单的枚举来推断科学的原则，而不是照着它所当作的那样使用排除法和性质分解法（或分离法）。最后，第四点，那种用以发现和证明的方法，即首先树起最普遍的原则而后据以考校和证明中间原理的那种方法，实乃一切错误之母，全部科学之祟。"[1]

培根一方面痛斥自亚里士多德以来的三段论演绎法对科学造成的危害，另一方面又竭力倡导新的科学归纳法。这种方法依然主张探究自然事物生成变化的一般形式，亦即把握事物的本质和原因。所不同的是，新方法要求从大量观察和实验的材

---

1 培根：《新工具》，第 44–45 页。

料出发，循序渐进地整理、归纳出事物发展所遵循的规律和形式，竭力避免从少数不可靠的感官材料仓促地得出普遍结论，更要防止从最高原理出发贸然推测事物的中级原理，引出不可靠的结论。培根尤其强调，切勿在论证的过程中使用那些不表达明确概念的词语，以免造成混乱与错误。他反复强调，这样不负责任地滥用文字不仅大大有害于科学研究，而且会对人类理解力造成不良影响。在他所列举的四种扰乱人的心智的假象中，就包含着一种因语言的不当使用所形成的假象，他称之为市场假象："另有一类假象是由人们相互间的交接和联系所形成，我称之为市场的假象，取人们在市场中有往来交接之意。人们是靠谈话来联系的；而所利用的文字则是依照一般俗人的了解。因此，选用文字之失当害意就惊人地障碍着理解力。有学问的人们在某些事物中所惯用以防护自己的定义或注解也丝毫不能把事情纠正。而文字仍公然强制和统辖着理解力，弄得一切混乱，并把人们岔引到无数空洞的争论和无谓的幻想上去。"[1]

培根对市场假象的产生原因及其所造成危害的分析，再加上他对防范这种危害所给出的建议，实际可视为他所做的一种语言批判的尝试。首先，他对文字的力量有着充分清醒的认识，并告诫人们提防文字所可能造成的危害："市场假象是四类假象当中最麻烦的一个。它们是通过文字和名称的联盟而爬入理解力之中的。人们相信自己的理性管制着文字，但同样真实的是文字亦起反作用于理解力；而正是这一点就使得哲学和科学成

1　培根：《新工具》，第21页。

为诡辩性的和毫不活跃的。”[1]语言本是人们利用自己的理性能力创造出来用于表情达意、实现交流的工具，但是，从语言完整发挥作用的情况来看，它除了起到了帮助人们实现交流的积极作用之外，还不期然地带来了一些消极的影响：词不达意、字不尽意等等情形屡见不鲜，甚至还有许多故意以言害意的事例。培根极力要人们避免的便是文字反过来控制理解力的情况，亦即人的理智成了文字的奴隶，而若到了这一地步，无疑就是人类的一场大灾难，所有的科学和哲学都将停滞不前。培根作这样的断言，绝不是危言耸听或信口胡言。在他所处的时代之前的数个世纪内，整个欧洲的科学与哲学不正是因为深陷于语词、概念之争而毫无进展吗？

其次，培根对造成误用文字的根源做了剖析：“且说文字，它一般地既是照着流俗的能力而构制和应用的，所以它所遵循的区分线也总是那对流俗理解力最为浅显的。而每当一种具有较大敏锐性或观察较为认真的理解力要来改动那些界线以合乎自然的真正的区划时，文字就拦在路中来抗拒这种改变。因此我们常见学者们的崇高而正式的讨论往往以争辩文字和名称而告结束；按照数学家们的习惯和智慧，从这些东西来开始讨论本是更为慎重的，所以我要用定义的办法把它们纳入秩序。可是在处理自然的和物质的事物时，即有定义也医治不了这个毛病；因为定义本身也是文字所组成，而那些文字又生出别的文字。这就仍有必要回到个别的事例上来，回到那些成系列有秩序

1 培根：《新工具》，第30–31页。

的事例上来。”[1] 这段话有这样两层含义：第一，语言文字是约定俗成的结果，所以其中各种词语的含义难免会有一些含混不清、界限不明的情况。而科学家和哲学家们在进行探究时肯定要借用日常所使用的一些语词来表达他们务求精确的思想，于是便出现了这样的麻烦：如何使本来意义模糊的词适于表达确切的科学和哲学观点？如何拿这样一些词进行严密的论证？于是乎，学者们便就如何克服这样的麻烦争执起来，而这样的争论往往达不成统一的意见。第二，学者们要模仿数学家对一些概念下精确的定义，但是，对于想要探究自然事物的科学家和哲学家来说，这种诉求于定义的办法纯属徒劳，因为定义永远只是在语词之中转圈圈，又何谈帮助我们解决关于自然的疑难呢？看来，我们最终还是要回到事物那里去。培根这里实际道出了人们使用语言文字表达思想、描述事物时所陷入的一个怪圈：一方面我们必须使用语言工具来记录、表达、交流我们关于事物的思想和认识；而另一方面我们又无法保证所使用的语词和语句能够真实而精确地表达这些思想和认识，更令人沮丧的是，我们的那些让语言精确起来的努力怎么也难以达到目的。这个怪圈是实际存在着的，凡是思考语言哲学问题的人似乎都避不开它。直到“语言学转向”发生之后，关于精确语言的构想又重新活跃起来，但是，在这种理想语言系统一个个地宣告失败之后，人们就又回到了日常语言中去寻求意义的根源和基础。

培根的语言批判除了对文字的反作用力以及它所造成的危害做了一般性的分析之外，还包含着对一些语词用法实例的考

1　培根：《新工具》，第 31 页。

察："文字所加于理解力的假象有两种。有些是实际并不存在的事物的名称（正如由于观察不足就把一些事物置而不名一样，由于荒诞的假想也会产生一些'有其名而无其实'的名称出来）；有些虽是存在着的事物的名称，但却是含义混乱，定义不当，又是急率而不合规则地从实在方面抽得的。"[1] 对于第一种情况，他认为处理起来比较简单，那就是坚持干脆地把那些纯属虚构的名称抛弃掉，并拒绝由它们构造出来的理论学说。而第二种情况要复杂得多，而且要清除由此造成的假象也要困难得多。他举"潮湿的"一词为例，分析了它的多重含义，并总结说："这样，当你来使用这个词的时候，如用这一个意义，则火焰可以说是潮湿的；如用另一个意义，则空气可以说不是潮湿的；如再换用一个意义，则微尘可以说是潮湿的；如另换用一个意义，则玻璃说可说是潮湿的。在这里，我们就很容易看到，原来这个概念只是从水和一般普通液体抽象而得，并未经过什么适当验证的。"[2] 培根所极力倡导的科学归纳法正是要给每一个科学概念以适当的验证，从而让表达这些概念的语词具有确定的意义。而如果能借助归纳法确保科学判断和论证所使用的名称和文字免除歧义性和模糊性，那么，我们便可以获取关于自然事物的科学知识，为人类造福。培根认为，这种费心劳神的细致工作正体现着新的科学精神，而本着这种精神所做的一切必将为人类带来甘美的琼浆："现在在科学问题上，别的人们，古代的也好，近代的也好，都是喝着像水一样的未经提制的饮料，有的是自

1 培根：《新工具》，第 31 页。
2 同上，第 32 页。

发地涌自理解力，有的是为逻辑所抽起，像用辘轳吸取井水一般；而我所举以祝福人类的杯酒则是从无数葡萄滤出的，那些葡萄都是当熟到恰好的时候一簇一簇被摘下来，聚在一起，在压榨器中将汁挤出，最后还在大桶中加以纯化和净化。这样看来，我和他们思想之不同正是无足怪的。”[1]

二　霍布斯的语言批判

如果说培根的语言批判还显得零碎的话，那么英国近代的第二位重要哲学家霍布斯则有意识地做了较为系统的语言批判。他认为语言是最高贵和最有益处的发明：“人类运用语言把自己的思想记录下来，当思想已成过去时便用语言来加以回忆；并用语言来互相宣布自己的思想，以便互相为用并互相交谈。没有语言，人类之中就不会有国家、社会、契约或和平存在，就像狮子、熊和狼之中没有这一切一样。”[2] 由此看来，语言乃是人异于禽兽之一端，其重要性可见一斑。

霍布斯接着对语言的功用做了较为详细的区分和论述：“语言的一般用处是将心理讨论转化为口头讨论，或把思维序列转化为语言序列。像这样做有两种用处，一种是记录我们的思维序列。这种序列由于容易遗忘，使我们必须从头进行构思，但通过作为标记的语词就可以重新回忆起来。所以名词的第一个用处就是作为记忆的标记。另一个用处是：当许多人运用同一些语词时，他们可以通过这些语词之间的联系与顺序互相表达自己对每一件事物所想象或想到的是什么，同时也可以表示他们所期望、惧

1　培根：《新工具》，第97页。
2　霍布斯：《利维坦》，黎思复、黎廷弼译，商务印书馆，1986年，第18页。

怕或具有其他激情的东西。在这种用处方面，语言被称为符号。至于语言的特殊作用则是：第一，表示我们通过思考所发现的任何现存或过去事物的原因以及我们所发现的现存或过去事物可能产生的结果。总起来说，这就是获得学术知识。第二，向他人说明我们所获得的知识，也就是商讨和互教。第三，使别人知道我们的意愿和目的，以便互助。第四，无害地为了娱乐和炫耀而玩弄语词以自娱和娱悦他人。”[1]

霍布斯这里一般地区分了语言作为标记和作为符号这两种功用。前一种功用是指语言对于思想的记录功能，主要是帮助人们标识或记忆当下的或过去的思想。这种功用看来是语言的最基本的用处，因为记录显然是交流的前提。但是，在阐述语言的记录功用时，语言哲学家们难免会遇到这样的问题：所记录的是谁的思想？所使用的是什么语言？理所当然的回答似乎就是：每个人都用自己的语言记录下自己的思想。而问题的关键就在于：这种“自己的思想”究为何物？它存在于哪里？我们又会不假思索地回答说：自己的思想就在自己的心中。我们很快就会达到这样的结论：语言所记录的是私人性的观念、思想或知识。霍布斯显然赞同这样的结论，而且还认为这乃是我们获取关于事物的原因和结果的知识的实际过程的真实写照。在接下来谈到语言的滥用时，他第一个就指出使用语言时的自欺行为：“相应于这几种用处，语言也有四种滥用。第一是用词意义不准，表达思想错误。他们用这些语词把他们从未构想过的东西表达

1　霍布斯：《利维坦》，第 19–20 页。

为自己的概念，因而欺骗了自己。”[1]这么一来，语言的标记作用就完全成了由个人掌握的事情：只要个人品行端正，便可如实地记录下自己的思想和发现，从而为人们之间的相互交流做好准备。但是，问题似乎并不这么简单。我们完全可以继续追问：如实地记录个人思想的语言又是什么样的语言？要是真的有这种语言存在的话，那必定是只有这个人才能理解的语言，因为它的记录只需要忠实于他一个人的思想便可以了。而这就是所谓的私人语言了。

再回到霍布斯的区分上来：倘若作为标记的语言不过是一套套的私人语言，那么，又何谈以语言为符号实现人与人之间的交流呢？按他的界定，作为符号的语言乃是人们相互沟通思想的媒介和桥梁。可我们却发现，无法在作为标记的语言和作为符号的语言之间实现对接。因为，假如每个人只看重如何忠实地记录自己的思想的话，那么，他最终只能陷入只有他自己才能懂得的语言之中，而这必然导致他无法同他人实现思想交流。他提到的第二种滥用语言的情况是：“第二是在隐喻的意义下运用语词——也就是不按规定的意义运用，因而欺骗了别人。”[2]这里提到的“规定的意义”就是指为大家共同理解的意义。但问题是：这种意义由何得来？换言之，语言何以成为公用的符号系统？这里首先涉及自柏拉图以来的自然论和约定论之争，但在霍布斯这里，最易引起探讨的还是语言的私人性和公共性的问题，也就是作为标记的语言和作为符号的语言如何实现统一的

1　霍布斯：《利维坦》，第 20 页。
2　同上，第 20 页。

问题。谁都会同意：语言乃公共的交流工具。但是，语言哲学家不会满足于这种常识性的见解，而是力图解释语言何以能充当这样的交流工具。而这正是他们的工作所带有的批判性特征。尽管霍布斯没有在这个最一般的语言哲学问题上做更深入的探讨，但他还是在一些更具体的方面继续着他的语言批判。

首先来看一下他关于各类名词的分析，这其中包含着他的某些形而上学立场。他这样写道："名词中有些是专有的，只为某一对象所特有，如彼特、约翰、这个人、这棵树等。还有一些则是许多东西所共有的，如人、马、树等；其中每一个虽然都只是一个名词，但却是许多不同的具体对象的名称。这一切的总和便是普遍。世界上除了名词以外便没有普遍，因为被命名的对象每一个都是一个个体和单一体。"[1] 这里，霍布斯明确表达了他所坚持的唯名论立场：只有个体才是真正的实体，而所谓的普遍并不真实存在。

霍布斯还对名词做了详细的分类。首先是肯定名词和否定名词的区分。肯定名词又分为物质的名词、抽象名词、幻象名词和语言的名词："以上所说的便是各种肯定名词的全部。它们被用来表示，（1）自然界中存在的东西，（2）可以由人类心理假想为存在的；或想象出是存在的物体，（3）对物体而言，存在或假想为存在的固有性质，（4）语词与语言。"[2] 而否定名词"是表示某一语词不是所说事物的名称的符号，如无物、无人、无限、不可教的、不可能的等等。它们虽然不是任何事物的名词，但

1　霍布斯：《利维坦》，第 20 页。
2　同上，第 25 页。

由于使我们能否定运用得不正确的名词，所以在计算、纠正计算或回忆以往的思维时仍然有用处。”[1]

霍布斯认为，除了他所列举的这些肯定名词或否定名词以外，其他名词都是没有意义的。他认为无意义的名词有两类，一类是哲学家们所提出的未经明确定义的名词，如实有、意向性、本质等；另一类是将意义相矛盾的词放在一起所构成的名词，如无形体的物体、圆四角形、倒入的美德等等。这些名词会极大地妨碍我们的思维与交流，必须予以清除。

由于绝大多数的判断或推理都凭借名词来进行，因而，对名词做出正确的界定就显得尤为重要：“既然真实在于断言中名词的正确排列，所以寻求严格真实性的人就必须记住他所用的每一个名词所代表的是什么，并根据这一点来加以排列。否则他便会发现自己像一只鸟在上了粘鸟胶的树枝上一样，纠缠在语词里，愈挣扎就粘得愈紧。从古到今，几何学是上帝眷顾而赐给人类的唯一科学。人类在几何学中便是从确定语词的意义开始的。这种确定意义的过程被称为定义，是人类进行计算的开端。”[2]

霍布斯据此对哲学家们使用语言的方式做了深入的批判，认为他们之所以会得出一些荒谬的结论，根本原因就在于他们没有从名词的定义开始进行推理。他列举出了导致荒谬的哲学论点的七种主要原因：不遵从由定义开始的探究方法；将物体的名词赋予偶性或将偶性的名词赋予物体；将身外物体的偶性的名词赋予我们本身的偶性；将物体的名词赋予名词或语言；把

1　霍布斯：《利维坦》，第 25 页。
2　同上，第 22 页。

偶性的名词赋予名词或语言；使用隐喻等修辞手法而不用正规的语词；使用无意义的名词。最后，霍布斯对人们从清晰的语词开始所做的探讨活动做了这样的总结："人类的心灵之光就是清晰的语词，但首先要用严格的定义去检验，清除它的含混意义；推理就是步伐，学识的增长就是道路，而人类的利益则是目标。反之，隐喻、无意义和含糊不清的语词则像是鬼火，根据这种语词推理就等于在无数的谬论中迷走，其结局是争斗、叛乱或屈辱。"[1]

霍布斯除了借助分析名词的用法来表达自己的形而上学和认识论见解之外，还通过区分两类不同的知识来进一步说明语言对于人们获取知识的重要性。他把知识分为两类：绝对的知识和有条件的知识。前者是指通过感觉和记忆获得的关于事物存在或不存在的知识，后者是指通过推理而获得的知识。霍布斯尤其强调后一种知识的获得离不开语言的使用："任何人都不可能通过讨论，知道这一事物或那一事物已经存在或将要存在，而这就是绝对地知道。他所能知道的就是：如果这一事物存在，那一事物便也会存在；如果这一事物已经存在，那一事物便也已经存在；如果这一事物将要存在，那一事物也将存在等等；而这就是有条件地知道。他知道的不是一种事物与另一事物相连所形成的序列，而只是同一事物的一个名词与另一名词所形成的序列。因此，当讨论发为语言，并从语词的定义开始，然后将语词的定义又连接起来形成一般的断言、再由断言而形成三段论时，其终结或是最后的总和就称为结论。这种结论所表达的思维便

1 霍布斯：《利维坦》，第34页。

是一般称为学识的有条件的知识，或关于语词序列的知识。”[1]

霍布斯关于上述两类知识的划分尽管对突出语言对于知识的重要性起到了很好的作用，但另一方面却又让语言、思想与世界三者之间的关系变得扑朔迷离起来。我们知道，在本体论上，霍布斯是一名坚定的机械实在论者：外在世界是由运动着的事物构成的总体。外界事物作用于我们的感觉器官，便让我们形成关于它们的感觉，而这种感觉便是关于事物的绝对知识。霍布斯认为，这类知识就是客观的记录："关于事实的知识记录下来就称为历史，共分两类：一类是自然史（博物志），这就是不以人的意志为转移的自然事实或结果的历史，如金属史、植物史、动物史、区域地久史等等都属于这一类，另一类历史是人文史，也就是国家人群的自觉行为的历史。”[2]他显然并不看重这类知识，而更强调关于推理的知识。在他所提供的关于这类知识的列表中，不仅包括一般哲学的内容，还包括各门自然科学、社会科学和人文科学。因此，在他看来，关于推理的知识才是人类知识的主体部分。但是，如前所述，这类知识是依赖于语言而获得的，而并不提供关于世界的直接信息。于是，我们禁不住要问：我们的知识是关于什么的知识？霍布斯除了就绝对的知识即感觉与事物的关系有较明确的看法之外，对于推理的知识是否也最终来自于外部世界则不置可否，或者说，他这里有意将知识与世界的关系问题悬置了起来。而这种做法或许正是近代西方哲学家，尤其是英国经验论者一致采纳的一个策略。

1　霍布斯：《利维坦》，第47页。
2　同上，第62页。

他们宁愿多谈论知识和语言的关系，而尽量少地涉及知识与世界的关联问题。不过，尽管如此，哲学家们还是不由自主地会触及这样的问题，并尝试着给出慎之又慎的回答。洛克就是这样做的，下一节里我们会展开探讨。

霍布斯的语言批判还体现在他对亚里士多德哲学的猛烈抨击上。他写道："我的目的就是为了使人们不受那些人的愚弄，这些人根据亚里士多德那种虚妄的哲学搞出一套独立存在的本质的说法，用一些空洞无物的名词来吓唬人，让他们不服从自己国家的法律；就好像人们用一件空的紧身衣、一顶帽子和一根弯棍子来吓唬鸟，让它们离开谷物一样，我为的就是要使人们不再受这些欺蒙。"[1]霍布斯认为，要使人们不受蒙骗，最好的办法就是让他们弄清经院学者们所使用的语词的真实含义。这首先要求我们精确地界定物体、形式、实体等哲学名词。除此之外，霍布斯还特别谈到了系词的用法，以便澄清由这类词的不当使用所衍生出的关于实体、本质、存在等的形而上学谬误：

还有一些则用来表示一个名词和另一个名词之间的推理关系或矛盾关系。比如当人们说："人是一种物体"时，他的意思是说物体这一名词只是同一对象——人所具有的若干名词中的一个，必然是继人这一名词之后作为其结论而出现的。这一推理关系用"是"(is)字把它们连结起来加以表示。……世界上其他各国在其本国的语言中是不是有相应于这个字的字，我不敢说，但我相信他们并不需要这种字。因为把两个名词按顺序放在一

1　霍布斯：《利维坦》，第546页。

起，只要习惯如此，就可以和is、be或are等字一样表示其推理关系，因为使语词具有效力的就是习惯。

假定有一种语言没有任何相应于est、is或be的动词，运用这种语言的人在作推论、结论和进行各种推理的能力上比之希腊人与拉丁人却一点也不差。那么，在这种情况下，从这一词中引导出来的实体、本质、不可缺少、不可缺少性等语词以及其他在其最常见的用法中依据这些词而来的更多的语词，它们将怎么办呢？所以这些词便不是事物的名称，而只是我们说明自己设想一个名词或性质形容词对另一个词的推理关系的符号。比如当我们说“人是一个活的物体”时，意思并不是说人是一回事，活的物体是另一回事，“是”又是一回事，而是说人和活的物体就是同一回事；因为“如果他是人，他便是一个活的物体”这一推论乃是由“是”字表达的真正推论关系，因此，成为物体、走路、说话、生活、看见以及其他不定式跟有形体性、行走、言讲、生命、视觉等名词所指的便是同一回事，都是不表示任何事物的名词。[1]

霍布斯将判断中的系词乃至一般动词均看作是对推论关系的表达，确有其独特之处。我们知道，亚里士多德在借助范畴学说阐明他的实体理论时，最为强调的一点就是：实体不述说其他东西，而为其他一切东西所述说，而他正是借此确立了实体存在的优先性。我们做出这样一些断言：“苏格拉底是文雅的”、“苏格拉底行走”、“苏格拉底爱柏拉图”等等。在所有这些断言

1　霍布斯：《利维坦》，第545–546页。

中，“苏格拉底”这个主项总是被述说的对象，因此，由这个专有名词所代表的那个人便是最具确实性的第一实体。而“是文雅的”、“行走”、“爱柏拉图”等等这些用来述说实体的谓项则属于其他较低的范畴，如“性质”、“状态”、“关系”等等，由这样一些范畴表示的东西属于较低层次的存在。而霍布斯现在则是要通过分析判断的结构与内容，消除这样一些亚里士多德式的形而上学结论。归纳起来，他的分析包含以下几方面的内容。第一，判断并不是简单的主谓式的，而是包含着一种推理关系，这种关系的确立，依据于对所涉及的名词之意义的定义。第二，使用系词或其他表示断言的动词并不是判断的必不可少的特征，因为我们完全可以想象一种不使用系词的有效语言。第三，判断的真实或虚假不取决于外在事物的状况，因为所用到的很多词根本就不是表示事物的名词。他认为，真实或虚假纯粹只是语言属性：“如果把两个名词结合成一个序列或断语（如‘人是一种生物’，或‘如果他是一个人，他就是一个生物’等等），而后一名词——生物所指的意义又包括了前一名词——人所包括的一切意义，那么这一断语或序列便是真实的，否则就是虚假的。因为真实和虚假只是语言属性，而不是事物的属性。没有语言的地方，便不可能有真实或虚假存在。”[1]我们看到，霍布斯在对判断做分析时，仍然坚持他的唯名论立场。在他看来，那样一些在判断的语言形式的庇护之下溜入形而上学家的词汇表的语词，全都是没有所指的空洞辞藻，而凭据这些语词所假定下来的那些所谓的抽象本质或实在形式更是子虚乌有的捏造之物，实该

1 霍布斯：《利维坦》，第22页。

加以彻底清除。

我们看到，尽管霍布斯也像亚里士多德一样选取了语言批判这一研究路径，但他却有意识地反其道而行之：不是通过分析判断的形式特征构建形而上学体系，而是通过揭示判断的真正形式来消除多余的实体，并为知识论的表述减轻形而上学的负担。这种针锋相对的正面冲突恰恰彰显出语言哲学内在的发展逻辑，而霍布斯仅仅拉开了近代语言哲学家对抗古代语言哲学家的历史序幕，精彩的正剧紧接着就要上演。

第二节　洛克的语言批判

洛克无疑是近代西方语言哲学的核心人物。他的语言批判是有意识的、全面而深入的，而且是和他的整个思想融为一体的。他在《人类理解论》第二卷末尾这样明确地写道："在我们的观念和文字之间，实在有一层密切的联合，而且在我们的抽象观念和概括的名词之间，还更有一种恒常的关系，因此，我们如果不先来考察语言的本质、功用和意义，则我们便不能明白地、清晰地谈论我们的知识，因为知识成立于命题（命题又是成立于文字的），因此，在下一卷中，我们就要先研究这一层。"[1] 由此可见，洛克十分清醒地意识到了语言对于观念和知识的极端重要性，而更令人钦佩的是，他决定对语言展开全面的批判性考察，以期更为清楚明白地表达他的知识论观点。他的这种语言批判无论是从其内容的丰富性看，还是从其思想的深刻性来看，都

1　洛克：《人类理解论》，关文运译，商务印书馆，1997 年，第 382 页。

是近代哲学中少有的。

一 语言批判的总目标

洛克将他的语言批判视作探究哲学问题的一种方法。在向读者交代自己为什么要采用这种方法时，他这样写道："我可以自白说，在我开始写这部理解论的时候，而且在以后很长的时候，我并未丝毫想到，在这部书中，我应该考察各种文字。不过在后来讨论完观念的起源和组织以后，在我开始考察知识的范围和确度的时候，我就看到，知识和文字有很密切的关系，而且我们如果不先考察好它们的力量和意义，则我们在知识方面所说的，万不能明白，不能切当。因为知识所关涉的既只有真理，因此，它会不断地同各种命题发生关系。知识虽然以事物为归依，可是它又必得以文字为媒，因此，各种文字就似乎与我们的概括知识是不可分的。至少我们亦可以说，文字是永远介在理解和理解所要思维的真理之间的，因此，文字就如可见物所经过的媒介似的，它们的纷乱总要在我们的眼前遮一层迷雾，总要欺骗了我们的理解。我们如果知道，一般人所以使自己和他人陷于错误，他们的争辩和意念所以离奇，大部分都是因为文字和其不确定（或误解）的意义，则我们正可以想，这种情形在知识之路上实在是一种大障碍。而我们对这种障碍所以不得不提防者，尤其是因为人们往往不注意这是一种不利，反而要用心来助进它，并且认这种助进障碍的艺术，配得到博学深思的头衔。我总想，语言既是知识的工具，因此，我们如果能完全考察它的各种缺点，则世界上滔滔不绝的争论会停止了，而且知识之路，甚至于和平之路，将来会比现在要宽敞的多。”[1]

从上述这段自白中可以看出，洛克一方面意识到语言批判乃是任何一种知识理论不可或缺的组成部分，另一方面也意识到这种批判必然包含两个不同的目标：第一，清除由语言文字的使用导致的各种错误；第二，阐明语词和命题具有意义的标准，帮助人们正确地使用语言。一切观念和知识的表达均离不开语言，而语言既可以帮助人们清楚明白地表达确定的观念和知识，又可能会对人们的理解力形成误导和蒙蔽，反倒妨碍观念和知识的正确表达和相互交流。

洛克进行语言批判的直接动因，或许就是他所观察到的各种滥用语言的情况。他专门用一章的篇幅来论述文字的滥用。在这一章中，他痛斥经院学者们“要用奇异的难解的繁琐的文字网，来遮掩自己的愚陋。他们所追求的，只在一种光荣和重视，只在让人知道自己有博大而普遍的知识。可是这种知识，冒充则易，真求则难，因此，他们要应用不可理解的名词，希图博得他人的赞美，因为他们的文字愈不可了解，则人们愈会羡慕他们。不过我们看到，在一切历史中，这些渊博的博士们，并不比其他人们，更为聪明，更要有用，他们在人生中，在其所住的社会中，并没有贡献了什么利益。因为要编造这些毫无新事物与之相应的种种新文字，或者搅扰了，隐蔽了旧文字的意义，使一切事物都成了问题，那并与人生无利益，亦并不值得人的称赞和奖誉。”[2]紧接着，他又以一个学者的良知恳切地劝告人们：“我只愿

1　洛克：《人类理解论》，第 475–476 页。

2　同上，第 482 页。

意人们想想，自己是不是应该如实地知道事物的真相，是不是应该实行其所应为的，是不是不应该一生中只谈论事物，只卖弄文字。我只愿人们想想，他们在应用文字时是不是应该明白而简接。而且人们所以发明语言，既是为的促进知识，联络社会，则人们应该想想，我们是不是不应该应用语言，来遮拨真理，来摇动人民的权利，来兴云作雾，来使道德和宗教成为无意义的。至少我们亦可以问，这类事情如果发生了，我们是否应当认它是由于学问或知识而然的。”[1]洛克还举出一些具体的例子，来指出经院哲学家们是如何滥用语词的，以及这样的滥用造成了多大的危害。

当然，洛克要展开全面的语言批判，不会仅仅是想清除语言使用方面的种种错误。他还有更大的、正面的目标。这便是树立起正确使用语言应遵循的基本规范。于是，他力图构造一套系统的意义理论，以阐明语词何以获取确定的意义。

二 语词的意义：私人性与公共性

洛克在《人类理解论》第三卷的开篇便强调了语言的公共性：“上帝既然意在使人成为一个社会的动物，因此，他不仅把人造得具有某种倾向，在必然条件之下同他的同胞为伍，而且他还供给了人以语言，以为组织社会的最大工具，公共纽带。”[2]这里，洛克所强调的乃是一个不争的事实：语言是人与人之间实现交流的必不可少的手段。不过，作为一名语言哲学家，他的目标乃是去解释：语言何以能成为人们相互交流的有效工具？换言之，

1 洛克：《人类理解论》，第 484 页。
2 同上，第 383 页。

他是想追问：语词何以获取公共可理解的意义？这种追问实际构成了洛克的语言哲学的核心问题。而对这种解释的渴望则诱使他陷入了一个巨大的难题，这一难题随后也就成了哲学家们为之殚精竭虑的理智妖魔。这个难题便是：作为公共交流工具的语言如何承载并传达私人性的观念？

作为一名坚定的经验论者，洛克坚持认为，就其本性而言，一切观念都只存在于个人的心中，因而只能是私人性的。观念有两个来源，一个是外在对象，一个是内心的活动。由外在对象造成的是感觉观念，而由内心活动造成的则是反省观念。这两种观念一开始都是简单的、受动的，它们进入人心，就如同在白纸上加上标记。人心除了被动接受这些简单观念之外，还可以主动对它们进行组合、排列和抽象，以形成各种复杂观念："复杂观念是被人心由简单观念造成的——我们前边所考察过的那些观念，人心在接受它们时完全是被动的。那些观念都只是由感觉和反省得来的简单观念，它们不是人心所能自己造成的，而且人心所有的任何观念，亦无一不是由此组成的。不过人心在接受简单观念方面，虽然是完全被动的，不过在另一方面它亦能施用自己的力量，利用简单观念为材料、为基础，以构成其他观念。人心在把自己的能力施用于简单的观念时，其作用约可分为三种：第一，它可以把几个简单观念合成一个复合观念，因而造成一切复杂观念。第二，它可以把两个观念（不论是简单的还是复杂的）并列起来，同时观察，可是并不把它们结合为一；这样，它就得到它的一切关系观念；第三，它可以把连带的其他观念排斥于主要观念的真正存在以外；这便叫作抽象作用，这样就造成一切概括的观念。”[1]

无论是简单观念还是复杂观念，都不能离开人心而独立存在，而人们试图借语言加以标记和传递的正是这样一些依赖于个人的观念："字眼是沟通思想的必要的明显标记——人虽有各式各样的思想，而且他们自己或别人虽然可以由这些思想得到利益和快乐，可是他们的思想都是隐藏不露的，别人并不能看到它们，而且它们自身亦不能显现出来。思想如不能传递，则社会便不能给人以安慰和利益，因此，人们必须找寻一些外界的明显标记，把自己思想中所含的不可见的观念表达于他人。为了达到这种目的起见，最繁多、最迅速的工具只有各种音节分明的声音，因为人的声音不但容易发出，而且花样亦是很错杂的。自然既使语言合乎这种目的，因此，我们就容易存想，人们何以要利用它们来标记各种观念。不过语言所以能标记各种观念，并非因为特殊的音节分明的声音和一些观念之间有一种自然的联络，因为若是如此，则一切人的语言应该只有一种。语言所以有表示作用，乃是由于人们随意赋予它们一种意义，乃是由于人们随便来把一个字当作一个观念的标记。因此，字眼的功用就在于能明显的标记出各种观念，而且它们的固有的、直接的意义，就在于它们所标记的那些观念。”[2]

洛克尤其强调字眼所表达观念的私人性："人们所以要利用这些标记，一面为的是要把自己的思想记录下来，以便帮助自己的记忆，一面是为的是要把自己的观念表示出来，呈现于他人之

1　洛克：《人类理解论》，第 129–130 页。

2　同上，第 385–386 页。

前。字眼的原始的或直接的意义，就在于**表示利用文字的那人心中的**观念。……因此，说话的目的就在于使那些声音，当作标记，把自己的观念表示于人。因此，字眼所标记的就是说话人心中的观念，而且应用那些字眼（当标记用）的人，亦只能使它们直接来标记他心中所有的观念。若非如此，则他一面可用文字来标记他的概想（conceptions），一面又可以把它们应用到别的观念上，要照这样，则字眼同时是他的观念的标记，同时又可以不是，那就完全无意义了。字眼既是人自己发明的标记，因此，他不能自动地用它们来标记自己所不知道的东西。要是这样，字眼就不是任何事物的标记，声音亦就全无意义。一个人并不能用字眼来标记事物中的性质，亦不能用字眼来标记他人心中的概想；因为这些都是他们观念不到的。只有他自己有了相当的观念时，他才能假设它们和别人心中的概想相应，他才能用文字来表示它们。因为他若是没有观念，则字眼所标记的是他们不知道的，亦就是毫不存在的。但是他纵然可以用自己的观念来向自己表象别人的观念，而且用同一名称来称呼它们，可是他所称谓的那些观念仍是他自己的，仍不是他所没有的。”[1]

洛克之所以极力强调字眼所表达观念的私人性，其理由很简单：只有真实存在于我心中的观念才是我清楚而明确地意识到的，所以我所使用的字眼必须标记这样的观念，才不至于成为毫无意义的空洞记号。然而，也正是这种对于观念的私人性的强调，让洛克陷入了解释上的困难：既然字眼所表达的观念只能是私人性的，这样的观念又如何能借助语言传达给别人呢？

1　洛克：《人类理解论》，第386–387页。

他试图克服这种困难，但仔细推敲之下，他的解释却很难让人满意。他指出，人们所用的字眼虽只能直接表示心中的观念，可它们总是会秘密地参照两种东西：他人心中的观念以及事物的实际状况。假如字眼的意义真的是参照这两种东西而被确定的，那么这种意义无疑就是可理解、可交流的了，因为他人自然是清楚地意识到他们自己的观念的，而且还有公共可观察的外在事物作保障。在这里，洛克提及了一个非常关键的概念，那就是所谓的"语言的固有意义"："他们以为自己所用的文字只要契合于普通语言的固有意义，那就够了。在这里，他们假设，他们用字眼所标记的那个观念，正确乎是同国中用同一字眼的那些有理解的人心中的观念。"[1] 那么，这种意义是什么，如何得来？洛克诉诸于一种约定论的解释："自然，普通的习惯，可以借着一种显然的同意，在一切语言中，使某些音专表示某些观念；因此，那个音的意义便会大受限制，而且人们说话时，若非用它来表示那个观念，他就会说错话。不但如此，而且我可以说，一个人的字眼在听者心中所刺激起的观念，如果不是他用这些字眼所表示的那些观念，则他的说话会全无意义。因此，一个人在运用字眼时，他的意义如果与普通的意义有别，如果与和他交谈的那个人的特殊意义有别，他一定会有不利的结果。"[2]

但是，这与其说是一种解释，不如说是一种关于如何正确使用语言的规范性要求。洛克清楚地意识到，文字的意义必须参照一个标准才能确定下来，但他同时也看到文字在这方面的严

1　洛克：《人类理解论》，第 388 页。

2　同上，第 389–390 页。

重缺陷:“自然,人们可以假设,普通用法或所谓常度(propriety),可以有几分确立了语言的意义;而且在事实上,我们亦不能否认,它有几分可以帮助我们。不过普通用法在普通谈话中,虽然大致能规范住文字的意义,可是任何人亦没有相当的权威,来确立文字的意义,来决定人在它们上应附加什么意义。因为所谓常度并不足以使各种文字供哲学的推论之用。很复杂的观念的名称在通用时都有很大的伸缩性,而且即在常度的范围中,一个名词亦可以表示十分不同的若干观念。不但如此,而且我们根本就看不到什么地方有所谓常度的规则和标准,因此,我们还往常争执,究竟一个字的用法怎样才能契合于语言的常度。由此看来,观念如果太复杂,它的名称自然就易于不完全,自然就容易有含糊而不确定的意义。”[1] 正是为了弥补这样的缺陷,作为语言哲学家的洛克才极力呼吁人们按照通行的规则来使用语言,尤其是在从事哲学探讨和推理时:“人们单单有了观念,单单有了确定的观念,用文字把它们表示出来,那还不够;他们还必须尽力把自己的文字应用在平常用这些文字所表示的那些观念上。因为各种文字(尤其是已经确立的语言中那些文字),既然不是私人的所有,而是交易和沟通的公共尺度,因此,任何人都不能任意来改易通行的印鉴,改变文字所表示的那些观念。”[2]

这种规范性的要求当然无法取代理论性的解释。一种意义理论必须回答:语言何以获得可交流的意义?洛克所面对的问题实际就是:人们何以能够按照通常的用法去使用仅能表达私

1 洛克:《人类理解论》,第465–466页。
2 同上,第503页。

人观念的词语？如前所述，所谓通常的用法就是符合字眼的固定意义的用法，而固定意义显然是指公共可交流的意义。那么，问题就变成了：私人观念如何转化为公共意义？洛克显然没有尝试对这一问题做出系统的回答，而只是零零星星地提及一些发生学方面的解释。例如，在谈到命名活动时，他这样写道："儿童们如果借屡屡不断的感觉，把各种观念确立在记忆中，则它们便逐渐学会使用各种标记。因此，他们如果有技术能使言语器官发出清晰的声音来，则它们便开始运用言语把自己的观念表示给人。这些语言的标记，他们有时是从别人借来的，有时是自己造成的。就如我们常见，儿童们在初能说话时对各种事物所用的那些新奇而不寻常的名词便是。"[1] 这里所描述的是儿童通过不断试错的过程逐渐掌握命名技巧的情形。按洛克的基本主张，被命名的首先就是各种简单观念和复杂观念，它们是一名儿童实际具有的，而且是存在于他的心中的。而当我们说这名儿童学会了为他的某个观念（如"红"）命名是，我们的意思就是说，他学会了按通常的用法使用"红"这个词了。此时，他便一方面如实地表达出了心中实有的观念，另一方面又遵守了使用"红"这个词的规则，因此，他也就成功地与他人实现了交流。在另一处，洛克还提到了实指教词在儿童语言习得中所起到的作用："我们如果一考察儿童们怎样学习语言，我们就会看到，要使他们了解简单观念的名称所表示的东西，和实体观念的名称所表示的东西，则人们往往要把那些东西指示出来，使他们得到那些观念，并且要向他们重复指示那个观念的名称，如'白的，甜的，

---

1 洛克：《人类理解论》，第 125 页。

乳，糖，猫，犬’等等。”[1]不过，洛克这里似乎有一个混淆：所指示的只能是事物，而不可能是观念。由此看来，对实指教词的描述并不能帮助他圆满地解释他的意义理论，因为他主张词的直接意义只能是心中的观念。

由于洛克极力坚持词语只可用于表示私人性的观念，所以给人的最初印象是：他承认私人语言是可能的。然而，洛克却明确指出私人语言是不可能的：“各种特殊事物的名称，如果不能供人用以传递彼此的思想，则人们虽有一大堆名称，亦就无济于事了。人们所以学习各种名称，并且用它们同人接谈，原意只是要让人了解自己。不过要想使人了解自己，我们的语言器官所发出的声音必须刺激起他人心中的观念来，而且所刺激起的观念还必须和发那个音时心中所指的观念是一致的。不过各个名称如果只能用于单我一个人心中对之有观念的特殊的事物上，则这事是不可能的，因为我心中所注意到的特殊的事物，并不必都是别人所熟悉的，因此，那些事物的名称，在别人是毫无意义，而不可理解的。”[2]

鉴于此，洛克着力强调概括性的普通名词对于一种语言的极端重要性。他认为，为每一特殊观念和事物命名，既不可能也无必要。语词必定多是概括的：“一切语言中大部分字眼都是概括的名词，这亦并不是疏忽或偶然的结果，乃是理性和必然的结果。”[3]而正因为这样一些概括的名词可同等地用于表达不同

1　洛克：《人类理解论》，第466页。
2　同上，第391页。
3　同上，第390页。

人心中的特殊观念，一个人一旦学会了正确使用某一概括名词，他便可以将自己心中的某个特殊观念用这个词准确地表达出来并传达给别人，从而实现相互的交流。例如，假定一个人掌握了“白”这个概括名词的用法，那么当他看到一张纸或一面墙，并对其颜色形成了一个特殊的观念时，他就可以通过说出“白”这个词将自己心中的观念如实地表达出来，而另一个同样掌握了这个词的用法的人在听到他这样说话时，就完全能理解他说这话的意思，而且可以推知他当时心中确实有“白”的观念，假如听话人相信说话人是诚实的话。但是，这个诚信原则很难得到保证。我们完全可以设想,说话人得到的其实是“黑”的观念，或者他心中根本就没有任何确定的颜色观念,但他却说出了“白”这个词。这样一来，我们便完全不能保证“白”这个概括名词在被使用时总是表达着说话人心中的特殊观念。这就极大地威胁着洛克的意义理论。后期维特根斯坦的私人语言论证也正是想提出这样的驳斥，这里暂不展开分析。

洛克还是沿着他本人的思路继续解释概括性文字的由来：“字眼之所以成为概括的，乃是因为它们被人作为概括观念的标记。观念之所以成为概括的，乃是因为人们把它们从时间，空间的特殊情节，以及决定它们成为或此或彼的特殊存在的其他观念分离开。借着这种抽象方法，它们便能以表象一个以上的多数个体。其中的各个体既都与那个抽象观念互相契合，因此，我们就说它是属于那一类的。”[1] 这种抽象过程的完成，自然要依赖于类的存在。但是，洛克在这个例子上，持有唯名论的观点：

1 洛克：《人类理解论》，第 392 页。

他认为只有特殊的事物才真实存在。不过,为了做出融贯的解释,他诉诸于性质相似性。他举例说,儿童们一开始只有关于爸爸、妈妈等人的特殊观念并且只会使用特殊的名称,但是,“后来时间长了,认识多了,他们又会看到,世界上还有许多事物,而且那些事物又因为在形相和别的一些性质之间,有共同的契合之处,因而同他们的父母以及和他们惯熟的人们又相似,因此,他们又形成可以包括许多特殊事物的一种观念,他们于是就跟着别人,给那个观念以人类这个名称。因此,他们就得到一个概括的名称和一个概括的观念,不过在这种过程中,他们并未曾有任何新的创造,他们亦只是把彼得,詹姆士,玛丽,珍尼等复杂观念中的特殊成分省掉,只把它们共同的成分保留下来。”[1]

洛克坚决反对亚里士多德所谓的第二实体:“总相(general)和共相(universal)不属于事物的实在存在,而只是理解所做的一些发明和产物,而且它所以造它们亦只是为自己的用途,只把它们作为一些标记用,——不论是字眼或观念。我们已经说过,字眼所以成为概括的,只是因为它们是概括观念的标记,而且可以无分别地应用在许多特殊的事物上;我们还说过,观念所以成为概括的,只是因为它们能表象许多特殊的事物,不过各种事物自身并没有普遍性,而且那些字眼和观念的意义虽是概括的,可是各种事物的存在都是特殊的。因此,我们如离了个体,则所余的共相只是我们自己的产物,它们所以有概括的性质,只是因为它们可以被理解所变化,来指示或表象许多个体。因为它

1 洛克:《人类理解论》,第 392–393 页。

们所有的意义，不是别的，只是人心在它们上所加的一种关系。”[1]尽管如此，洛克还是特别指出，这些总相和共相虽只是我们关于事物的本质所形成的抽象观念，但它们毕竟不是凭空而来：“它们是理解的产品，可是亦以事物的相似关系做基础——人们并不要认为我忘了，自然在产生事物时，曾经使它们有些互相赘似，更不要认为我否认这一层。这种情形在各方面都是显著不过的，尤其在动物，和以种子来繁殖的一切事物方面，更为显著。不过我们仍然可以说，能给它们进行分类命名工作的，仍是理解，因为理解可以在事物中间发现出相似性来，做成概括的抽象的观念，把它们保留在心中，并且给它们立下名称，以为事物的模型或形式。……各种名称所标记的那些种的本质，只是人心中的抽象观念；这种观念就在存在的特殊事物和分类它们的那些名称中间，形成一种纽带。任何时候，概括性的名称如果同特殊的事物发生了联系，则连接它们的媒介，只有这些抽象的观念。”[2]

看来，洛克不仅承认特殊事物是真实存在的，而且还承认它们之间天然存在着相似关系，而人类理解正是通过发现这些相似关系而形成关于事物之本质的抽象观念，并进而给事物立下概括的名称的。这种关于特殊事物及其相似关系的假定，实际成了洛克的意义理论的一块基石，而他在此基础上进一步展开的关于名义本质与实在本质的论述乃是他的语言哲学的一个核心内容。

---

1 洛克：《人类理解论》，第395–396页。
2 同上，第397页。

三　实体的名称：名义本质与实在本质

洛克试图以观念的共通性来解释人与人之间如何能借语言实现交流：每个人心中的观念虽是特殊的、私有的，但我们用来表达自己的观念的字眼却因为可同等地表达不同人心中的观念而成为普遍的、公共的，而这一切之所以会发生，首先是因为人们通过抽象得到了关于事物的普遍的抽象观念，并以概括性的名词命名它们，其次是因为儿童们可以通过语言习得过程掌握这些概括名词的用法。这种解释得益于发生学的考察，所使用的乃是经验归纳方法。由此而得到的解释契合于常识，却难以将意义置于更坚固的基础之上。尽管洛克明确声称对形而上的探讨没有多大兴趣，但是，随着探究进程的不断深入以及对于融贯的解释的渴望一步步增强，他却不由自主地走上了寻求最终解释的道路。这体现在他对“本质”问题的探讨上。他首先通过词义分析，区分开了实在的本质和名义的本质：

第一点，所谓本质可以当做是任何事物的存在看，而且物之所以为物，亦就全凭于它。因此，事物的内在组织（这在实体方面往往是不能被人认识的），就是可感性质所依托的，因此，它就可以称为本质。本质一词的原文亦正是如此的，这由其字源就可以推知。因为本质一词原义就是存在。我们在谈说特殊事物的本质，而不给它们以任何名称时，则我们所用的本质一词还是指的这种含义。

第二点，经院中因为忙于探究并辩论事类和物种的缘故，因此，本质一词几乎失其原义。因此，“本质”一词就不用于事物的实在的组织，而几乎完全用于类和种的这种人为的组织。自然，人们也往常假设物种有其实在的组织，而且我们亦分明知道，一定有一种实在的组织，然后共存的简单观念的集合体才有所依托。不过我们分明看到，各种事物所以归在某某“种名”下边，只是因为它们同那些种名所表示的抽象观念相契合，因此，事实或物种的本质，并不是别的，只是那些类名和种名所表示的那些抽象观念。普通所用的本质一词，多半指这种含义而言。这两种本质，我想一种正可以叫做实在的本质，另一种正可以叫做名义的本质。[1]

我们看到，洛克这里不仅区分开了实在的本质和名义的本质，而且明确指出，人们所谈到的大多是名义的本质。实在的本质是指事物的实在存在或其实在的组织，而这种本质显然是会变化的。一个事物可以由存在变为不存在，也就是说，它的实在组织可以毁掉或者变化为另一种组织：“今天的草明天亦许就成了羊身上的肉，而且在几日以后，亦许就成了人身上的部分。在这些变化中，我们分明看到，它们的本质——就是各种事物所依靠的那种组织——是同它们一同毁坏，一同消灭了的。”[2]而名义的本质则不同，它们往往被假定为永恒不变的：“世界上纵然到处找不到一个圆形（这个形相或者并不曾在任何地方精确地画出来），而圆形一名所标记的观念并不能因此失掉其存在，它仍然可以做为一个模型。……自然中虽无所谓独角兽和人鱼，可是我们既然假设这些名称代表着复杂的抽象观念，而且那些

---

1 洛克：《人类理解论》，第 398–399 页。
2 同上，第 401 页。

观念并没有含着矛盾，则人鱼的本质和人的本质是一样可以了解的，而且独角兽的观念亦正同马的观念是一样确定，一样稳坚，一样恒常的。”[1] 洛克所说的作为名义本质的抽象观念，听起来甚至已接近柏拉图的相或理念了。不过，细究下来，他所指的抽象观念并不是永恒自在的实体，而只是人们从特殊观念抽象、归纳出来的东西，而且他还强调指出，抽象观念及其名称的确立，原只是出于实用的目的："总结起来说，关于事类和物种以及它们的本质，我们一场大辩论的主旨不外是这样：人既然形成抽象的观念，并且把它们确立在心中，各各给以一个名称，因此，它们就可以一堆一簇地来考察它们，谈论它们，因此，人们的知识就较容易进步，较易于传达。人们的文字和思想如果只限于特殊的事物，则知识的进步是很迟缓的。”[2]

洛克在论及各种实体的名称时，进一步深化了他关于名义本质与实在本质的探讨。在洛克的思想体系中，“实体”被当作三种主要的复杂观念之一得到了十分详尽的考察。他这样描述实体观念的由来："人心中所接受的许多简单的观念一面是由外物经感官传来的，一面是由人心反省它自己的动作来的。不过人心在得到这些动作以后，它又注意到，有些简单的观念是经常在一块的。这些简单的观念既被人认为是属于一个事物，因此，人们就为迅速传递起见，把它们集合在一个寓体中，而以众所了解的一个名词称呼它。后来我们又因为不注意的缘故，往往在谈起来时把它当作一个简单的观念看，实则它是由许多观念

1　洛克：《人类理解论》，第 401–402 页。
2　同上，第 402 页。

所凑合成的。因为，如前所说，我们不能想象这些简单的观念怎样会自己存在，所以我们便惯于假设一种基层（substrutum），以为它们存在的归宿，以为它们产生的源泉。这种东西，我们就叫做实体(substance)。”[1] 但是,洛克的实体观又是不可知论的。他认为，我们只能就实体形成抽象观念并为之确立概括的名称，而无法最终认识实体自身的实在本质。

那么，实体的名义本质与实在本质之间到底是什么样的关系呢？洛克写道：“在各实体方面，其实在的本质，同其名义的本质——它们的抽象观念——是不相同的。所谓实在的本质，就是任何物体的实在组织；包括在名义本质中而与之共存的一切特性都以这种组织为基础。这种特殊的组织是各个物体自身所含的，并不与以外的东西发生关系。不过就在这种意味下，所谓本质亦与物种相关，亦必然要假设一个物种。因为它既是各种特性所依靠的实在组织，则它必然要假设一个物种。因为所谓特性只属于物种，并不属于个体。因此，我们如果假定黄金的名义本质是一个具有特殊颜色，重量，可展性同可熔性的物体，则所谓实在的本质就是那个物质各部分的组织，而那种组织是这些性质和其联系所依靠的；不但如此，而且黄金在王水中之可溶性，以及那个复杂观念中所含的其他特性，亦都以那种组织为基础。”[2]

这里似乎存在着这样一个难以解决的矛盾：既然事物的实在本质只是一种假定下来的东西，不被我们所知，那又如何能

1 洛克：《人类理解论》，第265–266页。
2 同上，第425–426页。

以之为基础形成抽象观念亦即此类事物的名义本质呢？洛克试图消除这个矛盾，他诉求于自然中的相似性："自然造作成相似性——简单说来，就是这样的自然所造的许多特殊的事物，在许多可感的性质方面是一致的，而且在它们的内在结构和组织方面，亦或者是一致的。不过各种事物所以区分为各种各类，并非由于这个实在的本质。只有人们可以给它们分类命名，以便造作一些含蓄的标记，而他们所以如此，正是因为他们看到，在各种事物中，有许多性质联系在那些事物中，而且有许多个体，在这些性质方面是一致的。在造作了各种标记以后，我们便可以把各个个体分为物种，加以徽志；而我们所以如此，只是看它们是契合于这个抽象观念，或那个抽象观念而定的。因此，我们就说，这是蓝色，那是红色;这是人，那是黑狒。我想，所谓物类和物种的职务，亦就尽于此了。"[1]

这种解释依然小心翼翼地避免关于自然种类实际存在的设定。真正实在的只有特殊事物以及它们在性质上的相似性。但在洛克看来，即便是这样的论断依然是假定性的。我们关于事物的认知起于感觉观念，这些观念一开始被印在心灵上时都是简单的。而既然这些简单观念是被动地赋予心灵的，那么它们必定是由外在的什么东西而来的。洛克假定，这些简单观念是由于外在事物的可感性质刺激我们的感觉器官而产生的。如此一来，我们至少得假定这些可感性质是实在的，而且我们心中关于它们的感觉观念由于直接来自于它们而同它们具有相似关系。他尤其强调我们关于物体的第一性质的观念是同其原型相似的：

1　洛克：《人类理解论》，第447页。

“物体给我们的第一性质的观念是同它们相似的，而且这些性质的原型切实存在于那些物体中。”[1]不过，既然洛克在物体的实在本质的问题上坚持不可知论立场，我们甚至可以认为，他是从我们心中实际具有的简单观念出发，然后依据他本人所设定的因果原则和相似性原则，最后推定第一性质的存在的。而在推定第一性质的实际存在之后，他又像人们通常所做的那样，进一步推定作为这些性质的载体的实体的存在。而他关于特殊物体之间在性质上存在相似性的假定，显然也是从关于它们的简单观念之间具有相似性这一主观事实而得来的。例如，我们观察到第一块黄金可以被熔化，从而得到关于它的可熔性的观念，随后我们又观察到第二块黄金可以被熔化，又得到关于它的可熔性的观念，如此等等，于是我们便得到关于不同的金块在可熔性方面具有相似性这样一个观念，而我们接下来又会从这种相似性观念进一步推定不同金块之间的在可熔性这种性质上的相似性的存在，于是，我们才会一般性地断言黄金具有可熔性的性质。

由此看来，洛克关于名义本质与实在本质之间的关系的论述似乎还可以从完全相反的角度加以审视。这个问题甚至可以泛化为这样一个基本的形而上学问题：是观念在先，还是事物在先？表面上看，洛克坚持事物在先，因为他认为是外在事物的和第一性质刺激人们的感官，从而在人心中印入了简单的感觉观念，这些观念连同简单的反省观念，成为一切复杂观念（包括抽象观念）的基础和构成要素，而我们所有的知识又都不可能超出这些观念的范围之外。但是，细究下来便会发现，洛克关

1　洛克：《人类理解论》，第 102 页。

于事物存在的论断是极不确定的。可以说，他只是为解释观念的起源和知识的可能性才极不情愿地做出一些形而上学假定的，而且，从上述的分析可以看到，他的这些假定的做出完全是依据于观念在心中的优先存在的。

正因为如此，在讨论实体的名称时，洛克才着力强调名称所参照的主要就是事物的名义本质，亦即关于事物的抽象观念。那么，我们为什么要依据名义本质来给事物命名呢？原因很简单：这些名义本质就在我们心中，就在我们的意识里，因为它们不过就是由简单观念而来的抽象观念。我们在为事物命名时，可以参照它们，而且似乎也只能直接参照它们。但是，洛克非常清楚地意识到，这些作为抽象观念的名义本质往往是不可靠的，若每个人都参照自己心中的抽象观念为事物下定义或确定一个名称，必然会导致实体名称在意义上出现巨大的差异，进而妨碍交流。所以，"为避免这层纠纷起见，人们就假设，各个物种都有一个实在的本质，以为其一切性质的源泉，而且他们还用物种的名称,来表示物种本质。不过它们对于实体中那种实在的本质，并无任何观念而且他们的文字所表示的，亦只是他们的观念，因此，他们所能为力的，只是用名称或声音，来代替具有那种实在本质的东西，实则他们并不知道那种实在的本质是什么样的。人们虽然说事物的种类是为自然所形成，是为实在的本质所分划的，可是他们实际上，亦只能在名称方面努力。"[1]

尽管洛克认为事物的实在本质终究是不可知的，但他仍然强调通过不懈的探究，来使我们的观念愈益接近实在的本质，从

1　洛克：《人类理解论》，第 455 页。

而也让我们更为准确地定义或命名事物："实体的名称，并不只表示我们的观念，它们终久要表示实在的事物，因此，它们的意义不但要同人的观念相合，而且要同实在的事物相契。因此，在各种实体方面，我们并不常以为一个名词的意义，就尽于通常的那个复杂观念，我们往往要进一步来考察事物本身的特性和性质，并且因此尽力来改正我们的物种观念。"[1]

洛克关于名义本质与实在本质的区分与探讨，实际可视作对意义的私人性与公共性的一种延伸考察。他的意义理论的基本观点是：语词的意义就是人心中的观念。但是我们知道，无论是简单观念还是复杂观念，都是内在于心灵的，只对观念的持有者显现，而对于其他人则始终是隐秘的。我们难以想象私人观念如何可以是主体间共享的。洛克本人也清楚地意识到，即便是作为名义本质被假定下来的抽象观念，也是因人而异的。正因为如此，他才力图寻找语词意义的更为确实可靠的基础。于是，他假定下了物种的可感性质作为简单观念的源泉。这种可感性质主要是指事物的第一性质，亦即事物的凝性、广袤、形相、运动、静止、数目等性质，它们是一事物须臾不可离的性质。而他所说的事物的实在本质也正是指这些第一性质而言的。洛克之所以将实在本质设定为名义本质的基础和原因，就是因为他意识到，唯有外在事物的这些第一性质才是公共可观察的，才可以作为我们不同认识主体的共同观念的来源。也就是说，洛克之所以要区分名义本质与实在本质，并将后者视为前者的基础，正是想从观念的源头上找到它们彼此的共性来，从而确保这些观念得以

1　洛克：《人类理解论》，第 510 页。

借公共的语言媒介传达出来，实现人与人之间的相互交流。不过，正如前文所分析的，由于洛克在形而上学问题上持有审慎的不可知论立场，所以他关于名义本质与实在本质的区分又带上了含混不明的色彩，由此也导致了对他的意义理论的不同解读。

四　口头真理与实在真理

人与人之间要实现以语言为媒介的交流，仅有表达观念的名称，还是远远不够的。只有将各种名称连接成一个个的命题，才能做出关于观念之间的关系以及事物之间的关系的判断来，从而表达出完整的思想和认识。正因为如此，洛克才专门用一章来讨论连词。这种讨论相对简略，不过，从中还是可以看出他的大致观点来的。他这样写道："连词可以连接句的各部分，或各整个的句子——除了表示人心中观念的那些文字而外，人们还常用一大些别的文字来表示人心在各观念间，或各命题间所发现的那些联系。人心在向他人表示自己的思想时，不但需要各种标记来表示它所有的观念，而且需要别的文字来表示它自己在那时对那些观念所起的动作。这种表示方法亦有许多，类如'是'和'不是'就是表示人心肯定或否定的普遍标记。"[1]

首先来看一下连接句子的各部分的连词，例如"张三是人"中的"是"字。"张三"这个名称命名的是一个作为单一实体的个人，其意义就是关于这个人的观念，而"人"则是一个表示一个抽象观念的概括性名称。那么，由这两个名称所表示的这两种观念之间有什么联系呢？我们用合适的连词将二者连接起来，便可构成表达这种联系的判断："张三是人"或者"张三不

1　洛克：《人类理解论》，第 456–457 页。

是人”。按洛克关于知识的定义：“所谓知识，就是人心对两个观念的契合或矛盾所生的一种知觉。”[1] 上述判断所要表达的就是某种知识。当“张三”的观念和“人”的观念相契合时，“张三是人”就表达了一种知识，而当这两个观念不相契合时（如“张三”所表达的是关于一条狗的观念时），“张三不是人”也表达了一种知识。

再来看看连接整个句子的连词，例如“张三是人，但是李四不是人”中的“但是”这个词。我们会说，这个句子表达了一个统一的思想，其中包含着两个作为组成部分的思想，而“但是”一词将两者连接起来组成了这个统一的思想。

我们可以将前一类句子称为简单命题，将这一类句子称为复杂命题。这两类命题中所出现的连词在性质上是不同的，前者被称为“系词”，后者被称为“逻辑联结词”或“逻辑常项”。不过，洛克在这里却没有打算十分严格地区分它们，而是笼统地加以考察。他首先考虑到的是：这些连词是否表达观念？在这个问题上，他显得犹豫不定，一会儿说它们是不表示任何观念的文字，一会儿又说它们表示说话者对自己的观念所起的动作。但总的来看，洛克还是认为连词是有所表示的，而且，正因为它们有所表示，它们才能发挥自己的功用。那么，连词所表达的到底是什么样的观念呢？从相关论述中可以看出，洛克认为连词所表达的是某种反省观念。他是这样界定与感觉观念不同的反省观念的：“经验在供给理解以观念时，还有另一个源泉，因为我们在运用理解以考察它所获得的那些观念时，我们还知觉

---

1 洛克：《人类理解论》，第 515 页。

到自己有多种心理活动。我们的心灵在反省这些心理作用，考究这些心理作用时，它们便供给理解以另一套观念，而且所供给的那些观念是不能由外面得到的。属于这一类的观念，有知觉、思想、动作、信仰、推论、认识、意愿，以及人心的一切作用。”[1]而他在探讨连词的意义时，也明确地断言它们正是动作的标记或心理的表示[2]。他列举了“但是”这个连词的五层不同含义，其中的第三和第四个含义为：

第三，“你虽然祈祷，但是能使你入于真正宗教的，却不是上帝。”

第四，“但是他可以坚定你自己的真正宗教。”第三例中的“但是”表示人心所假设的事情和实际不相符，第四例中“但是”二字表示人心把这里的意思，同前边的意思，恰好对比起来。[3]

这里十分确定地谈到连词与人心中所发生的知觉、思想、判断及活动的直接关联，因此可以推断，洛克主张连词所表示的就是表达这些心理活动的反省观念。他同时也主张通过研究这些心理活动来了解连词的意义：“我们如果想正确地了解它们，必须勤为研究人心的各种观点，姿势，情况，变化，限制，例外，以及其他种种思想，因为它们有的根本没有名称，有的只有很不完备的名称。”[4]洛克如此强调通过研究心理活动来了解连词的意

1　洛克：《人类理解论》，第 69 页。
2　同上，第 458 页。
3　同上，第 459 页。
4　同上，第 458 页。

义，无疑开创了逻辑哲学中的心理主义的先河，其影响连绵不绝。

洛克对命题的研究在其真理观中得到进一步的深化。我们知道，谈及命题，总免不了要涉及它的真实与虚假。也就是说，我们借语言表达出的某种思想，总会存在着是否符合事实的问题。而且我们一般认为，只有符合事实的思想才称得上是一种知识。因此，命题在什么情况下为真的问题就显得十分重要了。洛克的真理观是符合论的："真理就是各种标记（就是观念或文字）的正确分合——在我看来，所谓真理，顾名思义讲来，不是别的，只是按照实在事物的契合与否，而进行的各种标记的分合。在这里所谓各种标记的分合，也就是我们以另一名称之为命题的。因此，真理原是属于命题的。命题分为两种，一种是心理的，一种是口头的。"[1] 概言之，在洛克看来，真理就是命题的一种性质，这种性质体现为命题各部分之间的组合关系符合于实在事物之间的组合关系。他区分开了心理命题和口头命题，不过，他马上就意识到很难把二者截然区分开来，尤其是难以撇开口头命题去研究心理命题："要想对于真理形成一个明白的意念，则我们必须各别地考察思想方面的真理和文字方面的真理。不过要把它们分别加以论究，那确是很难的。因为即在处理心理的命题时，我们总不得以用文字。因此，我们在心理的命题方面所举的例证，立刻会失掉其单纯的心理性，而成了口头的。因为心理的命题，既只是单纯考察心中那些无名称的观念，因此，它们一表示于文字中，立刻就失掉了纯粹心理命题的本性。"[2]

1　洛克：《人类理解论》，第 566 页。

2　同上，第 567 页。

尽管如此，洛克还是认为有必要分别考察这两类命题以及与之相应的两类真理："真理和知识一样，亦可以有口头的和实在的区分。我们如果只知道各种名词所表示的观念是契合的或相违的，而却不管那些观念在自然中是否有实在的存在，则由这些名词所组成的真理，只是口头的真理。如果我们的观念是相契合的，而且它们在自然中又有实在的存在，则由这些标记所组成的真理是实在的真理。"[1] 除了这两类真理之外，他还特别提到了那些涉及实体的存在与本质的形而上学真理："所谓形上学的真理，只是说各种事物的实在存在是与我们所命名过的那些观念相契合的。这个真理虽然似乎成立于事物的本身存在，可是我们稍一仔细考察之后，就会知道，它似乎含着一个默然的命题，而人心就借这个命题，把那个特殊的事物附加于它所命名过的那个确定的观念上。不过真理的这些方面，或是我们已经说过的，或是与我们当下的题旨不甚相干的，因此，我们在这里只提一提它们就是了。"[2]

洛克在这里显然对形而上学真理的确实性持存疑的态度。我们看到，他对形而上学真理的界定与对实在的真理的界定是不同的。后者是指观念间的契合与否的关系同事物之间的契合与否的关系是一致的。例如，关于"苏格拉底"的观念与关于"人"的观念是契合的，而且，在现实世界中，苏格拉底这个人和人这个物种也是契合的，因此我们说，"苏格拉底是人"这个命题表达了一个实在的真理。同样，"苏格拉底不是狗"这个命题也

1　洛克：《人类理解论》，第 570 页。
2　同上，第 572 页。

表达了一个实在的真理,因为关于"苏格拉底"的观念与关于"狗"的观念不相契合，而这同现实世界中苏格拉底这个人不属于狗这个物种，是符合一致的。简单地说，实在的真理成立于观念间的关系与事物间的关系的符合一致。而洛克所说的形而上学真理则只成立于单个观念与单个的事物之间。也就是说,在他看来,形而上学命题只是断言与某个观念相应的事物是存在的。不过,他接着又指出，这样的断言只是建立在秘而不宣的假定之上的。言外之意是，这样的真理缺乏确定性。这种看法的根源就是他所坚持的关于事物的存在与本质的不可知论立场。

从洛克的真理论可以明显看出，他试图将他的语言批判限定在知识论的范围之内，而不情愿涉足形而上学领域。但是,他虽然怀着这样一种摆脱形而上学桎梏的崇高理想，并竭力避免做出独断的形而上学结论，却又不得不徘徊于形而上学泥潭的边缘。事实上，洛克在每一重大问题上都像许多哲学家一样,默默地使用着各种形而上学的假定。例如，在单个事物（亦即亚里士多德所谓的第一实体）的存在的问题上，他就是从第一性质的实在性一步步进到了关于作为诸性质之基质的实体的假定,尽管他反复声称这只是一个假定而已；又如，在物种或事类（亦即亚里士多德所谓的第二实体）的存在的问题上，他先是断定事物在性质上存在着相似性，并据以解释共同的抽象观念何以得来，随后便堂而皇之地大谈抽象的存在了，尽管也不时地提醒读者这只是一种假定而已;再如，在论及命题所描述的对象时,他又理所当然地假定了事物间关系的实在性，并以之作为真理和知识的保障，而全然不顾连事物本身的存在也是有疑问的这样一个事实。

回顾以上对洛克语言批判之内容的梳理和介绍，我们不难发现，他已经非常清楚地意识到语言批判对于哲学探讨的重要性。语言是知识的载体，是人与人之间实现思想交流的必备工具。而语言本身的缺陷及使用过程中的有意歪曲，也曾给人们带来事与愿违的巨大灾难。因此，随着科学昌明时代的到来，如何使作为知识之载体的语言更好地发挥其应有的作用并进而为推进人类进步带来更大助益的问题便日益突显出来。洛克的语言批判虽是应时而发生的，但其内容及意义则是既深刻又具有永恒价值的。我们看到，在语言、思想与世界的三重结构中，他尤其强调思想的核心地位。我们这里说的“思想”取其广义，包括观念、命题、知识等等方面。洛克终身致力于构建他的知识论大厦，他的这一工作的核心是对人类理解力的研究，而最能体现他对于语言批判的重视的是：他将他的整个探讨归属于他所称的“标记之学”。他在《人类理解论》一书的末尾提出了自己的学科分类思想。他把人类的学问分为三类：物理学、实践之学和标记之学。第一种学问研究“事物本身的特有的存在、组织、性质和作用”[1]，第二种学问“教人如何可以正确的运用自己的能力和行动，以求得良善的和有用的事物”[2]，而第三种学问的任务“在于考察人心为了理解事物，传送知识于他人时所用的标记的本性。因为人心所考察的各种事物既然都不在理解中（除了它自己），因此，它必须有别的一些东西，来做为它所考察的那些事物的标记和表象才行。这些标记就是所谓观念。不过构

1　洛克：《人类理解论》，第 720 页。
2　同上，第 721 页。

成一个人的思想的各种观念的模样，不能拿出来供给人直接观察，它只能存贮于记忆中，而且记忆还又不是很妥当的贮蓄器。因此，我们如果想互相传达思想，并且把它们记载下来为自己利用，则我们还必须为观念造一些标记。音节清晰的声音是人们所认为最方便的，因此，人们常常利用它们。观念和文字既然是知识的伟大工具，因此，人们如果要想考察人类知识的全部，亦应当考察观念和文字，因为它们正是很重要的。”[1]

对于第一种学问，洛克显然没有投注多少精力，尽管他也十分看重这种研究。这种学问当时也统称为自然哲学。不过，洛克似乎更强调它的思辨性：“这种学问的目的，只在于纯粹思辨的真理，任何东西只要能供给人心以这种真理，都可以归在这一种学问中，不论它是上帝自己，或天使，或精灵，或物体，或它们的任何变状，如数目和形相等。”[2]如此看来，研究各类实体及其本质的形而上学也是归于此类的。或许正因为对形而上学思辨抱有敌意，洛克才没有着手对这类学问展开系统的研究。不过，正如前文所述，他的理论探讨始终也无法摆脱对一些形而上学假定的依赖。对于第二类学问，洛克则有以《政府论》为代表的卓越贡献。

当然，洛克花费精力最多的还是他的人类理解力批判。这种批判从考察人心中的各种观念入手。在他看来，无论是来自外界事物的感觉观念，还是来自内心活动的反省观念，最初进入人心时都是简单的，只有经过人心组合、连结、抽象之后，才

1 洛克：《人类理解论》，第721页。
2 同上，第721页。

形成了这样三类复杂观念：情状、关系与实体。不管是简单观念还是复杂观念，它们都是作为事物的标记而存在于我们心中的，我们只有依据它们才能了解、认识事物。洛克是这样界定知识的："所谓知识不是别的，只是人心对任何观念间的联络和契合，或矛盾和相违而生的一种知觉。知识只成立于这种知觉。一有这种知觉，就有知识，没有这种知觉，则我们只可以想象、猜度或信仰，而却不能得到什么知识。"[1] 而正因为知识就是对观念间关系的知觉，所以他又进一步断言："我们所有的知识，不能超过我们所有的观念而外。"[2] 这么一来，洛克的人类理解力批判的核心组成部分实际就是他的"观念批判"。一方面，观念是事物的标记，考察观念乃是了解事物的必由之路；另一方面，观念又是知识的本质要素，知识只能局限于观念的范围之内。也正因为如此，对观念和知识的考察占去了《人类理解论》的绝大部分篇幅。不过，在做过观念批判并准备着手考察知识之时，洛克意识到了语言的重要性。他认为，要将人类理解力批判完整地进行下去，就不能不系统地考察作为观念之载体的语言。观念是事物的标记，而词语又是观念的标记。观念深藏于心中，不为外人所察，只是对于观念拥有者本人而言才是事物的标记。这样的标记自然无助于人与人之间的交流，而语言文字的发明就是为了弥补这种缺憾，因为语言本身就是方便人们相互交流的标记系统。正是出于这种考虑，洛克在他的观念论与知识论之间穿插进了语言批判，并以此作为他的人类理解力批判的重要内容。

1　洛克：《人类理解论》，第 515 页。

2　同上，第 529 页。

他的语言批判要澄清的一个核心问题就是：语言表达式如何获取公共可交流的意义？但是，这本来就是一个极难应对的问题。洛克陷入了两难之境：一方面，语词和语句只能表达个人心中的观念或思想；另一方面，我们又试图借助语言表达式将这些内心中的私人性的东西转化为可交流的东西，以为他人所了解。为摆脱这种困难境地，他想到了从语言习得过程入手寻求解释，但并未实际展开这种工作，从而留下不小的遗憾。他还想到了从观念的源头处找寻其公共可观察的原因和基础，却又由于他在本体论上持不可知论立场而无法为私人观念奠定坚实的形而上学基础。而在他关于命题及真理问题的探讨中，又存在着过分依赖于心理活动来解释系词和逻辑联结词的心理主义倾向。

总之，洛克作为一名近代语言哲学家的成就是不容抹杀的。他的贡献与其说在于他成功地进行了一场语言批判，不如说在于他将语言对于哲学探讨的重要性大大地突显出来了。他的语言哲学观点确实存在着诸多漏洞，并在其发布之初便受到来自各方的批判，甚至在“语言学转向”发生之后仍不断遭到驳斥，但是，几百年来，由他最早系统提出的意义观念论，仍以其观点的鲜明性和逻辑的严密性而独树一帜，虽历经风霜，却依然屹立不倒。而从另外一种意义上讲，洛克之关注于语言批判在整个西方哲学史上也具有非凡的意义。这是对于古已有之的一种哲学探究路径的再次强调。古希腊的圣哲们已开始了他们的语言批判，而且卓有建树；中世纪的经院哲学家们也在语言哲学问题上投入了极大的热心，并借语言探讨来确立和论证他们的形而上学见解。洛克把古人所提出的重要语言哲学问题都承接了下来：名称的意义、抽象名词的意义、命题的结构、意义与真假问题、语言与实在的关系问题等等，并做了深入的探讨。而对于后世语言哲学的发展来说，洛克也起到了巨大的推动作用，尽管他的理论在经过后来者们的坚持和发展之后，大都成为了受攻击的靶子。

第三节　近代哲学家对洛克的回应与批判

洛克的语言批判很快就得到了强有力的回应。这些回应中有两拨值得我们特别关注：一拨来自英国经验论内部的贝克莱，另一拨来自欧陆唯理论阵营的莱布尼茨。这两股回应将洛克的意义理论引向两个完全不同的方向。

一　贝克莱的《人类知识原理》

贝克莱以激烈反对形而上学实在论而著称。他在《人类知识原理》的绪论中对哲学家们所坚持的形而上学原则提出了批评，并对其产生的根源做了深入的剖析。他认为："人心在追求真理时搅扰它、妨碍它的那些困难，并不是起于物象的暧昧和繁复，也不是起于理解的自然缺陷，乃多半是由它所坚持的那些虚妄原则而起的，可是那些虚妄原则是可以避免的。"[1] 他接下来便深入考察了造成人们迷恋思辨原则的根本原因，并一针见血地指出："这种原因就在于人们以为人心对各种事物有形成抽象观念的能力。人只要不是不完全熟悉各哲学家的著述和辩论，那他一定会承认，他们不少的时间却是费在抽象观念方面的。不但如此，而且人们还特别认为这些观念就是所谓逻辑和哲学

1　贝克莱：《人类知识原理》，关文运译，商务印书馆，1962 年，第 2 页。

等科学的对象；而且也就是人们所谓最抽象最崇高的那些学问的对象。在这些学科中，几乎难以看到，人在研究任何问题时，其研究方式不是先假设这些观念是在人心中存在的，而且人心是很熟悉它们的。”[1]

贝克莱挑选出洛克作为他直接的批判对象。后者在《人类理解论》中主张，构造抽象观念的能力，乃是人异于兽类的一个标志。但贝克莱明确表示不敢苟同。他指出，兽类固然不能构造抽象观念，就是我们人类中的大多数也没有这样的能力。至于那些热衷于抽象观念的哲学家，实际是受到了语言文字的迷惑。洛克本人就是结合着他的语言批判而谈论抽象观念和名义本质的。贝克莱在引用了《人类理解论》中的一段话之后，十分中肯地指出：“他这里所以说，我们没有根据来想像兽类有抽象的概括观念，其所举的理由只是我们看不到它们应用文字或任何其他概括的标记。他所以如此主张，只是因为他假设：应用文字，就表示具有概括的观念。由此，我们就可以说，运用语言的人类就能抽象、能概括他们的观念。这分明是这个作者的意思和主旨。”[2] 于是，贝克莱便顺着洛克的思路，展开了他本人的语言批判：“不过我是不能同意这层的，因为我以为文字之所以成为概括的，并不是因为它被用为抽象的概括观念的标记，乃是因为它被用为许多同类特殊观念的标记，因为这些特殊观念中任何一个都是可以被这个标记等样地提示于心中的。就如说：‘运动的改变与所受的压力成比例’，又如说：‘凡有广袤的都可

1 贝克莱：《人类知识原理》，第 3 页。
2 同上，第 6–7 页。

以分割’，则这些命题虽然可应用于一般的运动和广袤，可是我们并不能因此说，它们所提示于我思想中的运动是没有运动的物体的，是没有任何确定方向和速度的。我们也一样不能因此说，我们可以设想到一个既非线、又非面、又非体、既非大、又非小，既非黑、又非白，亦非红、亦非任何其他有定的颜色的抽象的概括的广袤观念。这里的含义只不过说，我们思考的任何运动不论是快是慢，是纵是横是斜，是在任何物象中，而有关它的那个公理一样是真的。至于广袤的那个公理，在任何特殊的广袤方面也都是真的，倒不论那个特殊的广袤是线，是面，是体，是或此或彼的形相，是或此或彼的体积。”[1]

这样一来，贝克莱便否定了洛克视作概括名词之意义的抽象观念的实在性。这些名词的意义只是一些个别的、特殊的观念：“我们的用语如果尚有意义，而且我们所说的也只限于我们所能想像的，那么我相信，我们将会承认本身原被认为个别的一个观念，所以能成为概括的，只是因为我们用它来表示同类的一切其他个别的观念。为了使这一层明白起见，我们可举一个例子加以说明。假如一个几何学家来解证分一线为两等段的方法，而且他画了一条一寸长的黑线，则这条线本身虽是一条个别的线，可是它的含义是概括的，因为人在那里所以用它，正是表示一切个别的线的。因此，在这条线方面所做的解证，也就是一切线方面的解证，换言之，也就是一条概括的线方面的解证。那条个别的线之变为概括的，就是因为它变为一个标记，因此，‘线’这一名称在其本身虽是个别的，可是它既成了一个标记，

1　贝克莱：《人类知识原理》，第7页。

那它就成了概括的。线之成为概括的，既然不是因为它是抽象的或概括的观念的标记，而是因为它是一切能存在的个别直线的标记，因此，'线'这一名称所以能成为概括的，也一定是由于同一的原因,也一定是由于它能无分别地标记各种个别的线。"[1]

因此，在贝克莱看来，人们之间的思想交流并不像洛克等人所设想的那样，需依赖于抽象观念："人人都承认，人心必须费很大的劳苦才能使自己的思想脱除特殊的事物，才能使自己的思想达到有关抽象观念的那样崇高的思辨。由这些说法看来，自然的结果似乎应该是说，抽象观念的构成既然是很难的，所以它不是传达思想所必需的，因为传达思想是人人所易于做到的一件事情。"[2]抽象观念纯粹是哲学家们为解释交流的可能性而虚构出来的东西。贝克莱认为，他们反而把本来简单易懂的东西弄复杂了：我们只是在慢慢成长的过程中渐渐地学会了使用一些概括的名称来指代特殊观念而已。既然抽象观念出于虚构，那么，曾被哲学家们当作抽象观念之依据的自然种类也就不再是必须假定的了。贝克莱承认，一切知识和论证都赖乎普遍性的观念，但他又坚定地认为："所谓普遍性并不在于任何事物的绝对的、积极的本性（或概念），只在于它和它所表像的那许多个别事物所有的关系。借着这种途径,本性原为个别的各种事物、名称或意念，就被变成了普遍的。就如我在解证关于三角形的任何命题时，人虽然假定我着眼于一个普遍的三角形观念；可是这并不能理解成我能构成一个既非等边，又非不等边，又非

1 贝克莱：《人类知识原理》，第8页。
2 同上，第9页。

等腰的三角形观念。我们只可以说，我所考究的那个特殊三角形，不论种类如何，都一样可以代表一切直线三角形，而且在那种意义下，它才可以说是普遍的。这些说法似乎是很明显的，并没有任何困难。”[1]

不过，贝克莱还是坚持认为，考察抽象观念以及表达这些观念的概括名称，是十分有益的。而他本人接下来也饶有兴趣地探讨了人们何以会受到语言的诱惑去做出一些错误的假定。他提出了两点自己的看法，而这两点看法实际构成了他的语言批判的主要内容，并且对后世的语言哲学家有着巨大的启发意义：

第一点，人们以为每一个名称都有而且也应有一个唯一的确定的意义，因为这种原故，所以他们常常想，一定有一些抽象的、确定的观念，来构成每个概括观念的真实的、唯一的直接意义。他们还以为，有这些抽象观念做媒介，一个概括的名称才能指示任何特殊的事物。不过，事实上并没有附加在任何概括的名称上的一个精确有定的意义，概括的名称只不过是无分别地指示许多特殊的观念罢了。……因此，并无一个确定的观念来限制三角形一词的含义。要使一个名称常常符合于同一的定义，那是一回事，要使它到处代表同一的观念，那又是一回事。前一层是必需的，后一层是无用的，不可能的。

第二点，要使继续解说文字如何能产生出抽象观念的学说来，则我们还应当说，人们有一种公共的意见：他们都以为语言的目的不在别的，只在传达我们的思想，而且他们以为每一个有

1　贝克莱：《人类知识原理》，第10页。

意义的名称总表示着一个观念。他们既然如此相信，而且他们同时又知道，赋予意义的名称，也并不总是标记出“特殊的”、可想像的观念来，因此，他们就径直断言，那些名称是表示着抽象的意念。自然，人人都不会否认从事思考的人们所用的许多名称，并不常向他人提示出有定的、特殊的观念来。而且我们稍一注意，就可以发现，即在最严格的推论中，代表观念的有意义的名称，也不必在每一次应用时，都要在理解中刺激起它们原来所表示的观念。在读书和谈论中，各种名称大部分就如代数中所用的字母似的，在这里，每个字母虽标记着一个特殊的数量，不过即在正确推论中每一个字母也并不必在每一步中，都要在你的思想中提示出原来所表示的观念。[1]

贝克莱上述的第一点看法是针对语言的表意功能而发的。人们惯于认为，所使用的每个词、所说出或写下的每句话都表达确定的意义。一个有特指的词就表达它所特指的那个特殊观念，如我们在做几何题指着画出来的图形说“这个三角形”时，指的就是我们关于这个图形的特殊观念。而当我们一般地断言“三角形的内角之和等于两直角时”，由于我们不是单指某一个特定的三角形内角之和等于两直角，所以这句断言中的“三角形”一词就被用做了一个概括的标记，指称抽象的三角形观念。贝克莱分析说，正是因为我们要求每个词语都要有确定的意义，所以才导致了我们假定作为概括名词之意义的抽象观念的实在性。他现在就是要指出，我们做出的实际是一个错误的假定，而且，

1 贝克莱：《人类知识原理》，第 12–14 页。

我们也完全没有必要做这么一个假定。在他看来，抽象观念是哲学家们生造出来的多余的媒介，完全可以将它们从我们的解释中排除出去。

第二点看法表达了贝克莱对语言的表情作用的强调，而正是这种强调让我们大大打开了考察语言之功用的视野，得以更全面地理解语言。对于这点看法，他又做了进一步的解说："言语的一些功用：此外，我们还可以说，（1）语言的唯一的主要的功用还不只在以文字来传达思想，如一般人所想像的那样。此外它还有别的一些功用；（2）它还可以引起人的情感，刺激起人的行动；（3）还可以阻止人的行动；（4）还可以使人心发生某种特殊的倾向。前一种功用，往往是从属于后三种功用的，而且后三种功用如果不经观念的传达就可以达到，则观念的传达根本不需要。……诚然，在一起初，文字原可先引起一些相当的观念，然后才可以产生出那些情绪来；不过那些情感原来虽然经过观念的媒介才能生起，可是在语言惯熟之后，则我们一听字音，一见字形，就可以立刻生起那些情感来，毋需观念的媒介。人们允许给我们一件好东西以后，我们虽不能观念到那东西是什么，我们也一样可以受感动。我们只要一听说有危险，那我们虽然想不到有什么特殊的祸患来临，虽然不给自己构成一个抽象的危险观念，也一样会生起恐惧心理来。任何人只要稍一回想我以前所说的话，则我相信他一定会明白看到，就恰当语言而论，人们在应用概括名称时，并不曾有意用它们来标记自己的观念，借以在听者心中引起那些观念。就是那些固有名称，我们在应用它们时，也并不常想用它们来在自己心中生起它们所当标记的那些个体的观念。就如一个经院学者说：'亚里士多德如此说'，则他的意思就在于使我恭敬地、服从地来接受他的意见，一如常人对那个大名所有的恭敬和服从似的。人们的判断只要常常依从那个哲学家的权威，则这种结果可以立刻在他们心中生起，而且在生起以前，他们完全不能观念到他的人格、著作或名誉。在亚里士多德这一名字和某些人心中同意和恭敬的动作之间，习惯可以建立起那样密切而直接的一种联系来。"[1]

贝克莱这里犀利地指出，语词的表意作用并不是它们的唯一功能，甚至也算不上是最主要的功能，而最多不过是它们的一种次要的功能。我们绝非时时处处都是为表达观念而使用语言的。贝克莱更加强调的是语言的表达情感、刺激行动的功用，这就非常接近牛津日常语言学派的言语行为理论了。另外，他多处指出语言的恰当使用更多地赖于人们长久形成的习惯而较少地取决于语词所指代的观念，这表明他已充分注意到了语词意义与其用法之间的密不可分的联系以及按照规则使用语言的重要性，而这又让人不由自主地想起了后期维特根斯坦的语言游戏说。

二　莱布尼茨的《人类理智新论》

贝克莱的语言批判强调语言的日常用法，否认所有语词都具有确定的意义，尤其反对将所谓的抽象观念当成概括各词的意义，这就把洛克所假定的事物的"名义本质"取消掉了，而所谓的事物的"实在本质"更是贝克莱不屑提及的。莱布尼茨也对洛克的语言批判做出了回应，他的《人类理智新论》的第三卷就是对《人类理解论》第三卷的主要观点的逐条分析和批判。这位欧陆唯理论者可以说是反贝克莱之道而行之：他的语言批

1　贝克莱：《人类知识原理》，第 14–15 页。

判非但不反对名义本质，而且还将洛克存而不论的实在本质更为牢固地设定了下来。

我们前面看到，洛克坚定地认为，我们每个人所使用的语词的直接意义只可能是本人心中的观念，而为了说明这种私人观念何以能传达给他人，他可谓费尽了心机，但还是难以圆满地解释作为语词之意义的观念如何从特殊化为一般，如何从私人性的转化为公共性的。但是，莱布尼茨似乎从一开始便抛开了这种困扰，他这样指出："可是的确有人常常意思指的毋宁是别人的思想而不是自己自主的思想，就那些盲目信仰的世俗人来说，这种情况简直是太多了。可是我承认人们总永远理解某种一般的东西，不管那思想是多么空洞而无所用心；并且人们至少总注意把语词安排得符合旁人的习惯，满足于相信自己的意思必要时能为别人所懂得。因此人有时只是思想的转达者，或别人的说话的传送者，完全象一封信所起的作用那样；而甚至人们的这种情况比人们所想的更常见。"[1]

人们总可以理解一般性的东西，而且可以毫不费力地传送他人的观念和思想。莱布尼茨这里没有深究这些一般性的观念由何而来，而我们知道，唯理论者大都持有天赋观念论的立场，或者至少承认人们都天生具有形成和理解抽象观念的能力。作为经验论者的洛克则坚持反对天赋观念论，《人类理解论》的第一卷就整个用来驳斥这种论调。或许正是因为在这方面存在着分歧，才导致莱布尼茨坚持完全不同于洛克的意义理论。他坚持认为，探究语词的意义必须遵循从一般到特殊的程序，因为在他看来，

1　莱布尼茨：《人类理智新论》，陈修斋译，商务印书馆，1982年，第308页。

在起源上，通名先于专名："我敢说几乎所有的语词其起源都是一般名辞，因为人们无缘无故地发明一个特有名称来指示某一个体，这样的事是极为罕见的。所以我们可以说，那些个体名称本是种名，人们因某一个体特别突出或由于别的什么而把这种名就给予这个体的，就象大头这个名称就给了那在全城中头最大的，或人们所认识的大头中最重要的人物。人们甚至也象这样把属的名称给予种，这就是说，当人们并不在乎那些区别时，就会满足于用一些较一般或较广泛的名称来指那些较特殊的种。"[1]

莱布尼茨之所以极力反对洛克等人所倡导的从特殊到一般的探究过程，是因为他坚定地认为，由个别上升到一般是不可能实现的："我不反对抽象的这种用法，但这毋宁是从种上升到属而不是从个体上升到种。因为（不管这显得多么象悖论）我们是不可能有关于个体的知识的，也不可能找到办法来确切地决定任何事物的个体性，要是仅守着它本身的话；因为所有的情况都可能重新出现；最微细的区别我们是感觉不到的；地点和时间本身远不能作决定，它们本身倒是需要通过它们所包含的事物来被决定的。其中最值得考虑的是：个体性包含着无限，而只有能全部了解这无限的人才能有对于某一事物的个体性原则的知识；这是由于宇宙中一切事物彼此间的影响（照健全的方式来理解）。的确，如果有德谟克利特所说的原子，情况就会不是这样；但那时两个同样形状和同样大小的不同个体之间又会毫无不同了。"[2]

---

1 莱布尼茨：《人类理智新论》，第 311–312 页。
2 同上，第 312 页。

莱布尼茨这里明确表明了反对原子主义的立场。这是他的单子论和前定和谐说在他的语言批判中的具体体现。在他看来，我们绝对无法将任何一个事物像一个德谟克利特式的原子那样去认识，因为它和所有其他事物是密不可分地联系起来的，而且是相互映照的。个体事物只有在整体中才拥有其存在，这种原理体现在语言中就表现为专名的意义必依存于一般名词的意义。这种整体主义的原则，一定程度上预示了弗雷格、前期维特根斯坦等人在进行逻辑分析时所极力倡导的语义整体主义。

莱克尼茨十分赞同洛克将抽象观念作为一般名词的意义，但他并不主张将事物的本质区分为名义本质和实在本质这样两种，因为他坚定地认为实在本质不仅是真实存在的，而且应该视作事物的唯一本质："我觉得我们的语言在表达方式上是极度花样翻新的。人们迄今确谈到名义的定义和原因的或实在的定义，但就我所知没有说本质除了实在的之外还有其它的，除非所谓名义本质被理解为假的和不可能的本质，它显得象本质而实际不是；就例如一个正十面体的本质那样，所谓正十面体，就是说一个由十个平面所包的一个正的体。本质归根到底不是别的，无非是人们所提出的东西的可能性。人们假定为可能的东西是用定义来表明；但当这定义不同时表明可能性时，它就只是名义上的，因为那时人们就可以怀疑这定义是否表明某种实在的东西，也就是说可能的东西，除非到了那事物确实在世界上存在时，得经验之助使我们后天地认识到了这种实在性；这足以代替理性，理性是通过揭示所定义事物的原因或可能的产生而使我们先天地认识那实在性的。所以并不取决于我们来把那些观念照我们觉得好的方式结合起来，除非这种结合或者为理性所证明，表明它是可能的，或者为经验所证明，表明它是现实的，并因此也是可能的。为了也能更好地区别本质和定义，应该考虑到只有一种事物的本质，但有多个定义表明同一种本质，就象同一结构或同一城市，可以照着我们看它的角度不同而用不同的景色画面来表现它一样。"[1]

莱布尼茨将事物的实在本质界定为事物的可能性，并由此判定事物的本质是唯一的、永存不变的——正是这种坚定的实在论立场让他得以合理地解释语言表达式何以获取确定的意义。我们在选择什么样的语词做出表达时会有一些随意性，但是，我们试图去表达的观念以及这些观念所表达的作为事物的可能性的那种本质总是在先地存在着，而且是一成不变的。因此，莱布尼茨承认作为个别事物之本质的种类的实际存在："我认为对个体来说是有某种本质的东西的，并且比人们所想的更多。活动对于实体，受动对于被创造的实体，思想对于心灵，具有广延和运动对物体，都是本质的东西。这就是说，有一些类或种，当一个个体一旦属于它们之后，则不论在自然中可能发生什么变革，都不能不再属于它们（至少就自然地来说是这样）。但有一些类或种，对于个体来说（我承认）是偶然的，它们可以不再属于这个类。象这样，人们就可以不再是健康的，美丽的，博学的，甚至不再是看得见和摸得着的，但不能不再是有生命和有器官，以及有知觉的。"[2]莱布尼茨这里区分开了由于必然性而形成的种类和由于偶然性而形成的种类。他自然要强调前者的实在性，只

1　莱布尼茨：《人类理智新论》，第 317–318 页。
2　同上，第 333–334 页。

有它们所拥有的才是真正的实在性，因为它们就是理想世界中的形式本身或者可能性。我们关于事物的抽象观念就是以它们为原型的，并因此成为确定不变的。尽管我们用于表达这些抽象观念的一般名词或有不同，但让这些不同的表达具备确定意义的正是这些恒定的抽象观念。此外，正是因为有这种实在本质和抽象观念的存在，我们才能据此建立起不同于经验科学的解证的科学，如数学、逻辑学等等，它们全都建立在严格的本质定义的基础之上。

三　小结

我们看到，由洛克系统提出并详细探讨的意义问题，在分别以贝克莱和莱布尼茨为代表的两种近代哲学传统中受到了进一步的关注和讨论。这种讨论仍在语词、观念和事物这三者关系的大框架里展开。贝克莱通过坚决否认抽象观念的实在性，而将洛克视作概括名词之意义的名义本质消除掉了，从而彻底摆脱了形而上学实在论的束缚，在意义问题上只承认特殊观念作为语词意义的来源。莱布尼茨则走向了另一个极端，他不仅不否认抽象观念，而且还坚定地认为事物的实在本质是永恒不变的，是语词获取意义的最终保障。我们知道，洛克一方面相信抽象观念的实在性，另一方面却对实在本质持不可知论的立场。而贝克莱和莱布尼茨则通过分别否定这两方面的主张而提出了自己的见解，从而将洛克的意义理论推向两个极端。从前文的分析可以看出，贝克莱通过指出语词不仅仅只有表达观念的功能而突出强调语言的日常功用，从而走向了注重日常语言分析的道路。他一再指明自己的学说原是为了更接近于常识，可见他之重视语词的日常用法也是出于他的整体思想的内在一致性的考虑。

甚至他那著名的哲学命题“存在就是被知觉”也是通过分析“存在”这个词的日常用法而得出来的：“在我看来，感官所印入的各种感觉或观念，不论如何组合，如何混杂（就是说不论它们组成什么物象），除了在知觉它们的人心以内就不能存在。我想，只要人一思考‘存在’二字用于可感的事物时作何解释，他是可以凭直觉知道这一层的。我写字用的这张桌子所以存在，只是因为我看见它，摸着它；我在走出书室后，如果还说它存在过，我的意思就是说，我如果还在书室中，我原可以看见它；或者是说，有别的精神当下就真看见它。我所以说曾有香气，只是说我曾嗅过它，我所以说曾有声音，只是说我曾听过它，我所以说，曾有颜色，有形相，只是说我曾看见它或触着它。我这一类的用语，意义也就尽于此了。因为要说有不思想的事物，离开知觉而外，绝对存在着，那似乎是完全不可了解的。所谓它们的存在就是被知觉之谓，因而它们离开能知觉它们的人心或能思想的东西，便不能有任何存在。”[1] 尽管贝克莱通过日常语言分析要得出正面的哲学命题，而不是指出哲学命题毫无意义，但他从分析语言的日常用法入手进行哲学探讨的方法仍具有很大的现代意义。

莱布尼茨则更接近理想语言学派所注重的逻辑分析方法。我们知道，他也是近代一位重要的逻辑学家。他有一个雄心勃勃的梦想，那就是构建一套普遍字符，用于表达人们的思想并进行严密有效的推理和论证，而每当人们遇到意见分歧时，就可以坐下来通过演算解决争端。这种设想已非常类似于弗雷格、罗素、前期维特根斯坦、卡尔纳普等人所追求的那种理想语言。只是，

1　贝克莱：《人类知识原理》，第19页。

莱布尼茨关于普遍字符的构想，从根本上来说，还是服务于他的理性主义认识论，乃至他的形而上学单子论的。罗素在其《对莱布尼茨哲学的批评性解释》一书中对莱布尼茨依据于对命题的主谓结构的分析构建形而上学理论的做法提出了批判，而对于他关于普遍字符的设想做了这样的评说："莱布尼茨假设最需要的是一种简便的演绎方法。但是事实上，哲学问题应该先于演绎。一个能被定义的观念中一个可能证明的命题对于哲学的兴趣来说只是次要的。哲学的重点应集中在不可定义和不可推证的东西上，在这里，除了直觉之外没有什么别的方法是有效的。因此，普遍字符尽管在数学中是最重要的观念，但在哲学中却表明是根本错误的，这种错误为三段论所助长，并且建立在对必然真理的分析性质这样一种信念上。"[1] 尽管莱布尼茨的构想没有成为现实，而且其自身也有诸多缺陷，但是，这种对于思想和事物的理想表达方式的追求，仍不断被证明乃是人们渴望意义的确定性、表达的准确性和推理的严密性的一种表现，而这种追求正是自古以来促使一代代哲人持续不断地关注语言问题的内在动力，也正是自19世纪末20世纪初以来许许多多哲学家竭力探究意义问题的根本动因。

1　罗素：《对莱布尼茨哲学的批评性解释》，段德智等译，商务印书馆，2000年，第207–208页。

第三章　维特根斯坦的语言批判

第一节　维特根斯坦与语言批判

西方古代和近代哲学家们已经充分意识到了语言对于人们描述世界、表达思想的极端重要性，并且有意识地展开了他们的语言批判，以此作为他们的哲学探讨的非常重要的组成部分。从前两章所选取的有代表性的哲学家们在语言哲学方面的工作来看，尽管他们在论题上各有侧重，所花费的笔墨也多寡不均，但都持有这样一个基本假定：语言乃是人们表达观念、思想与知识的必备工具，而这样一些被表达的内容乃是我们所能获得的关于世界的主要信息。这么一来，既然哲学的目标是获取最高的智慧，那么我们仔细分析语言这样一种最重要的关于世界的信息的载体，便有望发现：(1)语言本身的形式结构及其获取意义时所凭据的内在机制；(2)语言表达式所表达的思想内容及其规定性；(3)这些思想内容所反映的实在事物及其特征，从而从总体上弄清楚从语言到思想再到世界的这样一个宏观图景的内在结构，以实现人类理智所追求的整体目标，最大限度地接近最高的生存智慧。

不过，一方面，无论是在古代还是在近代，语言批判都没有成为哲学研究的主要潮流，也并非每个主要哲学家都为之付出过努力；另一方面，即便是那些系统做过语言批判的哲学家也只是以此作为探究哲学根本问题的一条途径，其主要目的仍然在于如何更好地确立他们的本体论和认识论体系。而当我们谈到现代西方哲学家们的语言批判时，心中所浮现的却是大为不同的图景。有这样的老生常谈：自19世纪末20世纪初发生的"语言学转向"以来，西方哲学界，尤其英美哲学界的主要哲学家们大都将语言分析视作自己唯一的本职工作了。且不管这样的说法是否忠于历史事实，有一点恐怕是可以肯定的，那便是：这种说法起自于维特根斯坦的《逻辑哲学论》。因为正是在这部著作里，维特根斯坦如此明确地宣称："全部哲学乃是'语言批判'。"[1] 自此以后，不光"语言批判"这个用语渐渐流行开来，而且，通过语言分析探讨哲学问题也逐步形成一股声势浩大的潮流。那么，维特根斯坦所说的"语言批判"究竟是什么样的工作呢？为什么说哲学的整个任务就是语言批判呢？我们先来看看他做出如此断言的上下文：

4.001 命题的总和就是语言。

4.002 人具有构造语言的能力，可用语言表达任何意义而无须知道每个语词如何意谓和意谓什么。正如人即使不知道如何发出各个声音也能说话一样。

日常语言是人类机体的一部分，并不比机体的复杂性低。

人不可能从日常语言中直接获知语言逻辑。

语言掩盖思想，而且掩盖得使人不可能根据衣服的外表形

1 《维特根斯坦全集》，第一卷，陈启伟译，河北教育出版社，2003年，第204页。

式推知被掩盖的思想的形式；因为衣服的外表形式并不是为使人们能认出身体的形式，而是为了完全不同的目的设计的。

为了理解日常语言而形成的默默的约定是很复杂的。

4.003　有关哲学的东西所写的命题和问题大多并非谬误，而是无意义的。因此，我们根本不能回答这类问题，而总能明确指出其无意义性。哲学家的问题和命题大多是基于我们不了解我们的语言逻辑。

（它们都是诸如善比美更具同一性抑较少同一性之类的问题。）

毫不奇怪，最深刻的问题其实不成其为问题。

4.0031　全部哲学乃是“语言批判”。（虽然不是毛特纳所说的那种批判。）罗素的功绩就是指出了：命题的表面的逻辑形式未必是它的真实的逻辑形式。[1]

从上述这些论述中，我们可以大致看出维特根斯坦所说的“语言批判”指的是什么。当然，要全面理解他的论断，还需参照他关于哲学作为一种活动的论述，稍后将展开这一点。先看看他对语言及语言批判的看法。

首先，作为哲学批判之对象的语言由各种命题所组成，命题的总和就是语言。按照维特根斯坦在《逻辑哲学论》中对命题的相关论述，我们可以区分出这样三类不同的命题：（1）有意义的命题，这类命题是实在的图像，可真可假，有两种真值可能性，主要指自然科学命题；（2）缺乏意义的命题，这类命题已

---

1 《维特根斯坦全集》，第一卷，第203–204页。

不再是实在的图像，要么为真，要么为假，只有一种真值可能性，主要指逻辑命题；(3) 无意义的命题，这类命题与实在无关，既不真也不假，没有任何真值可能性，主要指哲学命题、数学命题、伦理学命题等。那么，维特根斯坦是否将所有这三类命题都包括进了他所说的语言当中呢？他没有明确的说法。不过，他既然一般地断言哲学整个儿就是语言批判，我们觉得他还是把所有这些命题都当作哲学批判之对象的，尽管对不同类型的命题进行分析、批判所怀抱的目的是迥然不同的。

其次，对语言进行批判，目的在于澄清命题的意义。维特根斯坦明确指出，人使用语言为的是表达意义，而任何有意义的命题所表达的就是某种确定的思想。因此，语言批判的目的就是澄清命题所表达的思想内容。那么，问题的关键就在于，为什么需要哲学家来做语言批判呢？维特根斯坦的想法是：倘若每个使用语言的人都能清楚地表达出自己的思想来，那么便不需要进行语言批判了，问题是，人们完全不能保证做到这一点。语言远非是简单而透明的，相反却是异常复杂的。维特根斯坦在这里对语言本身的复杂性给予了多角度的考察。第一，人生来就赋有使用语言的能力，这种能力的使用不会受到具体场景的局限，而表现出无限多的可能性；第二，语言简直成了人类机体的组成部分，人类机体有多复杂，语言就有多复杂；第三，语言表达式并非为思想量身定做的，因而在很大程度上对思想起了遮盖作用；第四，人们相互之间理解对方的语言是建立在许多秘而不宣的约定的基础上的。语言使用过程中所展现出来的这些复杂性，显然会给思想的表达与交流造成巨大的妨碍。而在维特根斯坦看来，要清除这些障碍，唯一的途径就是进行语言批判，而这种任务只能由哲学家来完成。

第三，传统哲学家们误入了歧途，现在是他们走向正道的时候了。首先，哲学家们所提出的那些看似深刻的问题实际并不是真正的问题。维特根斯坦给出了此类问题的一个例子："善比美更具同一性抑较少同一性？"为什么说这个问题不是真正的问题呢？这个问题显然并不针对任何实在，空洞无物，完全不能设想如何给出一个回答来。其次，哲学家们所提出的哲学命题也是无意义的。假如我们对上述问题给出这样的回答：善比美更具同一性，这便可视作一个传统的哲学命题。那么，为什么说这样一个命题是无意义的呢？按照维特根斯坦《逻辑哲学论》中的图像论，一个命题要成为世界的一幅有意义的图像，必须具备两个起码的条件：（1）作为命题组成部分的每个简单名称必须代表一个简单对象；（2）该命题必须同它所图示的事实具有相同的逻辑形式。但是，上述的命题根本就无法被分析成由简单名称所构成的完全分析了的命题，因而无法满足第一个条件；另外，这个命题涉及的是同一性问题，而这一问题本身就是似是而非的哲学问题，因而作为对这类问题的回答的上述命题根本就是违反我们语言的逻辑的，更谈不上与任何事实具有同样的逻辑形式。

正因为传统哲学的问题和命题都是无意义的，所以才有必要为哲学规定全新的任务。维特根斯坦这里明确指出，他非常赞同罗素所倡导的逻辑分析方法，并对他的以摹状词理论为代表的成就大加褒奖。罗素通过对以限定摹状词作主词的命题进行逻辑分析，揭示出了不同于这类命题的表面语法形式的真正的逻辑形式，从而成功地破除了关于类似"金山"、"现任法国国王”等虚存对象的本体论假定。作为罗素的学生，维特根斯坦在其老师的成就的鼓舞之下，进一步将哲学家的任务规定为对思想进行澄清的逻辑分析活动，而这正是他所称的“语言批判”。他在《逻辑哲学论》中对作为语言批判的哲学活动做了如下描述：

4.11 真命题的总和是全部自然科学（或多门自然科学的总和）。

4.111 哲学不是一门自然科学。

（“哲学”这个词必是指某种超乎自然科学或低于自然科学而非与自然科学并列的东西。）

4.112 哲学的目的是对思想的逻辑澄清。

哲学不是一种学说，而是一种活动。

一部哲学著作本质上是由阐释构成的。

哲学的结果不是得到“哲学的命题”，而是对命题的澄清。

哲学应当把不加以澄清似乎就暗昧而模糊不清的思想弄清楚，并且给它们划出明确的界限。

4.1121 心理学并不比任何其他自然科学与哲学有更相近的关系。

知识论是心理学的哲学。

我对指号语言的研究与哲学家们认为对逻辑哲学如此重要的那些思想过程的研究不是一致的吗？只是他们大多纠缠于一些无关紧要的心理学研究，我的方法也有类似的危险。

4.1122 达尔文学说跟自然科学的任何其他假说一样与哲学无关。

4.113 哲学为自然科学中有争论的领域划出界限。

4.114 哲学应当为可思的东西划界限，从而也为不可思的东西划界限。

哲学应当通过可思的东西从内部为不可思的东西划界限。

4.115 哲学通过清楚地表现可说的东西而意谓着不可说的东西。

4.116 凡是可思的东西都可以被清楚地思。凡是可说的东西都可以被清楚地说。[1]

从这些段落中，可以清晰地看出前斯维特根斯坦的哲学观。这种哲学观乃是西方哲学史上对哲学作为一种语言批判活动的第一次明确强调。而维特根斯坦的《逻辑哲学论》也被视作西方哲学完成语言学转向的决定性标志。归纳起来，前维特根斯坦哲学观包含以下几方面的内容：第一，哲学研究完全不同于自然科学的研究。哲学与科学处于不同的层次上，我们或者将它看作处于科学之上，或者将它看作处于科学之下，这都无关紧要。按维特根斯坦的说法，科学由一个个真命题构成，这些命题如实地描述世界中的事实，成为它们的一幅幅逻辑图像。科学家的任务就是揭示世界的奥妙，并以真实的命题描述出我们关于世界的思想，并以此表现世界的构成要素及其结合形式。也就是说，科学家肩负着发现与描述的双重任务。相反，在维特根斯坦看来，哲学家则完全没有认知世界的义务。几千年来，哲学家们实际上都怀带着揭示世界或知识之本质的崇高目标：柏拉图认为，哲学

1 《维特根斯坦全集》，第一卷，第 210–211 页。

家的目标就是追求关于事物整全的知识；亚里士多德主张形而上学的任务乃是揭示作为存在的存在之本质；近代哲学家们则致力于回答知识如何可能的问题……维特根斯坦则宣布：当科学的求知活动日臻完善之时，哲学就应该从中抽身出来了。第二，哲学家们需要做的工作就是对科学命题做逻辑分析，澄清其意义和思想，并一般性地确立命题具有意义的形式标准。维特根斯坦尤其强调哲学是一种活动，而不是一种学说。既然哲学就是一种逻辑分析活动，那么它就不再以构建理论体系为目标了，而既然哲学不以建构体系为目标，那么它就不再像以前所设想的那样需要从各种科学理论中吸取养料了。维特根斯坦提到心理学，并指出它不过是自然科学的一种，跟哲学没有较其他自然科学更近的关联。他所想到的就是近代认识论家借心理学研究来构建知识论体系的努力。他对这种努力持强烈的批判态度，认为对心理过程的研究不会对逻辑哲学有任何实质性的贡献。这便是弗雷格、胡塞尔等人此前明确坚持的反心理主义立场。不过，维特根斯坦意识到了他本人的研究也面临着类似的心理主义的危险，因为我们知道，他早期的图像论除了表现语言与世界之间的关系之外，还涉及思想这样一个中介，而思想总是与心理的东西分不开的。第三，语言批判的目标是为思维划界。维特根斯坦在《逻辑哲学论》序言中明确将划界视作他的语言批判的主要目标：

本书讨论哲学问题，而且我相信它指出了这些问题是由于误解我们的语言的逻辑而提出来的。本书的全部旨义可概述如下：凡是可说的东西，都可以明白地说，凡是不可说的东西，则必须对之沉默。

因此本书是要为思维划一条界限，或者说得更确切些，不是为思维而是为思维的表达式划一条界限。因为要为思维划一条界限，我们就必须能思及这个界限的两边（也就是说，我们必须能思不可思者）。

因此只能在语言中划界限，而在界限那一边的东西则根本是无意义的。[1]

这种思想在前面所引的《逻辑哲学论》4.113–4.116 中再次被强调。维特根斯坦试图通过语言批判为思维划界的做法，真正体现出了他前期思想的总体构架。为什么要做的是语言批判而不直接是思维批判？维特根斯坦说得很明白：思维本身是难以把捉的，若试图对可思者进行批判性的考察并限定其范围，势必要求我们思及界限那一边的东西，而这是悖谬的。不过，尽管思维本身无影无踪，但我们人类却得天独厚地拥有表达思维之内容的语言。语言既然是可听、可视的思想表达工具，我们何不设法透过这个媒介窥探思想本身，以便完成我们为哲学设定的划界任务呢？于是，维特根斯坦满怀激情地喊出了“哲学就是语言批判”的口号。当然，他的这句口号还依据于他的这样一个基本假定：从本质上说，语言可以完全清楚地表达思想。维特根斯坦深信，一种成功的自然科学理论就是对世界的一个总的描述，构成这种理论的每一原初命题都是它所描述的一个基本事态的逻辑图像。哲学家要做的工作就是：通过对自然科

1 《维特根斯坦全集》，第一卷，第 187 页。

学命题的逻辑分析，指出这样的命题何以成为思想的清楚表达式。总之，语言批判之所以被视作哲学的全部任务，就是因为我们无法找到别的途径去澄清思想，从而为思维划定明确的界限。不过，更进一步说，语言批判的正面目标还不只是澄清思想。在前期维特根斯坦看来，思维是面向世界的，我们通过语言批判除了弄清命题所表达的思想之外，还必定会由此抵达作为思维之对象的世界。我们知道，前期维特根斯坦提出了著名的"事实本体论"。在他看来，世界不是直接由事物构成的，而是由一个个的事实构成的："世界是事实的总和，而非事物的总和。"[1]一个命题表达一个思想，而这个思想又表达世界中的一个事实。于是，在前期维特根斯坦这里，语言、思想和世界便被安排在了一个精心构造的、完美无缺的三层结构体中了。而我们要说，正是赖乎这么一个纯粹的理想化结构体，他才得以将他的语言批判顺利地进行下去。而他在《逻辑哲学论》序言中也表现出了一种十分乐观的态度："这里所陈述的思想的真理性，在我看来则是无可置疑和断然确定的。因此，我认为，问题已经在根本上彻底解决了。"[2]

然而，从另一方面来看，维特根斯坦的这种乐观只具有十分有限的意义，因为他在指出该书的正面价值之后，紧接着便写下如下这句意味深长的话作为序言的结语："如果我在这一点上没有弄错的话，那么本书的价值其次就在于，它指出通过这些问

---

1 《维特根斯坦全集》，第一卷，第 189 页。
2 同上，第 188 页。

题的解决所完成的东西是如何的少。”[1]依我的理解，这句话是对他的划界思想的再一次强调。语言批判的正面任务自然可以按部就班地在理想的三层结构体中去完成，这种任务的完成情况视技术化的逻辑分析手段被使用的程度而定，我们总可以合理地期望不断取得新的进展。但在维特根斯坦看来，这种程式化的操作只服务于有限的目标，而且，即便这样的目标最终得到了完完全全的实现，我们也还不能指望从中获取根本性的慰藉。我们所做的还如此之少！真正重要的是界限那一边的东西，而这种东西是不可思议的、神秘的，我们对之尚无所作为，而且永远不可能有任何作为！但是，重要的不是我们对之无可言说、无所作为，而是我们通过语言批判可以明白无误地确定：在可说的东西之外还有不可说的东西存在，亦即，在可思的东西之外，还有不可思的东西存在。这便是前期维特根斯坦所援用的通过指出何为可说者显示出何为不可说者的研究策略。换言之，当我们成功地言明这些便是所有可说的东西之时，也便同时显示出：除此之外的一切全都属于不可言说者之列。

维特根斯坦坚定地认为，传统哲学家们大都并不满足于自然科学家所取得的认知成就，而力求在这些成就之外再行追求另外的、或许是高出一等的知识，并进而构建出比科学更深刻、更全面的理论体系。殊不知，这些哲学家只是受到了界限之外的东西的巨大诱惑，企图仿照科学家思考世界中的事实的样子去思考世界之外的神秘之物，或者说，企图仿照科学家用科学命题描述世界的做法去用“哲学命题”描述不可言说的领域。这

1 《维特根斯坦全集》，第一卷，第188页。

样的企图注定是要失败的，因为这道牢固的界限宛如铜墙铁壁一般,终归是人力所无法突破的。哲学家们所构造出的这些命题，一经严格的逻辑分析，其伪装便会被揭穿，最终显现为毫无意义的胡说八道。

于此，我们窥见了前期维特根斯坦坚持的除了其事实本体论之外的另外一个层次上的形而上学，这便是他关于神秘之域存在的假定。这个领域只能被显示出来，而不能被言说。我们前面说过，维特根斯坦认为哲学家们已不再肩负认知世界的任务，而且他们实际上也提不出任何关于世界的有意义的命题来，而他本人到头来却又偏偏设定了这么一个神秘的存在领域。那么，他这样做到底意图如何呢？一方面，他将事实本体论抛给了科学家们，以便为他们的科学探究提供某种不可或缺的基础，同时也为哲学家们跳出科学家们的认知和描述活动去做逻辑分析拟定好了基本的思想框架；另一方面，他似乎又不甘心让哲学彻底沦为一种技术化的雕虫小技，而通过设定不可知领域来解释以往各种宏大哲学体系何以被一个个地构造出来的原因，并藉此对这些伟大哲人们试图越过语言之界限涉足神秘之域的雄心壮志表示敬畏之情。据他的一位学生记载，维特根斯坦曾明确说自己对伟大的形而上学体系心怀敬意："别以为我轻视形而上学。我认为，过去的某些伟大哲学体系属于人类心灵最高贵的产品之列。"[1]

总之，作为"全部哲学乃是语言批判"这一口号的提出者和实践者，前期维特根斯坦将通过语言批判探讨哲学问题的做法

1 *Recollections of Wittgenstein*, edited by Rush Rhees, Oxford University Press, 1984, p77.

推向了极致。他一方面决定性地推进了语言学转向，另一方面又为语言批判实践注入了崭新的内容。从他的语言批判与形而上学的关系来看,我们可以区分开“科学内部的形而上学”和“科学外部的形而上学”。这两种形而上学都是他正面坚持的。前者是指作为他的图像论之基石的事实本体论，没有这种本体论，他就无法解释科学命题为什么是有意义的，从而，他的语言批判也就无法展开。后者是指他关于不可言说者所持的神秘主义立场，这种立场无以成为任何一种解释的基础。我们也可以把前者称作“理性主义的形而上学”，把后者相应地称作“非理性主义的形而上学”。在随后的章节中，我们将分别考察前维特根斯坦所论及的这两种不同的形而上学，并在这种考察的基础之上论述后期维特根斯坦是如何在新的语言批判中对它们做出回应的。通过这些探讨，我们想表明：无论是在前期还是在后期，维特根斯坦都未简单地拒斥形而上学，相反，他前期的逻辑分析和后期的语法研究都是在以不同的语言批判方式处理着传统形而上学问题。维特根斯坦终归是一位伟大的哲学家，他前后期所做的彻底的语言批判尽管引出了一些关于形而上学的负面结论，甚至宣示形而上学终将消亡，但是，无论由之所得的论断如何激烈，如何具备摧毁性，语言批判毕竟只不过是探究哲学问题的诸多途径之一。后期维特根斯坦将哲学视作人类理智所患上的一种疾病，而他所倡导的语法研究的目的就是要诊治这种病症，哲学家要做治疗人类理智疾病的医生。只有在这样的情况之下，哲学家才会失业，哲学才会消亡，那便是：人类永远不再染上理智疾病！然而，谁又能设想人们的理智完全正常了的那一天真的会到来呢？

第二节　前期维特根斯坦的语言批判及其形而上学预设

前期维特根斯坦的语言批判所使用的是逻辑分析方法。首先在哲学探讨中援用这种方法的人，当数德国哲学家弗雷格和英国哲学家罗素了。这二人均为现代著名的逻辑学家，而且同为逻辑主义的思想代表。在19世纪末20世纪初关于数学基础问题的大论战中，弗雷格和罗素都主张以逻辑为数学奠基，或者，将数学还原为逻辑。弗雷格的《概念文字》、《算术基础》和《算术的基本法则》，罗素的《数学原则》以及他与怀特海合著的《数学原理》，都是逻辑主义的经典代表作。尽管二人的宏伟计划最终没有完全实现，但他们的这种努力还是极大地促进了现代逻辑学和数学的发展。而当我们将弗雷格和罗素当作两位哲学家来研究的时候，首先注意到的就是他们如何将得自于逻辑学和数学的成就用于哲学问题的探究上。弗雷格在这方面做出了开创性的工作，他于1884年发表的《算术基础》一书被视作现代语言哲学的开山之作。正是在这部著作中，他提出了逻辑哲学研究的三条基本原则："要把心理学的东西和逻辑的东西，主观的东西和客观的东西明确区别开来；必须在句子联系中研究语词的意谓，而不是个别地研究语词的意谓；要时刻看到概念和对象的区别。"[1] 第一条原则又被称为反心理主义原则。弗雷格认为，数学不可能从心理学那里得到任何帮助，为使数学获得稳固的基础，必须

1　弗雷格：《算术基础》，王路译，商务印书馆，2001年，第8–9页。

追溯到普遍的逻辑原则，因为只有逻辑学所提供的才是完全客观的依据。第二条原则也被称为语义整体主义原则。弗雷格认为，这条原则和第一条原则是密不可分的："如果人们不注意第二条基本原则，那么几乎不得不把个别心灵的内在图像或活动当作语词的意谓，而由此也违反了第一条原则。"[1] 这条原则后来被分析哲学家们广泛采纳，他们在探讨意义问题时坚持从作为一个语义整体的语句入手，首先考察某个语句是否满足具备意义的条件，然后再分析构成这个语句的各个语词在这种上下文中有何意谓。由于这一原则的提出与实施，传统逻辑学家所主张的从研究概念的内涵与外延开始再进行命题的结构分析的考察顺序便被彻底颠倒过来了。语句的整体意义取得了相对于语词的个别意谓的优先性。上述的第三条原则也被称作反形而上学原则。弗雷格认为，概念与对象的区别在我们用于表示它们的语言表达式的区别中体现出来：我们用专名表示对象，例如，我们用"苏格拉底"这个专名代表苏格拉底这个人；我们用概念词来表示概念，例如，我们用"哲学家"这个概念词表示哲学家这个概念；我们有时候用一些特殊的概念词表示某种特别的概念，例如，我们用"存在"这个概念词表示存在这个概念。为同第一种概念词相区别，弗雷格称前一种为一阶概念词，后一种为二阶概念词。他认为，当我们把专名和一阶概念词组合起来时，可以构成这样一个有意义的命题："苏格拉底是哲学家"；当我们把一阶概念词和二阶概念词组合起来时，也可以构成这样一个有意义的命题："哲学家存在"，其含义是："哲学家"这个概念词所指称的概念是有

---

1 弗雷格：《算术基础》，第9页。

实例的，也就是说，它说的是：确实有很多很多的哲学家；可是，当我们将专名和二阶概念词组合起来时，便会造出这样一个无意义的命题："苏格拉底存在"。为什么这个命题是无意义的呢？弗雷格认为，原因在于它的结构违背了逻辑句法，而更深层的原因就在于做出这种论断的哲学家忽视了概念与对象的区分。我们知道，亚里士多德将形而上学的任务规定为"研究作为存在的存在自身"，从而将由巴门尼德开创的存在论研究提升为哲学的最高部门。千百年来，一代代哲学家不知为存在问题付出过多少艰辛的思索和努力，并围绕这一问题构建出了不知多少富丽堂皇而又精微巧妙的形而上学体系，而现在一位德国数学家、逻辑学家和语言哲学家则站出来说：你们的许多存在命题都是毫无意义的，因为你们在构造这些命题时违背了逻辑规则！弗雷格正是以其对命题的这种逻辑分析开始了他自己的语言批判，而这种批判的一个直接后果就是对传统形而上学命题的揭示与澄清。

罗素则更为明确地提出：逻辑是哲学的本质。他对这一口号的解释是：所有哲学问题，一经分析，要么可归为逻辑问题，要么可被表明根本就不是真正的问题。他的摹状词理论是他对分析哲学的一项重大贡献，被誉为"哲学分析的典范"。这一理论的目的也是通过语言的逻辑分析消解形而上学问题。他最常使用的是"现任法国国王是秃子"这个例子。这样一个命题显然是引人误解的，因为凭借我们的历史知识，我们知道法国现在已不是君主国家了，所以不存在一个"现任法国国王"了，而这个命题却又针对这个本不实际存在的人物的某种生理特征做出了断言。但是，从语法上看，这个句子没有任何问题，没有什么语法规则禁止我们说出这样一句话。而罗素正是要通过对这样的语句进行逻辑分析，找出其真正逻辑形式，从而确定其真实意义。而我们一旦通过逻辑分析弄清楚了其真实结构与含义，便可消除由其表面语法形式所造成的误解。这种误解关乎深层的存在问题：现任法国国王毕竟还是以某种方式存在着的吧，比如在我们的思想中，否则的话，我们何以能以之作为断定的对象呢？这样的"存在"被有些哲学家称之为"虚存"，以与"实存"相对。罗素一贯信奉"如无必要，勿增实体"的奥卡姆原则，并立志剔除那些不必要的实体。他将上述命题分析为：有一个并且只有这么一个人，此人是现任法国国王，并且是秃子。经过分析之后的命题与原命题在意义上没有任何改变，但在表达形式上发生了改变：一方面，新命题中出现了"有且只有"、"并且"这样的逻辑词汇，它们还可以用严格的逻辑符号表示；另一方面，"现任法国国王"这个限定摹状词已被从主词的位置上挪开，不会让人再将它作为一个被断言的对象，从而也不再会诱导人们去假定它指代一个虚存的对象了。

弗雷格和罗素二人通过逻辑分析解决传统形而上学问题的努力给维特根斯坦留下了非常深刻的印象并对他的思想的形成产生了极大影响。他曾深入研究弗雷格的著作并专程拜访过他，而对于罗素，他则因为读了其著作而直接找上门来拜其为师。在《逻辑哲学论》序言中，他明确写道："我只想提到，对我思想的激励大都得之于弗雷格的伟著和我的朋友罗素先生的著作。"[1] 在该书正文中，维特根斯坦也多处提及两位前辈，并对他们的

---

1 《维特根斯坦全集》，第一卷，第 187 页。

思想做出评论。不过，他通过语言的逻辑分析解决形而上学问题的具体做法还是有很大的独创性的。

前期维特根斯坦对形而上学的探讨是多维度的。借用他所构造的“梯子比喻”，我们大致可以这样来描述他关于形而上学的探讨的三维结构：（1）搭建梯子的维度：事实本体论；（2）丢掉梯子的维度：形而上学命题无意义；（3）高处默想的维度：神秘主义。从语言批判的角度来看，第一个维度是对实在事物的清楚的言说；第二个维度是对子虚乌有的东西的混乱的言说；第三个维度是对不可言说者的无言的体悟。维特根斯坦对这三个维度怀有各不相同的态度：对于构建事实本体论，他持谨慎的肯定态度；对于纯粹形而上学体系的建构，他持坚决的否定态度；而对于神秘主义体验，他持彻底的肯定态度。下文将分别考察这三个维度。

一　事实本体论

维特根斯坦在《逻辑哲学论》中构造出了一套完整的关于命题意义的图像论，这套理论就是他前期语言批判的正面成就。不难发现，这种通过语言批判而构筑的理论不仅延续了罗素和弗雷格的实在论，而且也是同由柏拉图、亚里士多德创始经洛克、莱布尼茨等发展而来的整个西方语言批判传统一脉相承的。可以说，这乃是前期维特根斯坦语言批判的保守的一面。我们看到，他的图像论中仍清晰地呈现出传统的语言、思想与世界的三重结构。《逻辑哲学论》由七个大命题组成，其中最后一个命题只有这么一句话：“凡是不可说的东西，必须对之沉默”[1]，后面没有

1　《维特根斯坦全集》，第一卷，第263页。

任何关于它的进一步解释和论述。而剩下来的六个命题分别为："1 世界是所有发生的事情"；"2 发生的事情，即事实，是诸事态的存在"；"3 事实的逻辑图像就是思想"；"4 思想是有意义的命题"；"5 命题是原初命题的真值函项（原初命题是其自身的真值函项。)"；"6 真值函项的普遍形式是 $[p, \bar{\xi}, N(\bar{\xi})]$。这就是命题的普遍形式。"[1] 我们看到，这六个命题首尾相连，构成一个结构严密的整体，而从中又可明显地看出，前两个命题是关于世界及其构成部分的；中间两个命题是论述思想的；而后两个命题是探讨命题及其普遍形式的。也就是说，《逻辑哲学论》关于可说的东西所说的全部内容就是关于语言、思想、世界及其相互关系的。仅就此而言，前期维特根斯坦的语言批判并没有脱离当代及近代哲学家们的老套路。不过，细究下来，我们还是会发现，他的具体实施策略和步骤是有限大的创新性的。

维特根斯坦在策略上的创新主要体现在他的事实本体论上。可以说，他是西方哲学史上第一个明确提出系统的事实本体论的哲学家。这套本体论的设定为他的语言批判计划的实施提供了前提和保障。尽管他关于这种本体论的论述异常简短，可这种论述的确切含义却又是十分难以把握的。他用到了这样四个核心概念：世界、事实、事态和对象，同时也使用了像实在、实体、事物、形式、逻辑空间等概念。下面我们就尝试着去把握他的这套事实本体论的结构与内容。

维特根斯坦的事实本体论的中心命题为："1.1 世界是事实

1 《维特根斯坦全集》，第一卷，第 189、194、203、222、247 页。

的总和，而非事物的总和。”[1]这句话可以解读为：直接作为世界的组成部分的乃是一个个具有自身结构的事实，而不是并无自身内在结构的简单事物。当然，并不是说事物不在世界之中，而只是说事物一定首先作为事实的构成部分，然后再随着事实进入世界的结构之中的。维特根斯坦所要强调的正是：世界乃是一个结构严密的整体，它是可分析的："1.2 世界分成诸事实。"[2]对世界进行分析时，首先得到的就应该是作为其直接组成部分的事实。那么，事实到底是什么呢？维特根斯坦的界定很简单：事实就是发生的事情。不过，细究下来，他所说的事实其实包含着两种类型：一类是实际发生的事情，这类事实也被称作“正的事实”，它们共同构成现实世界；另一类是可能发生但并未实际发生的事情，这类事实也被称作“负的事实”，它们共同组成各个可能世界。这种寓意可从对命题 1.1 做进一步阐释的三个命题中明显看出来：

1.11　世界是由事实规定的，是由此诸事实即是所有的事实这一点规定的。

1.12　因为事实的总和既规定了发生的事情，也规定了所有未发生的事情。

1.13　逻辑空间中的诸事实就是世界。[3]

---

1 《维特根斯坦全集》，第一卷，第 189 页。

2 同上，第 189 页。

3 同上，第 189 页。

这就是说，所有合乎逻辑的事情，不管是实际发生的，还是未实际发生的，都是构成世界的事实。维特根斯坦尤其强调世界乃是一个合乎逻辑构造的系统。为了更清楚地说明世界的逻辑结构，他又引入了事态和对象这两个关键概念：

2 发生的事情，即事实，是诸事态的存在。

2.01 事态是诸对象（事，事物）的一种结合。

2.011 能成为事态的构成部分，是事物的本质。[1]

事态就是由对象的相互结合与配置所构成的结构体，这些简单的结构体又可以相互结合构成复杂的事实。维特根斯坦特别强调，事态包括对象的所有可能的配置方式，而其中的每一种可能的配置都可以作为一种事态成为事实乃至世界的构成部分。也就是说，对世界进行逻辑分析，原则上可以抵达所有对象的每一种可能的配置。反过来说，我们对于每一个对象的了解，也就意味着对它出现于事态中的所有可能性都有了把握：

2.0123 如果我知道一个对象，我也就知道它在事态中出现的一切可能性。

（每一个这样的可能性必然就在对象的本性之中。）

新的可能性不可能是后来才发现的。

2.01231 要知道一个对象，我不必知道它的外在特性，但是我必须知道它的一切内在特性。

---

1 《维特根斯坦全集》第一卷，第189页。

2.0124 假定一切对象为已知，那么由此也就已知一切可能的事态。[1]

这里提到的对象的“内在特性”，是指对象的形式特性，亦即它同其他对象相配置形成事态的所有可能性：“对象在事态中出现的可能性就是对象的形式。”[2]而就对象的内在特性而言，对象无疑是简单的，而正是这种简单对象构成了世界中的实体：“对象是简单的。”“对象构成世界的实体。因此它们不可能是组合成的。”[3]而对象的“外在特性”则指的是对象在完成配置之后在实际发生的事态中所表现出来的实质特性，这种特性则是我们在对世界进行逻辑分析时所不必考虑的。

总之，简单对象作为构成世界的最终实体，虽不直接成为世界的组成部分，但由于它们具有内在的形式特性，故原则上可以配置成各种可能的事态，这些可能的事态又原则上可以结合成各种可能的事实，这些可能的事实便构成世界的总体。由于世界就是一步步由简单对象起始而合乎逻辑地构建起来的，所以世界的逻辑形式是完全依据于对象的存在的：

2.022 显然，即使一个与实在的世界极其不同的想像的世界，也必然与实在的世界有某种共同的东西——一种形式。

2.023 这种固定的形式正是由对象构成的。

---

1 《维特根斯坦全集》，第一卷，第 190 页。
2 同上，第 191 页。
3 同上，第 191 页。

2.0231　世界的实体只能规定一种形式，而不能规定任何实质的特性。因为后者只能通过命题来表现，只能由对象的配置而成。[1]

由此看来，维特根斯坦尽管在《逻辑哲学论》中首先设定的是事实本体论，但他却又在试图对世界之逻辑形式进行阐述的过程中，不得不求助于作为终极实体的简单对象的形式特性，这便促使他重新回到传统的事物本体论或实体本体论的探讨上来。也就是说，维特根斯坦的事实本体论不可能是完全彻底的，而且甚至在某种程度上还要依赖于实体本体论才能得到完整的表述。不过，这一点并不影响他率先提出事实本体论而在哲学史上所具有的开创性意义。

我们都承认，维特根斯坦提出他的事实本体论原是为他的整个图像论的构造奠定基础的。或者更确切些说，事实本体论只是图像论的一个有机组成部分，它的构造方式是要服从于后者的总体构架的要求的。而我们知道，前期维特根斯坦的图像论乃是西方哲学传统中很早便确立下来的语言、思想与世界之间的“三界同一”的一个现代经典版本。也就是说，在图像论中，处于底层的是事实本体论，处于中层的是关于思想的学说，而处于上层的就是关于命题的理论。不过，维特根斯坦关于思想的直接论述相对较少，这或许是因为他认为思想本身是看不见摸不着的，必须通过表达思想的语言方可把握思想。可以说，在维特根斯坦这里，思想和语言是互为表里的，它们实际是一体的。

---

1 《维特根斯坦全集》，第一卷，第 191 页。

我们既可以说，语言是世界的图像，也可以说思想是世界的图像。关于后者，维特根斯坦有如下简短的论述：

3 事实的逻辑图像就是思想。

3.001 “一个事态是可思的”，意即我们可以给自己绘制它的一个图像。

3.01 真的思想的总和就是一个世界的图像。

3.02 思想包含着其所思的事况的可能性。凡是可思的，也就是可能的。

3.03 我们不可能思任何非逻辑的东西，因为否则我们就不得不非逻辑地思了。[1]

这些论述清晰地表达了维特根斯坦关于思想与世界之关系的观点。思想与世界是两个并行的系统，前者由一个个真实的思想所构成，后者则由一个个发生的事态所构成。每一个思想都是指向一个特定的事态的，而这正是思想与世界相关联的基本方式。按维特根斯坦的说法，思考一个事态，就是给它绘制一幅图像。于是，我们可以断言，所有的真实思想加在一起就构成了一幅关于世界的总图像。不过，真实的思想所图示的仅只是由发生了的事态构成的现实世界。维特根斯坦的图像论涵盖所有可能的世界，而所谓的可能世界就是符合逻辑形式、却并非实际存在的世界。他明确说，世界是由逻辑空间中的诸事实所构成的（1.13）。由此他才会进一步指出，思想还包含着所

---

1 《维特根斯坦全集》，第一卷，第 194–195 页。

思的事况的各种逻辑可能性。简言之,可思的也就是可能存在的。于是，思想与世界达致同一。这种相互同一全赖乎维特根斯坦的这样一个先在的要求：世界与思想都必须具备同一种严格的逻辑构造形式。这种要求是绝对的：一方面，上帝所创造的是一个完全合乎逻辑的世界，另一方面，作为上帝的造物的人类被赋予了理性的思维能力，这种能力就体现为对世界进行合乎逻辑的思考与言说。

由于思想本身难以直接把握，维特根斯坦随即将关注中心转向了表达思想的命题。他区分了命题指号和命题本身。简单地说，所谓命题指号就是命题的语言表达式，而命题本身就是由命题指号所表达的内容，亦即思想。这二者也是互为表里的一个整体，所以，他在集中做了这个区分之后，也并没有非常严格地在所有论述中坚持这一区分，多数情况下还是笼统地使用“命题”一词：

3.1 在命题中，思想以可被感官感知的方式表达出来。

3.11 我们利用可被感官感知的命题指号（语音的或文字的，等等）作为可能的事况的投影。

投影的方法就是对命题意义的思。

3.12 我们用以表达思想的那种指号，我称之为命题指号。命题在其对世界的投影关系上就是命题指号。

3.13 所有属于投影的东西，都属于命题；但被投影的东西不属于命题。

因此被投影的东西的可能性显然属于命题，但是其自身却不属于命题。

因此命题的意义并不包含在命题中，命题所包含的乃是其表达意义的可能性。

（“命题的内容”意指有意义的命题的内容。）

命题中包含的是其意义的形式，不是其意义的内容。

3.14　命题指号之为命题指号在于其诸成分即诸语词是以一定的方式在其中互相联系着的。

命题指号是一种事实。[1]

语言表达式是可以看到或者听到的，总之是可感的指号。维特根斯坦为了说明这其中涉及的语言、思想与世界三者之间的关系，用了一个形象的比喻：他把为世界构造图像的过程比作一个投影过程。这个比喻的结构大致是这样的：世界中的事况是被投影的东西，命题指号是所投射出的影像，而思想就是所选取的投影方式。正因为被投影的东西可用各种不同的方式投射出来（亦即我们可以对它形成各种不同的思想），所以，每一次所投射出的影像都只表现了被投射者的某种可能性，因此说，每一个作为一幅逻辑图像的命题都不可能包含被投影者的所有内容。其实，仔细分析下来，在这种投影关系中，最为关键的还是投影方法的选取，因为，正是特定的投影方法决定了被投影者的那一种可能性被实际投射了出来，从而决定了影像本身的性质。

在对图像关系缘何成立做了一般性的说明之后，维特根斯坦接下来对绘制图像的具体过程做了深入的分析，并突出了其

1　《维特根斯坦全集》，第一卷，第195–196页。

中的关键之点：

3.2 在命题中，思想可以被如此表达而使命题指号的诸成分与思想的诸对象相对应。

3.201 这些成分我称之为“简单指号”，而称这种命题为“被完全分析了的。”

3.202 命题中所使用的简单指号叫做名字。

3.203 名字意谓对象。对象是它的意谓。（“A”与“A”是同一个指号。）

3.21 简单指号在命题中的配置，与对象在事况中的配置相对应。

3.22 名字在命题中代表对象。

3.221 我只能为对象命名。指号代表对象，我只能说到它，却不能把它说出来。一个命题只能说一个事物如何，而不能说它是何。

3.23 简单指号成为可能的必要条件就是意义得以确定的必要条件。

3.24 关于复合物的命题与关于复合物的成分的命题有内在关系。

……

3.25 对命题有一个而且只有一个完全的分析。

3.251 命题以确定的可明白指出的方式表达它所表达的东西：命题是清晰有节的。

3.26　名字不可能用定义继续分析下去:它是一种初始指号。[1]

维特根斯坦在以上这些论述中首先强调的一点是：绘制图像的过程是个思想的过程，也即是说，人们绘制图像是为了表达关于世界的思想。那么，如何才能将无形的思想用有形的指号表达出来呢？维特根斯坦特别突出了作为一幅图像的基本成分的简单指号同作为被思考之对象的事实的基本成分的简单对象之间的严格对应关系。简单指号就是名字，名字在命题中得到使用时便具有确定的意谓，这种意谓就是构成事实的对象。而正是名字与对象之间的这种意谓与被意谓的关系，成为命题与事实之间的图示与被图示关系得以确立的前提条件："命题之所以可能乃基于对象以指号为其代表的原则。"[2] 也就是说，只有当这种基本关系确定下来之后，由名字构成的命题才可能具备确定的意义。这是因为，维特根斯坦坚定地认为，一个命题总可以被分析到最简单的组成部分即名字，而一个事实也总可以被分析到最简单的组成部分即对象，这二者的完全分析逻辑地依赖于其简单成分的存在。而一旦这种完全的分析被逻辑地假定下来，那么，若要使该命题成为相应事实的逻辑图像，首先就必须在名字与对象之间建立起一一对应的代表与被代表的关系。因此，简单指号、简单对象以及二者之间的严格对应关系的假定，乃是前期维特根斯坦关于命题意义的图像论的一块基石。

不过，维特根斯坦还强调了图像论得以成立的另外一个必

---

1 《维特根斯坦全集》，第一卷，第197–198页。

2 同上，第207页。

要条件，那便是：构成命题的名字必须合乎规则地相互结合在一起，才能构成一幅真正的图像。如前所述，事实最终是由简单对象合乎逻辑地构造而成的。因此，若要让命题成为相应事实的逻辑图像，命题本身也必须是合乎逻辑地构造出来的。如果说简单指号与简单对象之间的对应关系是一种实质性的要求的话，那么，如上的要求便是一种形式上的要求。显然，只有这两种要求都满足了，命题与事实之间的图像关系才得以确立下来。

总之，前期维特根斯坦关于命题意义的图像论所描述的是以下三者之间的关系：命题指号、思想（即有意义的命题）和事实。命题指号的总和构成语言系统,其主要功能就是表达思想，而思想作为有意义的命题，其主要功能就是表达关于世界的信息。如上所述，图像论的目标就是要解释这两个层次的表达是如何可能的。我们看到，为了给出圆满的解释，维特根斯坦首先精心构造了一套事实本体论，这套本体论的独特之处就在于，它主张事物并不是直接构成世界的要素，而必须首先出现在事态之中，然后才间接地通过事态进入世界的构造当中。这种事实本体论的提出是服从于图像论的总体要求的，因为图像论所要求的两重表达关系要得以确立下来，首先就要求作为最终的被表达者的事实一方面必须由最简单的逻辑原子即对象所构成，另一方面还必须具备清晰有节的逻辑形式、成为一个完整的结构体。他接下来所做的工作便是考察命题指号如何才能成为事实的逻辑图像。他想到的是，要使这种图像关系得以成立，必须让命题指号与事实成为完全同型同构的。也就是说，它也必须像事实一样由最简单的成分所构成，而且这些简单成分必须符合逻辑地关联起来成为一个有序的整体。正因为有这样一种严格的要求，所以他才明确断言：命题指号也是一种事实，因为只有本身具有内在结构的事实才可能表达一种意义，否则的话，命题指号就只能是一堆杂乱无章的语词而已，完全不能表达任何关于世界的思想。

由此看来，前期维特根斯坦的图像论是受到了弗雷格、罗素等人使用逻辑分析方法解决哲学问题时所取得的巨大成就的鼓舞而构建起来的。这种理论是理想主义的，完全依据于纯粹的逻辑假定。维特根斯坦明确指出，他的图像论就是要发挥这样一种解释的作用：自然科学命题如何能有意义地言说世界？如前所述，这种解释的要求实际也是自古希腊以来历代西方哲学家所密切关注的。他们曾以各种方式展开过他们自己的语言批判，力图解释语言表达式如何表达思想，思想又如何表达关于世界的信息，只是他们并未像前期维特根斯坦那样明确提出全部哲学就是语言批判。维特根斯坦的重大贡献也正在于他如此鲜明地把语言批判规定为哲学的唯一任务。而他之所以会这么乐观地认为语言批判可以解决一切哲学问题，就在于他在构思《逻辑哲学论》的时候深信：在语言、思想与世界之间存在着严格符合逻辑的对应关系。也就是说，他的哲学观实际依赖于如他的图像论所表明的那种坚定的信念，因为，如果语言、思想与世界之间确实存在着那种严格对应关系的话，我们自然便可以通过分析语言表达式的成分及形式特征来说清楚它们所表达的思想，进而了解关于世界的构成要素及其形式结构的信息。不过，维特根斯坦在实现自己的思想转变之后，便抓住其前期观点的要害，反戈一击，将这个理想化的思想体系彻底毁坏，并声言：任何一种进行合理解释的企图都是受到不良诱导的，我们的目标恰恰就是要抵制这种构建理论的诱惑。

二 形而上学命题的无意义性

图像论是《逻辑哲学论》中提出的一种正面学说，是关于世界、思想、语言的存在及其相互关系的形而上学。但是，维特根斯坦不是明确说过哲学探讨的结果不是得到正面的哲学命题吗？他的图像论难道不是由一个个的哲学命题所组成的吗？

维特根斯坦当然意识到了这种自相矛盾，而且，为清除这种矛盾，他在全书的结尾处巧妙地引入了梯子比喻：

> 6.53 哲学的正确方法实际上是这样的：除了可说的东西，即自然科学的命题——亦即与哲学无关的东西——之外，不说任何东西，而且每当别人想说某种形而上学的东西时，就给他指出，他没有赋予其命题的某些指号以任何意谓。对于别人，这种方法也许是不令人满意的，——他大概不会觉得我们是在教他哲学——，但是这却是唯一严格正确的方法。
>
> 6.54 我的命题通过下述方式而进行阐释：凡是理解我的人，当他借助这些命题，攀登上去并超越它们时，最后会认识到它们是无意义的。（可以说，在爬上梯子之后，他必须把梯子丢掉。）
>
> 他必须超越这些命题，然后才会正确地看世界。[1]

这个比喻首先肯定了图像论作为一种形而上学理论的解释作用。我们说，图像论作为一种哲学理论，其正面目标就是要解

---

1 《维特根斯坦全集》，第一卷，第263页。

释自然科学命题如何有意义地言说世界。维特根斯坦指出，哲学所能说的东西只有与哲学无关的自然科学命题。当然，他这里说的意思不是哲学家也像自然科学家那样提出科学命题，而是说哲学家的正当任务是对自然科学命题进行逻辑分析，以期发现它们是如何成功地描述世界的。不过，即便如此，人们也还是免不了要寻求某种据以做出解释的哲学理论，譬如《逻辑哲学论》中的图像论。维特根斯坦将构造这样一种理论的过程比作搭建梯子的过程。而且，既然梯子只是一种工具，所以其本身的价值就不是最主要的。相反，梯子的价值体现在它所发挥的作用上，而一旦我们借助它达到了我们真正的目的，便可以将它一脚蹬开了。那么，作为一架梯子的图像论的作用有哪些呢？首先，它可以作为我们解释自然科学命题何以具有意义时必须依据和参照的理论模型；其次，它可以帮助我们看清楚可说的东西的范围，正如在攀登梯子的过程中可以打开越来越开阔的视野，而当我们登上梯子的最后一级时，我们的视野达到最大化，而这个视野的范围就是整个可说的和可思的东西的范围。

需要注意的是，维特根斯坦强调的乃是：当我们借助梯子实现我们的视野最大化之后，我们必须丢掉梯子，必须超越他的图像论，然而才能正确地看世界。这是一种绝对的要求，因为他清楚地知道他本人在《逻辑哲学论》中所写下的那些命题全都是毫无意义的形而上学命题，必须加以拒斥。那么，《逻辑哲学论》中的命题如何是无意义的呢？我们看到，维特根斯坦本人所倡导的逻辑分析方法也是要反过来用于分析他自己的形而上学命题的。而他认为，对于形而上学命题进行分析，最主要的是指出其中的某些指号没有被赋予确定的意谓。我们先来看一看维特根斯坦是如何一般地指明形而上学命题的无意义性的，然后再具体分析一下他是如何看待自己的命题的。

维特根斯坦是通过严格区分指号与符号来揭示形而上学命题的无意义性的。广义地说，指号就是一切可用于表象世界的工具或媒介，如图画、照片、语言文字等等，而维特根斯坦在《逻辑哲学论》中着重探讨的就是狭义的指号系统，即我们所使用的语言文字。他在 5.5563 中明确指出，我们日常所使用的语言具备完全的逻辑次序，也就是说，它是一个有意义的指号系统，而且，只要经过严格的分析，就能表明它是世界的一幅完整的图像。但是，说日常语言是指号系统，是单单就它作为听得见的声音或看得见的文字而言的，亦即仅仅是将它看作是由说出来或写下来的语句组成的。维特根斯坦指出，这只不过是“表”，我们必须由表及里，才可望了解语言系统何以成为世界的图像。所谓指号的“里”，就是它的实际使用。单单一个词或一个句子，若孤立地看，只是一个词或一个句子（一个命题指号）。只有当一个句子被用来描摹一个事实时，它才由单纯的命题指号变成了命题符号（命题本身），而构成它的那些语词也因为这种使用而在命题的关联中获得了确定的意谓，从而由指号变成了符号。简言之，当词句仅仅是声音或视觉影像时，它们只是指号，没有任何表达功能，而只有当它们被实际用来描述世界时，它们才成为真正的符号，成为表达式：

3.3 唯独命题具有意义；唯独在命题的关联中，一个名字才具有意谓。

3.31 命题中表示意义特征的每个部分，我都称之为一个表达式（一个符号）。

（命题本身就是一个表达式。）

表达式是诸命题彼此能共同具有而为其意义所绝对必需的一切。

表达式是一个形式和一个内容的标记。[1]

由此看来，指号只有在图示世界的过程中得到了使用，才真正成为有所表达的符号。维特根斯坦将作为符号的命题称作表达式，这种表达式所表达的当然就是关于世界的思想。任何一个有意义的语言符号系统都因为表达了一个完整的思想而成为世界的一幅图像。维特根斯坦以牛顿力学为例阐述了他关于自然科学命题作为世界的真实图像的明确观点：

6.341　例如，牛顿力学使关于世界的描述具有一种统一的形式。我们试想一个上面布有一些不规则黑色斑点的平面。现在我们说：不论由此产生怎样一幅图形，如果我把一张相当细密的方格网覆在这个平面上，并且说出每个方格是白的还是黑的，那么我就总能如我所欲地那样密切趋近对这个图形的描述。这种形式是任意的，因为我可用一种具有三角形网眼或六角形网眼的网状物来覆盖这个平面，其结果是一样的。利用一种三角形网眼的网，描述也许更简单些，这就是说，我们用一种有较粗疏的三角网眼的网比用一种有较细密的方格眼的网（或者相反），能够更精确地描述这个平面，如此等等。不同的描述世界的系

1　《维特根斯坦全集》，第一卷，第198页。

统相当于不同的网。力学告诉我们：描述世界的一切命题都必须以一定的方式由若干给定的命题即力学公理得出来，力学由此规定了一种描述世界的形式。从而它就为科学大厦的建筑供应了砖瓦，并且告诉我们：不论你要建筑什么样的大厦，你无论如何都必须用这些砖瓦而且只能用这些砖瓦把它们构造出来。

（正如我们根据数的系统能写出任何一个数目一样，我们根据力学系统必能写出任何一个物理学命题。）

6.342 现在我们看到逻辑和力学彼此相对的地位了。（我们也可使这个网由不同形状的网眼——例如三角形的和六角形的——来构成。）像上面提到的那样一个图形可由一个具有某种形式的网来描述，这一点对于那个图形并没有陈述任何东西。（因为每一个这类的图形都是如此。）但是，那个图形可由具有一定密度的某个网完全地描述，这一点却是它的特征。

因此，世界可由牛顿力学来描述，这一点对于世界无所陈述，但是，世界之被牛顿力学作为正是发生的事情那样描述，这一点却对世界有所陈述。一种力学对世界的描述比另一种的描述更简单，这一点对世界有所说。

6.343 力学是按照一个统一的计划去构造描述世界所需要的一切真命题的一种尝试。

6.3431 物理规律通过全部逻辑工具仍然是在谈论世界的对象。

6.3432 我们不要忘记，力学对世界的描述总是很概括的。例如，在力学中绝不谈到某些特定的物质点，而谈论的总是无论哪一个物质点。[1]

维特根斯坦在这里清楚地说明了一种自然科学理论是如何描述世界的。他指出，一种科学理论必须是一个完整的合乎逻辑的语言表达系统。这样一种理论在描述世界的具体方式上可能与其他理论有所不同（表现在网眼形状的选择上），但它总是要将其关于世界的描述落脚到原初命题（例如，力学公理）上，并确保这些命题一定是谈论世界中的对象的，即便并非具体地谈论某一个或某一些物质对象，因为既然是一种理论，就必须完全一般地谈论任何一个对象。随后，我们便可从这些原初命题进一步构造出复杂的命题，直至形成一个完整的理论体系。

如上是科学命题成为世界的逻辑图像的情形，而形而上学命题则完全是另外一种情形。维特根斯坦通过分析后一针见血地指出：所谓的高深哲学命题其实不过是一堆毫无意义的语言指号。也就是说，形而上学家们在试图以语言手段表达哲学命题时，未能成功地赋予他们所使用的那些语词以确定的意谓，从而没能使语言指号变成真正具有表达功能的符号，进而陷入混乱。他在《逻辑哲学论》3.32以及对它的各条解说中集中表达了他关于哲学混乱之根源的见解，这些见解是基于他关于指号与符号的区分的：

3.32　指号是符号中可被感官感知的东西。

3.321　因此两个不同的符号可以彼此共同具有同一个指号

1　《维特根斯坦全集》，第一卷，第257–258页。

（文字指号或语音指号等等）——在这种情况下，它们是以不同的方式进行指称的。

3.322 我们用同一个指号而以不同的指称方式指称两个对象，是绝不可能指出二者的共同特征的。因为指号乃是任意的。因此我们也可以选择两个不同指号，如果这样，在指称中哪里还会有共同的东西呢？

3.323 在日常语言中，同一语词以不同方式进行指称，因而属于不同的符号，或者两个以不同方式进行指称的语词在命题中表面上都以相同的方式被使用，这些情况是极为常见的。于是，“ist”（是）一词可用做系词，等号和存在词；“existieren”（存在）像“gehen”（走，去）一样用做不及物动词；“identisch”（同一的）用做形容词；我们谈到某物，但是也说某物发生。（在命题“Gruen ist gruen”（“格律恩是幼稚的”）中，头一个词是人名，末一个词是形容词，这两个词不仅有不同的意谓，而且是不同的符号。）

3.324 于是很容易发生最根本的混淆（全部哲学充满这种混淆。）

3.325 为了避免这些错误，我们必须使用这样一种指号语言，这种语言不用同一指号表示不同的符号，不以表面相同的方式使用以不同方式进行指称的指号，因而避免了混淆的错误。这也就是一种遵从逻辑语法——逻辑句法——的指号语言。

（弗雷格和罗素的概念文字就是这样一种语言，当然它也还未把一切错误都排除掉。）

3.326 为了就指号认出符号，我们必须观察其有意义的使用。

3.327　指号只有与其合乎逻辑句法的使用一起才决定一个逻辑形式。

3.328　一个指号不被使用，它就是无意谓的。奥康原则的意义即在于此。

（如果从一切情况来看，一个指号似乎具有意谓，那么它也就具有意谓。）[1]

维特根斯坦所构想的是一种完全理想化的表象世界的方式：我们的语言系统由一个个完全分析了的命题构成，而其中每一个完全分析了的命题都是由最简单的指号即名字所构成，这些名字都是得到正当使用的，而且其中的每一个名字都是与其他所有名字不同的指号，只表示同一种符号，只代表同一个对象。这种理想的指号语言系统就是一幅完完整整的世界图像。而与此形成鲜明对照的是，形而上学家们所提供的则是充满混淆的指号系统。例如，形而上学家们向来惯于使用系词来表达他们的最抽象的哲学命题，由此引出被视作哲学最高问题的存在问题。我们已看到近代的霍布斯，现代的弗雷格、罗素等哲学家通过语言分析来澄清存在论题的尝试以及由此取得的重要成果。而维特根斯坦在《逻辑哲学论》中则通过区分指号与符号深入剖析了形而上学家陷入困境的原因：他们在使用语言指号时不够严谨和慎重，不能保证指号与符号的严格对应，从而不可避免地陷入思想与表达的混乱，不能自拔。

维特根斯坦在《逻辑哲学论》中似乎只满足于对形而上学

1　《维特根斯坦全集》，第一卷，第200–201页。

混乱的根源做上述这种纯粹依据于逻辑分析的解释，而没有想着去挖掘促使形而上学家构造哲学体系的内在心理动因，譬如他们所受到的某种深层的诱惑。我们知道，这是他后期的日常语言分析所要揭示的东西。不过，前期维特根斯坦没有实际做这方面的挖掘，并不等于说他没有想到这种深层的根源。在他看来，形而上学家总是力图冲破语言的界限，去言说不可言说的东西，而他们言说不可言说者是没有现成的语言可供使用的，只能设法构造出不同于科学语言的指号系统来。他们使用的是一整套的哲学词汇，企图借之把握科学所不能把握的东西。他们怀着崇高的目标，却往往做着徒劳无功的事情，因为他们为了言说不同于科学的对象而不得不使用含糊、混乱的语言。

前期维特根斯坦本人也是一个形而上学家，只是他或许比历史上的圣哲们更为清醒一些，不再妄图言说不可言说者，而只不过想为解释科学命题如何具有意义而构造一种可供参照的哲学理论模型。他的清醒还表现在：他只把这种理论模型当作一架借以登高的梯子，用了之后便可一脚蹬开。这表现了他的一种洒脱，一种甩开形而上学重负之后的洒脱。

他的《逻辑哲学论》的确使用了一套地道的哲学语言。从对象、事实、世界，到名字、命题、语言，再到主体、意志、上帝……不过，他显然并不执着于这套语言。相反，他明确指出，所有这些概念都不是真正意义上的概念，而是伪似概念，正确对待它们的方法是将它们视作形式概念，并在概念文字中用变项表示它们：

4.127　命题变项指示形式概念，它的值标示归属于这个概念之下的对象。

4.1271　每个变项都是一个形式概念的指号。

因为每个变项都代表一个恒定的形式，这个形式为变项的一切值所具有，而且可被看做这些值的形式特性。

4.272　因此变名“x”是对象这个伪似概念的特有指号。

凡是“对象”(“事物”,“物”,等等）一词被正确使用的地方，概念文字都是以变名来表达它的。

例如，命题“有两个对象，其……”就是以“(∃x,y)……”来表达的。

凡是把“对象”一词另作本来意义的概念词使用的地方，就产生无意义的似是而非的命题。

因此,例如,我们不能如同说“有些书”那样,说“有些对象”。同样也不能说“有100个对象”，或“有 χ_0 对象”。

谈论所有对象的数也是无意义的。

对“复合物”、“事实”、“函项”、“数”等词也都可以这样说。

它们全都标示形式概念，在概念文字中都是用变项而不是用函项或类（如弗雷格和罗素所认为的那样）来表现的。

“1是一个数”,“只有一个零”以及所有诸如此类的表达式，都是无意义的。

（说“只有一个1”正如说“在3点钟时2+2=4”一样是无意义的。）[1]

这也就是说，像“对象”、“事实”等等这样的传统哲学概

1　《维特根斯坦全集》，第一卷，第214–215页。

念只有在以变项加以表示的情况下，才能得到正当的使用，否则会成为没有任何确定意谓的空洞指号。显然，这样一些哲学概念在《逻辑哲学论》中不是用变项表示的，而是像一般的概念那样被使用的，成为一个个哲学命题的组成部分："对象是简单的"，"世界是事实的总和，而非事物的总和"，如此等等。这些命题表面上与科学或日常命题具备同样的语法形式，例如，"对象是简单的"和"雪是白的"都是符合语法的命题指号，但是，仔细分析下来，我们就会发现，这两个命题原来是迥然不同的。后一个命题中的每个词都得到正当的使用，是具有确定意谓的符号，因而完全符合图像论的要求，是世界中实际发生的一个事实的图像。然而，前一个命题中的"对象"一词却并没有在它所出现的命题中得到正当的使用，没有任何确定的意谓，因此，该命题就属于毫无意义的形而上学命题之列。依此类推，《逻辑哲学论》中的所有命题无一例外地都是没有意义的，因为这是一本哲学著作，其中的每一命题都离不开哲学概念。人们不禁会问：维特根斯坦何以能用一部废话连篇的著作来解释科学命题的意义呢？用这样一些毫无意义的命题搭建起来的梯子能是牢固可靠的吗？这样的诘问显然是难以回答的。后期维特根斯坦或许正是为了避开这样一些诘难，才着手开创了一种全新的哲学探究方式。

三　关于不可言说者的形而上学

维特根斯坦在《逻辑哲学论》中一方面明确提出了"全部哲学乃是语言批判"的口号，另一方面也实际展开了一次彻底的语言批判。他的这场语言批判的根本目标是严格划定可说者与不可说者的界限，牢固确立一切有意义的言说所必须满足的实质的及形式的条件。他煞费苦心地构造出了一套结构严密的关于命题意义的图像论，并以此解释科学命题（广义上说，也包括日常命题）何以具有意义，以及哲学命题何以不具有意义。也就是说，维特根斯坦通过自己的语言批判，对人们实际已提出的各种学说进行了清理和区分，指出了什么样的学说是合法的，什么样的学说是非法的。可以说，他为人类的言说方式制定出了一套规范来，要求人们严格遵守。这套规范是依据纯粹的逻辑规则制定出来的，是理想化的，甚至可以说是绝对的：我们的任何言说必须是关于世界的合乎逻辑的言说，除此之外的任何言说都将是毫无意义的。

“凡是不可说的东西，必须对之沉默”[1]——《逻辑哲学论》的最后一句话宛如一道绝对命令！作为全书结尾的这个命题可视作维特根斯坦所得出的最终结论。尽管这是一个应然判断，但我们仍可以说，维特根斯坦在得出这个判断之前是做过充分论证的。对于这些论证的有效性，我们可以这样加以质疑：第一，他在试图说不可说的东西；第二，他在论证中多使用一些否定性的语词或判断，这严重影响了其论证的力度。当然，我们也可以反过来替他的这种做法辩护：第一，他这是在为人们登上梯子之后如何正确地看世界做着准备，意在对人们如何看世界做必要的提醒，正如搭建梯子一样，乃是不得已而为之；第二，他的这些所谓的论证，与其说是合乎逻辑的推导，不如说是苦口婆心的劝导。总之，维特根斯坦关于不可言说者的言说比起科学的言说来，当然是毫无意义的，可视为他关于不可言说者

---

1 《维特根斯坦全集》，第一卷，第263页。

的形而上学。这是一种标准的神秘主义，同他所喜好的作者如奥古斯丁、托尔斯泰、威廉·詹姆斯等人的观点如出一辙。

维特根斯坦首先假定了一个神秘自我的存在：

5.6 我的语言的界限意谓我的世界的界限。

5.61 逻辑充满世界：世界的界限也是它的界限。

因此我们在逻辑上不能说：世界上有这个东西，而没有那个东西。

因为这似乎就要以排除某些可能性为前提，而这种情况是不可能的，因为否则逻辑就必须超出世界的界限，以便也能从世界之外的那一边来观察这些界限。

我们不能思我们不能思的东西；因此我们也不能说我们不能思的东西。

5.62 这段议论为判定唯我论在多大程度上是一个真理的问题提供了一把钥匙。

这就是说，唯我论的命意是完全正确的，只是它不可说，而是显示出来。

世界是我的世界，这一点就显示在语言（唯一能为我所理解的语言）的界限意谓我的世界的界限。

5.621 世界与人生是一回事。

5.63 我是我的世界。（小宇宙。）

5.631 不存在能思维、能表象的主体。

如果我写一本名为《我所看到的世界》的书，那么在书中也会谈到我的身体，而且会说明哪些肢体部分服从我的意志，哪些不服从，等等。这就是使主体离析出来的一种方法，或者更确切地说，是指主体在一个重要的意义上并不存在的方法：也就是说，在这本书里唯独不能谈到主体。——

5.632　主体不属于世界，但是它是世界的一个界限。

5.633　要在世界何处去发觉一个形而上学的主体呢？

你说，这完全有类乎眼之与视野的情形。但是你实际上看不见眼。

而且从视野中的任何东西都不可能推出它是由一只眼看到的。

……

5.64　在这里我们看到，严格贯彻的唯我论与纯粹的实在论是一致的。唯我论的自我缩成一个无广延的点，而与之同格的实在则保持不变。

5.641　因此，的确在某种意义上，在哲学中可以非心理学地谈论自我。

自我之进入哲学，是由于“世界是我的世界”。

哲学的自我并不是人，既不是人的身体，也不是心理学讨论的人的心灵，而是形而上学的主体，是世界的界限——而非世界的一部分。[1]

维特根斯坦之所以要引入这个形而上学自我，首先是服从于划界的需要。他认为这样一个自我不是传统意义上的心理学主体，不在世界之内，而只作为世界的界限。形而上学自我作为世界的界限，体现在：这个自我规定着语言的界限，因为语言只能被这样一个自我所理解，并且为它确定了可以言说的世界的范

1　《维特根斯坦全集》，第一卷，第245–247页。

围，正如眼睛决定了视野的范围，而其自身却不能在这个范围之中一样。可以说，作为世界的界限的形而上学自我，更多的具有语言和逻辑方面的意义，因为它是通过规定可言说、可思考的东西的范围来划定界限的。其次，维特根斯坦引入形而上学自我，是要表达他的神秘主义唯我论思想。这样一个自我具有超越性，不在世界之内，因而是不可言说的。它的作用有两方面，一个方面如上所说，是规定可说的事实世界的范围；另一个方面则是显示不可言说的价值领域的存在。这个超越者作为世界的界限，既规定了界限之内的东西，同时也规定了界限之外的东西，只是后一种规定完全不同于前一种语言的、逻辑的、理性的规定，而成为非语言、非逻辑、非理性的。我们说，维特根斯坦拒绝将自我置于尘世当中，意图就在于彰显人的超越价值。这种价值虽不可说，却实实在在地存在着：唯我论与实在论是完全一致的。或者更确切地说，正因为其不可言说，这种超越性的价值才是牢固而神圣的！维特根斯坦在 6.4 和 6.5 这两个大命题中对他的神秘主义做了进一步的阐述。

6.4 以及对它的各条解说，主要探讨价值世界的问题：

6.4　一切命题都是同等价值的。

6.41　世界的意义必在世界之外。在世界中一切都如其所是地是，一切都如其所发生地发生；在世界中不存在任何价值——如果在世界中存在价值，那么这种价值也不会有任何价值。

如果存在一种有价值的价值，那么它必在一切发生的并如是存在的东西之外。因为一切发生的和如是存在的东西都是偶然的。

使这种有价值的价值成为非偶然的那个东西不能在世界之中，因为否则那个东西本身又会是偶然的了。

它必在世界之外。

6.42　因此，也不能有任何伦理的命题。

命题不可能表达高渺玄远的东西。

6.421　显然，伦理是不可说的。

伦理是超验的。

（伦理和美学是一个东西。）

……

6.423　意志，作为伦理的东西的载体，是不可说的。

而作为现象的意志则只为心理学所关注。

6.43　如果善的或恶的意志活动改变世界，那么它只能改变世界的界限，而不能改变事实，不能改变可为语言表达的东西。

简言之，在这种情况下，世界必因而完全变成一个别样的世界。可以说，世界必然作为整体而消长。

幸福者的世界是一个与不幸者的世界不同的世界。

6.431　也如在死亡时那样，世界并不改变，而是终止。

6.4311　死不是人生的一个事件。人不可能体验死。

如果不是把永恒理解为无限的时间的绵续，而是理解为无时间性，那么生活在现在之中者就是永恒地生活着。

我们的人生之为无限，正如我们的视野之为无限。

……

6.432　世界是怎样的，这对于高渺玄远的东西是完全无关的。上帝不在世界中显现。

6.4321　事实全都是提出问题，而不是作出解答。

6.44 神秘的东西不是世界如何，而是世界存在。

6.45 在永恒的观点下看世界，就是把世界作为一个有限界的整体来看。

对世界之为一有限界的整体的感觉，是神秘的。[1]

一切有意义的命题作为语言表达式，都是描摹世界中的事实的，如果说它们是有价值的话，那么它们共同具备的价值就是将事实图示出来，供人们了解。科学家们通过自己的探究力图解开一个个的世界之谜，并将他们所发现的隐藏在世界之内的事实用语言描述出来。他们的工作的价值表现在：随着研究的一步步深入，人们得以了解到事实世界中越来越多的事情。这种价值是人类理智的巨大成就。在前期维特根斯坦看来，哲学家可以为这种理智价值的实现提供助益：亦即通过命题的逻辑分析澄清其中所表达的思想。而且，这种逻辑分析工作做得越精细，对科学命题的准确表达形式带来的助益就越大。这是哲学的一种正面作用。但是，哲学家们往往并不满足于这种为人作嫁的角色，他们也极想构造自己的命题，亦即以自己的方式去言说世界，但是，他们所采用的言说方式却被表明是不符合逻辑句法的，因此不能表达任何意义，是毫无价值的。于此，哲学所起到的则是一种负面的作用。不过，前期维特根斯坦最为强调的还是哲学所能发挥的另外一种正面作用，这种作用便是引导人们去神秘地体验人生的意义和价值。他明确指出，人生的意义和价值存在于可言说的事实之外。由于受到叔本华的意志主义的影

1 《维特根斯坦全集》，第一卷，第 260–262 页。

响，他将事实世界仅视为现象世界，一个事实的发生或不发生，纯粹是偶然的。而处在这个现象世界之外的则是服从必然性的强大意志，它是绝对价值的载体。我们不应像以往伦理学家所做的那样，企图言说这种绝对的价值载体，因为那样的话，只能制造出毫无意义的伦理命题。正确的态度是：在静默中体验这个神秘的价值领域。要获得这种体悟，最根本的前提条件是：抛开一切语言工具，默默地静观。只有到了这样的境界，我们才可望了悟善恶之别及幸福的真义，直至参透生死：生活在当下时刻，即为永恒地生，而死与人生无关。这种关于人生意义的了悟，乃是维特根斯坦前期形而上学所期许的最高境界。若能悟此道理，则困扰着人们千百年的人生之谜便可自动消解了：

6.5　对于一个不可能说出的解答，我们也不可能说出它的问题来。

没有谜。

如果一个问题确实可以提出，那么它也就可以解答。

6.51　怀疑论不是不可反驳的，但是它要在不可提问的地方提出怀疑，则显然是无意义的。

因为怀疑只存在于有问题存在的地方；问题只能存在于有解答的地方，而解答只能存在于有某物可说的地方。

6.52　我们觉得，即使一切可能的科学问题都被解答了，我们的人生问题还是全然没有触及。当然那时已不再有什么问题留下来了；而这就是解答。

6.521　我们在人生问题的消解中看到了它的解决。

（在长久怀疑之后才明白人生意义的人却不能说出这个意义

之所在，其原因不就在这里吗？）

6.522 的确有不可说的东西，它们显示自己，它们是神秘的东西。[1]

一方面，哲学家们在理智的主导之下，苦苦探寻人生之奥秘，并精心构造出一个个辉煌的形而上学体系来回答关于人生意义的问题；另一方面，这种理性的探究总会遭遇到没完没了的质疑，因而，自古以来没有哪一种哲学理论敢于自称圆满地解答了人生问题。维特根斯坦在《逻辑哲学论》结尾处的这些论述则明确指出：无论是企图解答还是企图质疑人生意义问题的哲学家，全都误入了歧途！他们都在无病呻吟，因为他们都是在本没有什么可说的问题上大放厥词！人生的价值不在事实世界之内，因而对其不可能提出真正的问题，更谈不上能否得到确定的解答了。维特根斯坦绝无意于否定人生的意义和价值。相反，他主张人生具有绝对的、永恒的价值。只不过，人生的价值不是我们苦苦追寻到的，也不是可以完全说清道明的。维特根斯坦用了一个独特的表述：神秘的东西显示自己。这当然有一个前提，那就是：所有可说的东西都已说清楚，或者，都可以说清楚。也就是说，我们通过清楚地言说可说者，而使不可言说者显现出来。这就是维特根斯坦的划界思想：从语言的内部来为可说者和不可说者划定一条界限，界限之内的东西是可说的，而界限之外的就是不可说而只可显示出来的东西。由此看来，不可言说的这个神秘的价值领域乃是维特根斯坦在《逻辑哲学论》中

---

1 《维特根斯坦全集》，第一卷，第 262–263 页。

为一贯地表达他的划界思想（这是他全书的主旨）而不得不设定下来的。

前期维特根斯坦通过语言批判来为思想划界的做法，实乃西方哲学史上的一大创举。他所做的语言批判不仅将语言、思想与世界这三者之间的关系愈益紧密、愈益严格地确立了下来，而且进一步表明任何违背这种关系的言说方式都是毫无意义的。他是借助于严格的逻辑分析得出自己的一般结论的。尽管他的成就大大得益于弗雷格、罗素等人的工作，但是他所做的语言批判仍以其特有的鲜明性和彻底性，不只是将其直接先驱者们的努力向前推进了一大步，而且还将自柏拉图、亚里士多德起始，再经洛克、莱布尼茨等人加以发展了的语言批判传统引向了极致。可以说，语言批判视域之下的语言、思想与世界的三重结构，到维特根斯坦的《逻辑哲学论》这里已达到了一个完美的顶点。再也不可能构造出比这更好的纯之又纯的理想结构体了！因此，《逻辑哲学论》的一大成就便是实现了千百年来哲人们所梦寐以求的这一理想化的理智目标。

然而，维特根斯坦却并不以此而沾沾自喜。相反，他甚至十分藐视这项成就。他认为这样一个理智目标的实现，对于现实人生来说，仍是外在的。哲学在帮助实现这一目标的过程中扮演着辅助性的角色，真正的主角是科学。科学的昌明一方面满足了人们的理智需求，另一方面也使人们实现了物质上的富足。但是，哲学在助推科学发展的过程中，一方面会事与愿违地起到一种干扰、妨碍作用，就如传统形而上学体系所起的作用那样；另一方面，即便是起到了有益的作用，也只是非常有限地帮助澄清科学命题之意义。总之，哲学只是协助科学去更好地言说世界中的事实，并通过提供关于世界奥秘的解释而满足人们理智的需求。

然而，人们要幸福地生活下去，最需要的却是心灵和精神方面的慰藉！那么，哲学能在这方面有所作为吗？维特根斯坦坚定地回答说：能！只是，哲学要发挥这种作用的话，就得找到科学之外的盟友。我们看到，维特根斯坦有意实现哲学与宗教的联姻。不过，他完全不赞同哲学家借哲学为神学做论证的那种做法，因为他明确指出：哲学无法做出这样的论证。从前文的介绍中不难看出，维特根斯坦使哲学服务于宗教的工作完全有赖于他的语言批判。而这也正表明了他的"全部哲学乃是语言批判"这一论断,在《逻辑哲学论》中是得到了完全的贯彻的。可以说，维特根斯坦是经由语言批判之途到达他那具有浓厚宗教寓意的神秘主义形而上学的。

和科学追求清楚明白地言说世界完全不同，宗教追求对神灵的默默的信仰。哲学处于科学与宗教之间，对二者各自的追求发挥着辅助的作用。对于前期维特根斯坦而言，作为语言批判的哲学可以恰当地扮演好自己的角色。我们津津乐道于他的这样一段轶事：一次，罗素这样问焦躁不安的维特根斯坦："你是在思考逻辑呢，还是在思考原罪？"后者回答说："两个都在思考！"确实，在为准备《逻辑哲学论》而写的笔记中，我们不仅看到了大量关于逻辑的论述，而且也看到了许多关于宗教问题的沉思。例如，他在 1916 年 7 月 7 日的笔记中这样写道：

信仰上帝意即理解了人生意义的问题。

信仰上帝意即看到了世界的事实还不是事情的终极。

信仰上帝意即看到了人生有一种意义。

世界是被给予我的，就是说，我的意志完全是从外面进入世界的，有如进入某种现成的东西之中。

（我的意志是什么，我还不知道。）

这就是为什么我们觉得依赖于一个异己的意志的缘故。

无论如何，在某种意义上我们是有所依赖的，而我们所依赖者则可称为上帝。[1]

上帝乃是最终的实体，他凭借其强大的意志，不仅创造了事实世界，而且从外部赋予了人生以意义。人生活在世界当中，他所经历的就是一个个的生活事实。这些事实如其所是地发生，可被思考和言说。但人生的意义却不在世界之内，而是由超越的上帝所赋予的。因此，只有信仰上帝，才能体悟人生之意义。这种体悟是超越于语言之外的，绝对不可言说。人只能在对上帝的默默的信仰中去生活，才可望了解生活之意义。也只有真正信仰上帝的人才是幸福的，因为只要他了悟了人生的意义，他就可以正确地看待生死，从而彻底摆脱对死亡的恐惧："幸福的人必无所畏惧。即使面对死亡亦无所畏惧。……而对死亡的恐惧是虚伪的即恶劣的人生的最好的标志。"[2]

至此，我们看到，前期维特根斯坦所做乃是一次完全彻底的语言批判。这次批判既具备宏大的结构，又涵盖十分丰富的

1 维特根斯坦：《1914–1916年笔记》，载于《维特根斯坦全集》第一卷，陈启伟译，河北教育出版社，2003年，第155页。

2 同上，第156–157页。

内容。首先，这一批判的展开大大得益于现代数理逻辑的成就，尤其是弗雷格、罗素这两位逻辑学巨匠和哲学大师的非凡工作。没有这些成就作铺垫，维特根斯坦是不可能实现千百年来哲学家们梦寐以求的那种理想化的哲学目标的。其次，这一批判还成功地厘清了科学、哲学及宗教这三大领域之间的关系，并使三者各自坚守自己的本分。维特根斯坦的语言批判是作为一种哲学活动而展开的，而既然哲学被规定为仅仅只是一种活动，那么它自然就失去了其自身的理论内涵。维特根斯坦只承认科学作为理论系统的合法性。科学是人类所获取的关于世界的知识的总和，这些知识按其本性，乃是世界中的事实的逻辑图像。哲学并不与科学相并列，因为它不提供关于世界的知识，而只能对科学命题展开逻辑分析，以便澄清其中所表达的思想。宗教也同样无法提供合法的理论系统，因为任何关于超越者的言说都可经逻辑分析被表明为毫无意义的。但是，维特根斯坦并未因此而贬低宗教的巨大作用。相反，他力主哲学为宗教信仰的确立发挥积极的影响。他的语言批判在严格划定可言说的事实世界的疆域的同时，也牢固地确定下了神秘的价值领域的存在。这个领域像事实世界一样也是上帝的造物，只是它被赋予了超越的性质，虽只可体悟不可言说，却成为人生意义的最终支托。

维特根斯坦前期关于科学作为人类唯一合法的知识系统的思想深深地影响了随后兴起的维也纳学派的世界观。这一学派视《逻辑哲学论》如《圣经》，反复研读、揣摩，并着力强调其所表达的关于科学作为世界图像的观点，直至提出统一科学的宏伟目标。这一目标当然没有最终实现，但它的提出无疑是受到前维特根斯坦的图像论的巨大鼓舞的。维也纳学派的一些成员还进一步提出了通过语言的逻辑分析清除形而上学的目标。乍一看，这是和《逻辑哲学论》的目标相一致的。然而事实上，这其中还是有很大差异的。如前所述，尽管维特根斯坦认为形而上学命题是无意义的，可他本人却实实在在地构建出了一套形而上学理论，而且以之为阶梯攀爬到了适当的高度，并且在那里静静地体悟人生的意义和价值。一些极端的维也纳派成员提出了“拒斥形而上学”的口号,完全否认形而上学的正面作用，这当然是维特根斯坦无法接受的。不过，维特根斯坦本人在重新返回剑桥大学从事哲学工作之后，渐渐对自己早期探讨问题的方式做出了一些反思，觉察到自己在某些方面犯下了严重的错误，并决定抛弃逻辑分析方法，转而采用日常语言分析方法，继续着他的语言批判。

第三节　后期维特根斯坦的语言批判与形而上学的终结

维特根斯坦在完成《逻辑哲学论》一书的写作之后，曾一度前往奥地利山区做一名小学教师，过着半隐居的生活。在长达六年的时间里，他试图让自己从哲学思考中摆脱出来，做一份普普通通的工作。然而，树欲静而风不止：他的著作在当时的哲学界引起了强烈的反响。剑桥大学的年轻学者拉姆塞在翻译和研读《逻辑哲学论》的过程中深深为其中所探讨的问题吸引，曾先后几次到维特根斯坦教书的地方向他请教，而维也纳学派的领袖石里克教授也对《逻辑哲学论》推崇备至，亲自前往拜会它的作者。这些访问又激发起了维特根斯坦对于哲学问题的探究热情。他于1926年回到维也纳，并于三年之后再次返回剑桥，开始了新的哲学探讨。他后期哲学探讨的成果最终凝聚在《哲学研究》中，尽管他此前为该书的撰写做了大量的准备工作。在该书序言中，维特根斯坦明确写道："自从我十六年前重新开始从事哲学以来，我不得不认识到我写在那第一本书里的思想包含有严重的错误。"[1]不过，他同时希望能把两本书一道发表，因为："只有与我旧时的思想方式相对照并以它作为背景，我的新思想才能得到正当的理解。"[2]

显然，维特根斯坦后期哲学已发生了根本性的转变。他本人所强调的乃是思想方式上的转变，我们也可以将这种转变理解为他的语言批判方式的转变。具体而言，他后期放弃了早期的逻辑分析方法，转而采纳了日常语言分析方法。这种转变也带来了其哲学观的改变。尽管他依然坚持认为，全部哲学就是语言批判，可是他在后期却选择了一个完全不同于前期的批判视角：如果说他前期主要着眼于语言表达式的逻辑特性并力图把握语言的统一的、静态的内在结构的话，那么他后期则将目光转向了语言表达式的实用特性并着力呈现语言的多样的、动态的外在表现形式。前期关于命题意义的图像论被后期的语言游戏说所取代。这些根本性的转变，也很自然地导致了维特根斯坦对形而上学的态度的改变。

一 治疗型哲学

前期维特根斯坦尽管极力反对传统形而上学家言说世界的

1 维特根斯坦：《哲学研究》，陈嘉映译，上海人民出版社，2001年，第2页。
2 同上，第2页。

某些方式，但他依然坚守着自己谈论形而上学的独特方法，并实际得出了正面的形而上学结论：作为科学言说之基础的事实本体论以及作为一种无言的体悟的神秘主义。然而，后期维特根斯坦则完全放弃了任何建构性的形而上学目标，只求从根本上摧毁建构哲学理论的可能性。由此，他提出了“治疗型哲学”的观念。

维特根斯坦认为，哲学问题的提出是因为我们的理智受到了迷惑。那么，到底是什么东西迷惑了我们的理智呢？他认为，是语言将我们一步步地引入了迷途。我们作为人必定赖乎语言来表情达意、相互交流。而一种语言一旦被特定的群体用作日常不可或缺的交流工具，并日益成为一个完满自足的表意系统，它便逐步获取了一种相对独立的地位。而正因为这样一种语言在人们的生活中愈发显得重要，直至成为人们最为倚重的表达思想的工具，于是便很容易让人对其作用形成一种理想化的要求，亦即指望语言能够完全准确无误地表达我们的思想和欲求。我们会越来越倾向于认为，语言本身具备某种深层的内在结构，而正是凭据这种神奇的内在结构，语言才得以完美地发挥着它应有的作用。而正因为如此，古往今来才会有一批批哲学家怀着美好的意愿，试图透过语言现象的外衣，揭示出它的内在本质，进而解释语言何以能准确地表达思想、言说世界。

维特根斯坦认为，哲学家们的理智就这样一步步地落入了由语言现象设置的陷阱之中。他本人早年也是这种诱惑的牺牲品，《逻辑哲学论》中所表现出的那种企图通过逻辑分析澄清命题的本质结构的强烈愿望，就是受到了这种诱惑的体现。在《哲学研究》中，他对自己曾受到的这种诱惑做了深入的剖析：

90 我们的眼光似乎必须透过现象：然而，我们的探究面对的不是现象，而是人们所说的现象的可能性。也就是说，我们思索我们关于现象所做的陈述的方式。……

91 我们的语言形式于是却似乎有一种最终分析那样的东西，从而一个表达式似乎就本质而言是尚未分析的。似乎有某种东西藏在其中，需要加以揭示。做到了这一点，表达就充分澄清了，我们的任务就解决了。

也可以这样说：把我们的表达弄得更加精确，就可以消除一些误解；现在我们却好像在追求一种特定的状态，完全精确的状态；似乎这就是我们进行探索的真正目的。

92 这表现在对语言、句子、思想的本质的追问中。……

"本质对我们隐藏着"：这是我们的问题现在所取的形式。我们问："什么是语言？""什么是句子？"对于这些问题要给予一劳永逸、独立于任何未来经验的答案。[1]

在后期维特根斯坦看来，这种追寻本质的强烈诱惑会给我们造成各种幻觉，而这些幻觉又成了我们据以构造哲学理论的凭据。而他现在为自己规定的任务便是促使人们从这些幻觉中摆脱出来，并最终抵御住追求本质的诱惑，彻底放弃构造哲学理论的企图：

1 维特根斯坦：《哲学研究》，第64–65页。

95　“思想一定是某种与众不同的东西”。我们说、我们意谓：事情如此这般；而我们这时却不可能让我们所意谓的东西停留在实际发生的事情上；我们意谓的是：这样的事情－是－如此这般的。但这个悖论（它却具有自明之事的形式）也可以这样表达：我们能思想事情与实际发生的情况不同。

96　其他幻觉从四面八方接到我们所讲的这个特殊幻觉上。于是在我们看来，思想、语言似乎是世界的独特的对应物，世界的图画。句子、语言、思想、世界，这些概念前后排成一列，每一个都和另一个相等。（但这些词现在是用来干什么的呢？应用它们的语言游戏阙如。）

97　思想被一个光轮环绕。——思想的本质，即逻辑，表现着一种秩序，世界的先验秩序；即世界和思想必须共同具有的种种可能性的秩序。但这种秩序似乎必定是最最简单的。它先于一切经验，必定贯穿一切经验；它自己却不可沾染任何经验的浑浊或不确——它倒必定是最纯粹的晶体。这种晶体却又不是作为抽象出现的，而是作为某种具体的东西，简直是最具体的，就像是世界上最坚实的东西。（《逻辑哲学论》第5.5563节）

我们有一种幻觉，好像我们的探索中特殊的、深刻的、对我们而言具有本质性的东西，在于试图抓住语言的无可与之相比的本质。那也就是句子、语词、推理、真理、经验等等概念之间的秩序。这种秩序是——可以说——超级概念之间的超级秩序。其实，只要“语言”、“经验”、“世界”这些词有用处，它们的用处一定像“桌子”、“灯”、“门”这些词一样卑微。[1]

1　维特根斯坦：《哲学研究》，第66–67页。

我们看到，维特根斯坦这里对他前期所提出的关于命题意义的图像论发起了猛烈的批判。他在《逻辑哲学论》中所精心绘制的那幅完美的理想主义图景遭到了质疑。在这一理想图景中，所有命题都具备共同的一般形式，即断言事情是如此这般的。因此，每一个有意义的命题都表达一个确定的关于世界中所实际发生的或可能会发生的事实的思想。由于前期维特根斯坦更为强调事态发生的所有逻辑可能性，所以他把所有可能性都当作由语言和思想加以图示的事实。而正是这一关键性的举措让他的早期思想带上了浓厚的先验主义色彩。无论是语言、思想，还是世界，都必定拥有共同的先验秩序，这种秩序纯之又纯，不沾染任何经验的污浊。可尽管如此，这种秩序却又无一例外地适用于所有的经验现象，亦即每一个被使用的句子、每一个被表达的思想、每一个实际发生的事实。后期维特根斯坦则在这幅理想图景中找出了悖谬之处：我们可以想到与实际发生的事情不同的情况。也就是说：思想可以与存在不同一。然而，图像论所要求的恰恰又是语言、思想与世界的完全同一。例如，当我们说到"雪是白的"这句话时，我们用它表达了雪是白的这样一种思想，同时也用它描述了雪是白的这一事实。然而，假如我们在说出这句话时，所想到的并不是雪是白的，而是雪是黑的，那么，我们似乎并不能强词夺理地说：我用这句话所意指的就是雪是黑的这种思想，所描述的就是雪是黑的这一事实。这也许就是维特根斯坦所说的悖论吧。而他所要揭露的正是前期图像论的这种违背常理之处。像语言、思想、世界等等这样一些哲学词汇都被用作了超级概念，彻底脱离了它们应有的日常用法。而维特根斯坦正是在这个意义上犀利地指出："让我们操心的那种迷乱发生在语言仿佛是在空转的时候，而不是它正常工作的时候。”[1]他认为，哲学上的迷惑产生于语言的不正常使用，而不正常地使用语言恰恰表明了人的理智处于病态当中，而他后期哲学的目标便是要站到一定的高度上，对这些病症实施治疗：

133 我们要做的不是用前所未用的方式把语词用法的规则系统弄得精粹或完善。

我们所追求的清晰当然是一种完全的清晰。而这只是说：哲学问题应当完全消失。

真正的发现是这一发现——它使我能够做到只要我愿意我就可以打断哲学研究——这种发现给哲学以安宁，从而它不再为那些使哲学自身的存在成为疑问的问题所折磨。——现在毋宁是：我们用举例来表明一种方法，而这一串例子是可以从中打断的。——一些问题得到解决（困难被消除了），而不是单独一个问题。

并没有单独一种哲学方法，但确有哲学方法，就像有各式各样的治疗法。[2]

维特根斯坦这里明确倡导新的哲学方法，这种新方法不再是单一性的，像他本人早年所坚持的逻辑分析方法那样。这种新方法强调多样性，不再追求理想化的整齐划一的目标。它主张把目光投向实际使用中的语言，仔细考察语言的各种不同用法。

---

1 维特根斯坦：《哲学研究》，第78页。
2 同上，第78页。

维特根斯坦把这种研究称作“语法性的考察”：“因此，我们的考察是语法性的考察。这种考察通过消除误解来澄清我们的问题；清除涉及话语用法的误解；导致这些误解的一个主要原因是，我们语言的不同区域的表达形式之间有某些类似之处。——这里的某些误解可以通过表达形式的替换来消除；这可以称作对我们表达形式的一种‘分析’，因为这一过程有时像是拆解一样东西。”[1]这种考察既然也带有“分析”的性质，所以说，后期维特根斯坦仍然在继续着他的语言批判工作，只是这种新的批判方式所带来的是全新的发现，使我们得以摆脱理想化的图景的致命诱惑，从而回复到理智的清醒状态，而这也正是新的治疗方法所欲达到的目标：

107 愈细致地考查实际语言，它同我们的要求之间的冲突就愈尖锐。（逻辑的水晶般的纯粹原不是我得出的结果；而是对我的要求。）这种冲突变得不可容忍；这个要求面临落空的危险。——我们踏上了光滑的冰面，没有摩擦，因此在某种意义上条件是理想的，但我们也正因此无法前行。我们要前行；所以我们需要摩擦。回到粗糙的地面上来吧！

108 我们的认识是，我们称为“句子”、“语言”的东西不具有我前面想像的形式上的统一，而是或多或少具有亲缘的家族。——但现在逻辑成了怎样的？它的严格性在这里好像脱胶了。——但这样一来逻辑不就完全消失了吗？当然不是因为我们对它的严格性打了折扣，逻辑就会完全消失。——只有把我

1 维特根斯坦：《哲学研究》，第64–65页。

们的整个考察扭转过来才能消除这晶体般纯粹的先入之见。（可以说：必须把考察旋转过来，然而要以我们的真实需要为轴心。）

逻辑哲学谈到句子和语词，和我们日常谈到句子和语词，意义没什么两样。例如我们日常说："这里写着一句希腊文"，或"不，它只是看起来像文字，其实是装饰"，等等。

我们谈论的是在空间时间中的语言现象，而不是某种非空间、非时间的非物。但我们谈论语言就像我们在讲述行棋规则时谈论棋子那样，这时我们不是在描述它们的物理属性。

"一个词到底是什么？"这个问题类似于"棋子是什么？"

109　说我们的考察不可能是科学考察，这是对的。"同我们的成见相反，我们可以设想如此这般的情况"——无论这句话是什么意思，这种经验不会引起我们的兴趣。（把思想看作圣灵在空气中运行。）我们不可提出任何一种理论。我们的思考中不可有任何假设的东西。必须丢开一切解释而只用描述取而代之。这些描述从哲学问题得到光照，就是说，从哲学问题得到它们的目的。这些问题当然不是经验问题；解决它们的办法在于洞察我们语言是怎样工作的，而这种认识又是针对某种误解的冲动进行的。这些问题的解决不是靠增添新经验而是靠集合整理我们早已知道的东西。哲学是针对借助我们的语言来蛊惑我们的智性所做的斗争。[1]

后期维特根斯坦的新语言批判是要引领我们重新回到坚实的地面上来，不再迷恋那虚无飘渺的理想境界。我们现在的考

1　维特根斯坦：《哲学研究》，第70–72页。

察所面对的是实际发生的日常语言现象。我们就生活在这些语言现象之中，和不同的人做着不同的语言游戏，而在维特根斯坦看来："想象一种语言就叫做想象一种生活形式。"[1]作为一名哲学家，他主张通过密切关注语言的日常用法而尽力消除哲学家们对语言的误用，进而消解哲学问题本身："哲学家诊治一个问题；就像诊治一种疾病。"[2]这么一来，每消除一个哲学问题，也就相当于医治好了人们的一种理智疾病。不过，维特根斯坦也清楚地意识到了这项工作的难度："由于曲解我们的语言形式而产生的问题，有某种深度。它们在深处搅扰我们；它们的根像我们的语言形式本身的根一样，深深扎在我们身上；它们意义重大，重如我们的语言本身。——我们问问自己：我们为什么觉得语法笑话具有深度？（那的确是一种哲学深度）。"[3]

我们看到，维特根斯坦为自己设立了这样的哲学目标：通过细致观察语言现象，描述出日常语言游戏的多种不同类型与特征，突显它们彼此的关联与差异，以此表明传统哲学家们使用语言的方式大都违背了语言的正当用法，并借此指明哲学家们的这些使用语言的方式恰恰表明他们的理智受到了迷惑。而要使人类的理智复归常态，就必须将这种日常语言批判持续不断地进行下去，随时防止理智疾病的暴发与泛滥。维特根斯坦有时被称作"哲学家们的哲学家"，意指他自觉地站在了一个更高的高度上，向下审视哲学家们所苦心经营的一个个哲学体系，

---

1 维特根斯坦：《哲学研究》，第 13 页。

2 同上，第 139 页。

3 同上，第 72 页。

并一针见血地指出这些哲学体系的弊病，呼吁他们迷途知返，从困境中脱身出来。这可真是一个宏伟而崇高的哲学目标！不过，这一哲学目标却明显有背离常理之处：欲以哲学的探究方式达到消解一切哲学问题的目的！这看似一个永远也无法达致的目标，正如医生永远也无法治愈每一个病人。不过，维特根斯坦提出这样的哲学目标自有他的理由，而且他也已切切实实地展开了他的日常语言批判，其功过是非，自有后来者予以公正的评判，更何况他本人也不会意识不到这项任务的悖谬性。或许他并不在意这一点，只是勇敢地直面这种挑战，而全然没有想到要去摆脱这注定的宿命！

二　意义即用法

后期维特根斯坦的目标是要根除形而上学，而从语言批判的角度来看，形而上学的根源在于对意义的确定性的追求。这样看来，要达此目标，就要破除意义确定性的神话。那么，如何才能破除这一神话呢？

我们知道，前期维特根斯坦关于命题意义的图像论有两个基本的理论要求：一是作为命题的基本要素的名称与作为事实的基本要素的对象之间有严格的一一对应关系；二是命题与事实具有相同的逻辑形式。只有同时满足了这两个要求，才可说一个命题是相应事实的逻辑图像。而说一个命题是世界中的一个事实的逻辑图像，就是说它具有确定的意义。这种意义就是这个命题表达的思想内容，而这种思想所表现的就是事实的本质。命题、思想、事实这三者均具备自身的本质特征，而逻辑分析方法的运用正是为了揭示出这些本质特征，或者说，是为了确定这三者的共同本质的存在。这便是前期维特根斯坦的可言说的形而上学的基本内容，而后期维特根斯坦则试图通过日常语言的用法分析（亦即他所谓的“语法性考察”）来从根本上摧毁这种本质主义的形而上学。他的语法性考察以他的“语言游戏说”为基础而展开。不过，他关于“语言游戏”的各种描述严格说来并不构成什么理论学说，而这和他后期的思想风格——即否定任何形式的理论建构——是完全吻合的。

维特根斯坦在《哲学研究》一开头便举出了各种各样的语言游戏，并对它们逐一加以考察。他在全书第一节里便设想了一个买苹果的语言游戏，并以此来反驳奥古斯丁式的意义理论（其实这也是弗雷格、罗素、前期维特根斯坦等人的意义理论）。在引用了奥古斯丁《忏悔录》中的一段话之后，维特根斯坦接着写道：

在我看来，我们在上面这段话里得到的是人类语言本质的一幅特定的图画，即：语言中的语词是对象的名称——句子是这样一些名称的联系。——在语言的这幅图画里，我们发现了以下观念的根源：每个词都有一个含义；含义与语词一一对应；含义即语词所代表的对象。

奥古斯丁没有讲到词类的区别。我认为，这样来描述语言学习的人，首先想到的是“桌子”、“椅子”、“面包”以及人名之类的名词，其次才会想到某些活动和属性的名称以及其他词类，仿佛其他词类自会各就各位。

现在来想一下语言的这种用法：我派某人去买东西，给他一张纸条，上面写着“五个红苹果”。他拿着这张纸条到了水果店，店主打开标有“苹果”字样的贮藏柜，然后在一张表格上找出“红”

这个词，在其相应的位置上找到一个色样，嘴里数着一串基数词——假定他能熟记这些数字——一直数到“五”，每数一个数字就从柜子里拿出一个和色样颜色相同的苹果。——人们以这种方式或类似的方式和语词打交道。——“但他怎么知道应该在什么地方用什么办法查找‘红’这个词呢？他怎么知道他该拿‘五’这个词干什么呢？”——那我假定他就是像我所描述的那样行动的。任何解释总有到头的时候。——但“五”这个词的含义是什么？——刚才根本不是在谈什么是含义；谈的只是“五”这个词是怎样使用的。[1]

维特根斯坦这里所举的是再平常不过的一个日常活动，我们每天都在这样的活动中度过，只是没有像他那样去考察这样一些活动。从他的一番考察中，我们可以读出他的良苦用心来。首先，他将这个买苹果的语言游戏做了一些夸张的处理。实际的情形肯定要简单得多、直接得多。我们不用派人去，只要我们腿脚还灵便；我们不用写纸条，只要我们的发音系统没有毛病；店主毋需对标签，伸手就拿到苹果，更不必查色谱来比对苹果的颜色,甚至不用数数便可准确地卖给你五个红苹果。我想，维特根斯坦之所以要这样来描述这个语言游戏的过程，是想表明日常语言游戏的完成并不需要按照他所批判的那种意义理论所要求的去做。真照那样做的话，会显得十分滑稽可笑。在对这种刻板的意义理论大加嘲讽的同时，维特根斯坦也不失时机地表达了自己的正面主张：第一，他明确提出，我们以各种不同的方

1 维特根斯坦：《哲学研究》，第4页。

式跟语词打交道，或者说，我们时时刻刻都在用语词来做出行动。这便是由他最早提出并由牛津日常语言学派加以系统阐述的言语行为理论。他本人将由语词和行动交织而成的整体称作“语言游戏”。第二，他敏锐地意识到，所有语词的含义都绝不仅仅是它所代表的对象，而只能是它在每一语言游戏中的实际用法。不只是像“五”那样的数量词的含义只能在它的使用中去寻找，甚至也不只是像“红”这样的形容词的含义不能仅仅靠查对色谱去确定，就像“苹果”这样的名词的含义也无法简单凭着标签的指示去找到。也就是说，任何一个词语的被假定下来的字面含义均不足以让我们单凭这种“既定的”含义，去做出任何一种行为，去完成任何一种事情。除了要知道“五”、“红”、“苹果”这样的一些词的含义之外，我们还得知道很多很多的东西，才能胜任语言游戏中的角色。试看维特根斯坦的这个反问：“但他怎么知道应该在什么地方用什么办法查找‘红’这个词呢？他怎么知道他该拿‘五’这个词干什么呢？”他这样反问，显然是要强调我们为玩好语言游戏所需的训练。他在接下去的第五节中明确地说出了这一点：“看看第一节的例子，也许想得到，语词含义的通常概念形成了多浓的一团雾气，使我们无法看清楚语言是怎么起作用的。而在某些运用语言的原始方式那里，我们可以清楚地综观语词的目的以及语词是怎么起作用的；因此，从这些原始方式来研究语言现象有助于驱散迷雾。孩子学说话时用的就是这一类原始形式。教孩子说话靠的不是解释或定义，而是训练。”[1] 教孩子说话，就是训练他们学会使用语词，而只有

1　维特根斯坦：《哲学研究》，第 6 页。

当他们足够熟练地使用足够多的语词的时候，他们才能顺利地进入语言游戏，成为一个合格的参与者。第三，维特根斯坦告诫人们，绝不要迷信任何解释，因为我们总会遇到解释不了的东西。解释是什么？简单地说，解释就是指明语词、语句的含义。前期维特根斯坦的奥古斯丁式的意义理论就是这样一个解释系统，它企图指明每一个词、每一个句子的确定意义是什么。对于语言表达式的意义的解释也就是对其进行逻辑分析。这种逻辑分析所达到的理想化的结论就是：每一个表示一个复合物的语词都可以分析为最简单的名称，而每一个最简单的名称都代表着构成复合物的一个最简单的元素；每一个描述事实的句子都有一个而且只有一个完全的分析，而这种完全的分析就是对其含义的最终解释。但是，维特根斯坦现在的考察则要表明，这些关于含义的解释都不可能是完全的、最后的。而且，更糟糕的是，这些所谓的解释对于我们的语言实践而言，往往是很难发挥作用的。就是说，我们在日常语言游戏中根本就用不上这些解释，真正重要的是我们被训练得能自如地使用语词，而不是我们“掌握”了多少语词的含义。

维特根斯坦的上述这些正面主张都体现在他后期的意义理论中了。他坚决否认语言表达式本身已拥有现成的意义，我们只管按着这些意义去用它们就行了。相反，他认为词不过是工具，其意义只能在使用中才能表现出来：“想一下工具箱里的工具：有锤子、钳子、锯子、螺丝刀、尺子、胶水盆、胶、钉子、螺丝。——这些东西的功能各不相同；同样，语词的功能也各不相同（它们的功能在这一点那一点上会有相似之处）。”[1]“在使用‘含义’一词的一大类情况下——尽管不是在所有情况下——可以这样解释‘含义’：一个词的含义是它在语言中的用法。”[2]“符号自身似乎都是死的。是什么给了它生命？它在使用中有了生命。它在使用中注入了生命的气息？——抑或使用就是它的生命？”[3]这种新的意义理论不再认为语词的意义是在使用之前便已确定下来的东西。毋宁说，意义是语词在被使用的过程中所发挥的功能，而且是在使用的过程中生成出来的。那么，能否说“意义”的可能性已经潜藏在语词中了呢？因为毕竟不同的工具是按照所预期的不同功能被制造出来的。譬如，锯子是用来锯东西的，螺丝刀是用来拧螺丝的。这就像名词、动词，是为着不同的功能而被创造出来的一样。维特根斯坦当然不否认这种词类的划分，他只是提醒人们不要因为语词的一些表面的类似而去试图做进一步概括，试图找出它们的共同本质。他在第 11 节将语词比为工具之后，立即这样告诫我们：“当然，我们听到这些语词，看到写出来印出来的语词，它们的外观整齐划一，而这让我们感到迷惑。它们的用法却并非明明白白地摆在眼前——尤其在我们从事哲学的时候！”[4]这也正是维特根斯坦常常提到的语言的迷惑作用：我们总是禁不住想去探究语言的一般性功用，而这种探究的欲望总会引导我们去假定语词与对象之间的标示关系、语句与事实之间的描述关系等，而这些关系又往往被理想化、纯粹化、

1　维特根斯坦：《哲学研究》，第 10 页。
2　同上，第 33 页。
3　同上，第 197 页。
4　同上，第 10 页。

逻辑化。维特根斯坦指出，这种寻求理想化解释的努力是毫无益处的："设想有人说：'所有的工具都是用来改变某种东西的，例如，锤子改变钉子的位置，锯子改变板子的形状，等等。'——尺子改变的是什么？胶水盆和钉子改变的是什么？'改变我们对某样东西的了解，改变胶的温度和箱子的稳固程度。'——表达法是弄得一致了，但我们得到了什么呢？"[1]

这种无限追求一般概括的努力，不仅对于促进理解毫无助益，而且还会导致哲学上的混乱。我们幻想着一下子掌握词的全部用法，从而一劳永逸地解决所有问题。当我们从事关于语言、思想与世界之本质的探讨时，我们便被这样一种幻想控制着。我们总想绘制出一幅完美的图画来，而后期维特根斯坦哲学的目标便是要揭穿这幅图画的实质，并力劝人们从这种不切实际的幻想中挣脱出来，投身到对语词日常用法的考察中去：

115　一幅图画囚禁了我们。我们逃不脱它，因为它在我们的语言之中，而语言似乎不断向我们重复它。

116　当哲学家使用一个语词——"知"、"在"、"对象"、"我"、"句子"、"名称"——并试图抓住事情的本质时，我们必须不断问自己：这个语词在语言里——语言是语词的家——实际上是这么用的吗？

我们把语词从形而上学的用法重新带回到日常用法。

117　你对我说："你懂得这句话吗？那好——那我就是在你所熟悉的那个含义上使用它的。"——仿佛含义是一种氛围，

1　维特根斯坦：《哲学研究》，第11页。

语词无论被用到哪里，都随身携带着这种氛围。

例如，你说“这个在这儿”这句话对你有意义（你同时指着面前的一件东西），这时你应当问问自己：事实上你是在哪些特定情况下用到这句话的。那这句话就在这些情况下有意义。

118 我们的考察是从哪里获得重要性的？——因为它似乎只是在摧毁所有有趣的东西，即所有伟大而重要的东西（就像摧毁了所有建筑，只留下一堆瓦砾）。我们摧毁的只是搭建在语言地基上的纸房子，从而让语言的地基干净敞亮。

119 哲学的成果是揭示出这样那样的十足的胡话，揭示我们的理解撞上了语言的界限撞出的肿块。这些肿块让我们认识到揭示工作的价值。[1]

“把语词从形而上学的用法带回到日常用法！”——这便是后期维特根斯坦的语言批判要求我们去做的事情。是语言将我们引上了形而上学的迷途，而要让我们迷途知返，看来只有从考察语言本身入手了。语言本来一切如常，实实在在地为我们的所有日常活动提供恰如其分的服务，让我们得以顺利完成每一项生活任务。语言的日常用法是多种多样的，而且会不断地出现新花样。维特根斯坦对于语言实践自然而然地表现出来的这种多样性和变动性表现出了极大的兴趣，并将这种情形生动地描述出来：

23 但是句子的种类有多少呢？比如：断言、疑问、命令？——这样的种类多到无数：我们称之为“符号”、“语词”、

1 维特根斯坦：《哲学研究》，第73–74页。

“句子”的，所有这些都有无数种不同的用法。这种多样性绝不是什么固定的东西，一旦给定就一成不变；新的语言类型，新的语言游戏，我们可以说，会产生出来，而另一些则会变得陈旧，被人遗忘。（对这一点，数学的演变可以为我们提供一幅粗略的图画。）

“语言游戏”这个用语在这里是要强调，用语言来说话是某种行为举止的一部分，或某种生活形式的一部分。

请从下面的例子及其他例子来看一看语言游戏的多样性：

下达命令，以及服从命令——

按照一个对象的外观来描述它，或按照它的量度来描述它——

根据描述（绘图）构造一个对象——

报道一个事件——

对这个事件的经过作出推测——

提出及检验一种假设——

用图表表示一个实验的结果——

编故事；读故事——

演戏——

唱歌——

猜谜——

编笑话；讲笑话——

解一道应用算术题——

把一种语言翻译成另一种语言——

请求、感谢、谩骂、问候、祈祷。

——把多种多样的语言工具及对语言工具的多种多样的用

法，把语词和句子的多种多样的种类同逻辑学家们对语言结构所说的比较一下，那是很有意思的（包括《逻辑哲学论》的作者在内）。[1]

语言的用法是多么地丰富多彩啊！可是形而上学家们却试图在这无限多样的用法背后找寻到整齐划一的共同结构！从维特根斯坦列举的有限的事例中，我们便可窥得如下这样一些人的日常生活之一斑：军人、科学家、记者、文学家、演员、学生、翻译家等。他们使用语言的情形实际就是他们日常生活的过程。其实，我们每个人都时时刻刻在同语言打着交道，在用语言做事，在用语言同他人实现交流。我们所参与的每个语言游戏都会顺畅地进行着，假如一切如常，没有什么大的意外的话。维特根斯坦认为，参与语言游戏的过程，其实就是遵守特定规则的社会性过程。我们所接受的训练都是为了让我们得以顺利地进入各种语言游戏，并在其中如鱼得水般地延续着我们的生命。这该是多么宁静、平和的一幅生活图景啊！不曾想，会有好事的形而上学家前来打扰！他们如此地好为人师，居然想引导人们钻进活生生的生活场景底部，去找寻静止不动、恒定如常的根基，并许诺一旦找到这种根基便可化解一切纷争、消除一切烦恼了。

但凡一切理想主义者，都是既可爱又可恨的。可爱在于他们表达出了美好的愿望，可恨在于他们所许诺的美好图景却永远不会成为现实，枉费了自己及他人的良多心思，甚至会严重妨害本来平静如水的日常生活，为其平添上了不该有的迷惑与

1 维特根斯坦：《哲学研究》，第18–19页。

烦恼。后期维特根斯坦正是要医治这种形而上学痼疾，破除关于语言之本质的理想主义神话。以下略举几例，看看他是如何借日常语言批判来消除形而上学问题的。

三　简单性是一个神话

我们知道，前期维特根斯坦所追求的意义确定性，很大程度上，是依赖于他关于简单性的设定的。也就是说，正是逻辑分析所要达到的基本要素的简单性，从根本上保证了意义的确定性。而这种理想化的设定在《哲学研究》中被当作了一个神话加以揭露："这同把命名看作偶像崇拜式的活动有关系。命名似乎是一个词和一个对象的奇特联系。——哲学家为了揭示名称和所称的东西之间的独一无二的那个关系，盯着面前的一个对象，一遍一遍重复一个名称甚至重复'这个'一词，于是乎这种奇特的联系当真发生了。因为只有在语言休假的时候，哲学问题才会产生。这时候我们当然可以把命名想象为任意一种令人惊异的心灵行为，仿佛在给对象施行命名洗礼。我们甚至可以向这个对象说'这个'一词，就像在用'这个'和它打招呼——这是这个词的一种奇特的用法，大概只有在从事哲学的时候才会出现。"[1] 哲学家们在进行形而上学的沉思时，总是倾向于把词与物之间的对应关系神秘化。他们固执地认为，若对一个句子进行彻底的逻辑分析，最终总可以达到只标示简单物的简单名称，尽管这些简单名称并不是我们日常所用的专有名词。维特根斯坦举了亚瑟王的魔剑"诺统"的例子，以此来揭示这种神秘关系的荒谬性：

1　维特根斯坦：《哲学研究》，第 30–31 页。

39 “这”这个词明明不是名称；那为什么人们偏偏想到要把这个词弄成名称呢？——原因正在这里：因为人们被诱导对通常叫作名称的东西提出异议。这种异议可以这样表达：名称本来应该标示单纯的东西。人们大概可以推论出这一点：“诺统”这个词在正常的意义上是一个专有名词。诺统是由其各部分以某种特定方式构成的。如果各个部分以其他方式构成，则诺统不存在。但显然“诺统有锋利的剑刃”这句话是有意义的，无论诺统全剑犹在还是已经粉碎。如果说“诺统”是一个对象的名称，那么诺统一旦粉碎，这个对象也就不复存在，既然没有东西与名称对应，这个名称也就没有含义。然而这样一来，“诺统有锋利的剑刃”这句话就包含了一个没有含义的词，因此这个句子就是无意义的。可是它的确有含义；因为构成这个句子的诸语词必然始终对应着某种东西。所以，通过意义分析，“诺统”这个词必定会消失，而由一些命名单纯事物的语词取代。我们将乐于把这些词称为真正的名称。

40 让我们先来讨论这条思路的这一点：一个词如无对应物就没有含义。确立下面一点是很重要的：用“含义”一词来标示与词相对应的东西，不合语言习惯。这样做混淆了名称的含义和名称的承担者。N.N.先生死了，我们说这个名字的承担者死了，而不说这个名字的含义死了。这样说是荒唐的，因为假如名称不再有含义，说“N.N.先生死了”就毫无意义。[1]

崇信逻辑分析的哲学家们坚持要求名称以其所标示的对象

1 维特根斯坦：《哲学研究》，第31–32页。

为其意谓，因为在他们看来，唯有将名称与对象之间的标示关系牢固地确立下来，语言与世界之间的图像关系才得以确定。通常的专有名词显然无法满足这种要求，因为许许多多的专有名词都像“诺统”一样已经没有了所标示的对象：这些对象已不再存在了，或者说，它们已然解体、粉碎了。崇尚逻辑分析的形而上学家们显然并不在意这种情况，因为他们所要寻求的只是逻辑分析之后的简单剩余物，至于这些剩余物到底是什么，他们似乎并不关心。维特根斯坦本人在前期的《逻辑哲学论》中就没有给出任何简单名称和简单对象的例子。他只是逻辑地设定了这两类简单对象的存在以及两者之间的理想化的一一对应关系。但是，他在《哲学研究》中则坚决抛弃了这种逻辑假定，转而从语言的实际用法着手来探讨意义问题。他明确指出，要求名称严格标示对象，是不符合语言使用习惯的，必须破除这种要求，才能看清语言到底是如何发挥作用的。

维特根斯坦接下来便对简单性神话做了具体的剖析。在展开分析之前，他追溯了这种神话的历史由来：

46 名称本来标示着简单物，——这一说法里面是些什么？——苏格拉底在《泰阿泰德篇》中说：“假如我没有弄错，我曾听人这样说过：对于基本元素——姑且这样称谓它们——即对于我们以及其他万物都由它们复合而成的东西来说，是不存在任何解释的；因为凡自在自为者，只能用名称加以标示而已；其他任何一种规定性都是不可能的，既不能确定其是又不能确定其不是……但我们只好不靠其他所有规定性……为自在自为者命名。因此，我们不可能用解释的方式谈论任何基本元素；

因为对它来说，只有名称，另无其他；它所有的只是它的名称。由这些基本元素编织起了复杂的景物，同样，它们的名称这样编织成了可以用来解释的言语，因为言语的本质是名称的编织。”

罗素所讲的“个体”和我讲的“对象”（见《逻辑哲学论》）也都是这种基本元素。[1]

维特根斯坦很少关注哲学史，不过，上述引文是个例外。在这里，他力图探明哲学家们最初是如何受到简单性神话的迷惑的。苏格拉底和他的对话者一起探讨基本元素如何只能被命名而不能被描述和解释的问题。他给出的理由是：这些基本元素是自在自为的，没有可供我们去描述和解释的规定性，我们只能勉强给它们加上一个不带任何描述性的名称。本书的前面几个章节较为详细地考察了古代和近代哲学家们的语言哲学思想，其中一个重要线索就是这种对于逻辑分析所应达到的简单性的渴求。维特根斯坦在引述了苏格拉底的谈话之后，明确将罗素的“个体”和他早期的“对象”列为苏格拉底意义上的简单元素，这一方面表明他清楚地意识到了他前期依据逻辑分析而确立的形而上学结论乃是简单性神话所达到的历史顶峰，另一方面又表明他将在其后期哲学探讨中坚决摧毁这一由来已久的哲学神话。

维特根斯坦通过对“简单的”、“复合的”等词语进行语法性考察来澄清由它们的非正常使用所导致的哲学困惑：

47 然而，什么是合成实在的简单成分呢？——一把椅子

1 维特根斯坦：《哲学研究》，第33–34页。

的简单成分是什么？——是制成椅子的小木块吗？抑或是分子，是原子？——"简单"的意思是：非复合的。这里的要点是：在什么意义上"复合"？谈论"一把椅子的简单成分本身"毫无意义。

或者：我对这棵树、这把椅子的视觉图像是由部分组成的吗？它们的简单成分是什么？复合色是复合性的一种；另一种，如由一小段一小段直线组成的间断轮廓。一条曲线可以说是由一段渐渐上升的弧线和一段渐渐下降的弧线合成的。

如果我对某人说："我现在眼前看到的东西是复合的"而不做任何进一步的解释，他就有理由问我："你说'复合的'是什么意思？因为什么都可以这样说！"——已经确定了所问的是哪一种复合，即确定了这个词的哪一种特别用法，"你看见的东西是复合的吗？"这个问句当然是有意义的。假使已经确定，只要我们不仅看到树干，而且也看到树枝，我们对树的视觉图像就应称作"复合的"，那么"这棵树的视觉图像是简单的还是复合的？"或"它的简单成分是什么？"这些问题才会有清楚的意义——有清楚的用法。当然，第二个问句的答案不是"树枝"（这样就是在回答一个语法问题："在这里什么叫作'简单成分'？"），而是对一根一根树枝的描述。

然而，像棋盘这样的东西不是明显地、绝对地复合的吗？——你想的大概是３２个白格子和３２个黑格子的复合。但是我们不也可以说，例如，棋盘由黑白两种颜色以及方格的网状图案复合而成吗？既然我们有完全不同的方式观看棋盘，你仍然要说棋盘是绝对"复合的"吗？——在一个特定的语言游戏之外问"这个对象是复合的吗？"这就像曾有一个小男孩所做的那样：他本应回答某些例句里所用的那些动词是主动态还是被动态，孩子却绞尽脑汁去琢磨诸如“睡觉”这样的动词所意味的事情是主动的还是被动的。

我们以无数不同的而互相又有着不同联系的方式使用“复合的”（因而还有“简单的”）这个词。（棋盘上方格的颜色是简单的还是由纯白色和纯黄色组成的？白色是简单的还是由彩虹的颜色组成的？——2厘米的长度是简单的还是由两个各长1厘米的长度组成的？但为什么不是由3厘米长的一段和否定意义上的1厘米长的一段组成的？）

“这棵树的视觉图像是复合的吗？它们的组成部分是什么？”若这是从哲学上提出的问题，正确的回答是：“那要看你怎样理解什么是‘复合的’。”（这当然不是一个答案，而是对这个问题的拒斥。）[1]

维特根斯坦这里所做的事情，就是将语词从形而上学的用法带回到日常用法！形而上学家们总是将语词从日常语言游戏中抽离出来，企图赋予它们以不同寻常的含义。或者说，他们在从事哲学思考时，总是受到诱惑去寻找其实并不存在的所谓语词的精深含义。他们受着某种幻觉的支配，徒劳地追逐子虚乌有的东西，由此深深陷入困惑、迷乱之中：“哲学问题具有这样的形式：‘我找不着北’。”[2] 维特根斯坦这里所讨论的简单性问题就是让形而上学家们迷惑了几千年的老问题。他们为此绞尽脑汁、殚精竭虑，创造出了一个个天才的伟大构想，并成功地

1 维特根斯坦：《哲学研究》，第34–36页。
2 同上，第75页。

给崇信他们的人带来极大的鼓舞和满足。可是，这种满足感却一再被证明是虚幻的而短暂的。整部形而上学史就是一个个气泡被无限吹大随后又瞬间破灭的循环往复的过程。这便是维特根斯坦所描述出的一幅悲壮的图景：形而上学家们妄想摆脱地球的引力，奋力飞向空中，却无一例外地重重地摔回地面！正如上面所引述的第 47 节所列举的那些例子所显示的，我们日常使用“简单的”、“复合的”这些词的时候总是依赖于特定的语境的。也就是说，它们本来就不具有某种超出其实际用法的固定不变的含义。维特根斯坦一再强调的是，我们必须尽量仔细地从近处考察这些语词的实际用法，而只有这样，我们才有望看清这些被赋予了哲学含义的语词的本来意义。而只有当我们足够仔细并且足够多地考察了这些语词的用法之后，我们才能探明围绕这些词而产生的种种哲学迷惑的根源。维特根斯坦接下来又举出了多个有关简单性的例子并详加考察，以此表明形而上学家们关于简单性的一切假设都是引人误解的。所以，他经过考察后表明了自己的主张：拒斥这类哲学问题，不去提“复合物的简单成分本身是什么？”之类的无意义的问题。

四 存在问题的消解

如上所述，形而上学家们设定简单性，目的是要达到意义的确定性。不过，要使语言表达式具有确定的意义，最关键的是确保它们所代表的东西是存在的。维特根斯坦在《哲学研究》第 55 节中这样表述道：“‘语言中名称所标示的东西必定是不可毁灭的：因为我们一定可以描述凡可毁灭的东西都已毁灭的状态。这种描述里将会有语词；而与这些语词对应的东西就不应被毁灭，因为否则这些语词就没有意义。’我不应把我坐在其上的树枝锯断。”[1]看来，对象的存在乃是我们的命名活动和描述活动的必备前提。当然，这里提到的对象的存在应该既包括当下的实际存在，也包括过去曾经的存在或者将来可能的存在。不过，这样一些存在样态都还是对象在经验世界或现象世界中的存在，或者说在时空中的存在。这些存在实际都是可以毁灭的，而许多哲学家并不满足于这样的存在。维特根斯坦在第57节中谈到了柏拉图式的永恒存在：“‘红色的东西可以被毁灭，但红色是无法被毁灭的，因此“红色”一词的含义不依赖于某种红色的东西的存在。’——诚然，说红这种颜色（不是说红颜料）被撕碎或踩碎是没有意义的。”[2]这样的说法势必会诱导形而上学家们去做出最根本的本体论假定。柏拉图就把由各种相或理念所构成的世界设定为永恒不变的本质世界，而现象世界不过是它的摹本。维特根斯坦在接下来的第58节中运用他的语法考察手段对传统的存在问题做了深入的剖析：

58 “我将把‘名称’只用来称谓不能在‘X存在’这样的句式中出现的东西。——从而就不可以说‘红色存在’，因为假如没有红色，就根本不能谈论它。”——更正当的说法是：如果“X存在”说的不过是：“X”有含义，——那么它就不是关于X的命题，而是关于我们语言使用的命题，即关于使用“X”一词的命题。

我们说“红色存在”这话没什么意义，这时我们看上去像在谈论关于红色的本性似的。红色恰恰“自在自为”地存在。

---

1 维特根斯坦：《哲学研究》，第42页。

2 同上，第43页。

同样的想法——这是关于红色的形而上学命题——在我们说"红色是无时间性的"这话里也表达出来，也许用"不可毁灭"这个词表达得更加强烈。

其实我们真正想要的只是把"红色存在"看作"'红色'一词具有含义"这样一个命题。也许更正当的说法是：把"红色不存在"看作"'红色'没有含义"。我们并不想说：这句话说出了这个意思，而是说：假使它有含义，那它一定说的是这个意思。但这个说法由于企图说出这个意思而自相矛盾——恰因为红色"自在自为"地存在。矛盾只是在于这个命题看起来是说颜色的，其实应该是在说"红色"一词的用法。——但在现实中，我们挺习惯说某种颜色存在；这相当于说某种有这个颜色的东西存在。第一种说法同第二种说法同样精确；尤其所说的"有颜色的东西"不是一个物体。[1]

这一节的内容可以说是后期维特根斯坦所倡导的语法性考察的一个典型的案例。这里涉及的是古老的存在问题，也是形而上学的基本问题。自巴门尼德最早提出这一问题以来，一代代哲学家为之付出过多少精力啊！尤其是在亚里士多德将作为存在的存在自身确定为形而上学的研究主题之后，一个个富丽堂皇的形而上学体系被构建了出来。整部西方哲学史似乎就是形形色色的形而上学体系不断更迭的历史。从巴门尼德、柏拉图、亚里士多德到笛卡尔、斯宾诺莎、莱布尼茨，再到康德、谢林、黑格尔，直到柏格森、怀特海、海德格尔，这些伟大的形而上学

1　维特根斯坦：《哲学研究》，第43–44页。

家无可争议地成为哲学舞台上的主角。维特根斯坦本人在其前期哲学探讨中也曾坚定地持有形而上学立场，就像他的同道弗雷格和罗素一样。然而，他在后期哲学探讨中则反戈一击，向形而上学发起了攻击，大有置之死地而后快的意思。

他在第 58 节中举出的是一个非常普通的例子：某种颜色的存在问题。他首先指明，我们平常会很自然地说某种颜色存在或不存在，并在特定的语言游戏中实现顺畅的相互交流。但是，形而上学家则试图跳出具体语境，探究高深莫测的问题。他们会抛出类似这样的形而上学命题来：

1. 红色存在。

2. 红色自在自为地存在。

3. 红色是无时间性的。

4. 红色是不可毁灭的。

在维特根斯坦看来，这四个命题其实是等价的，因为尽管后三个命题似乎说了更多的东西，但它们也只不过是强调红色具有永恒的存在，而形而上学家用第一个命题所表达的也就是这个意思。即是说，形而上学家是想用这样一些看似有所差异的命题来表达同一种东西，即红色的本性。追求事物的本性——这恰是形而上学的终极目标！然而，维特根斯坦的语法性考察却力图指出这一目标其实完全是虚幻的：形而上学家们是受了语词用法的类似性的诱惑，才试图去捕捉事物的本性的！我们在无数个语言游戏中使用“红色”一词去描述各种不同的事物，仿佛该词的这些不同的用法有某种共同之处似的：它们都描述某种存在着的红色东西，或者说，它们之所以成为合适的用法，乃是因为它们都有存在着的某种东西作为其基础。维特根斯坦的语法性考察就是想指明：这完全是因为他们受到了表面的语言现象的误导，其实根本就没有作为语词用法之基础的东西。事实上，我们只是照常使用"红色"一词而已，在不同的场合赋予它不同的用法，只要不妨碍正常的交流即可。而当形而上学家试图用"红色存在"表达关于红色自身的本性的断言时，我们应设法让他明白：他说这句话的意思，不外乎是说"红色"这个词有某种含义，或者说，我们可以在某种意义上使用这个词。因此，我们可以通过探查形而上学家的"存在命题"到底对应着什么样的日常用法，而除去罩在其上的神秘光环，也即是像维特根斯坦所说的那样，将语词从形而上学用法带回到日常用法上来。一旦到达这一步，形而上学的迷惑便可澄清了，语言便可恢复其正常状态。而正如他在第133节中所指出的，只要总能澄清语词的各种不同用法，那么哲学就真的该寿终正寝了。

五 反本质主义

维特根斯坦认为，形而上学家所受到的根本诱惑就是：于多样性的现象背后追求共同的本质。他本人在《逻辑哲学论》中就试图揭示语言的本质、思想的本质和世界的本质，而且他在经过异常艰苦的探讨之后，当真就认为自己精心构制的图像论已经完美地呈现了这三种本质了。正因为如此，他才在该书序言中宣称所有问题都已解决了，哲学的任务一劳永逸地完成了。于是，他决定放弃哲学研究，甘愿到山区做一名小学教师。然而，或许正是在做小学教师的过程中，他才真切地感受到了语言用法的多样性和复杂性，从而才让他对早年所勾画的那幅理想主义的语言图景产生了怀疑。

维特根斯坦的后期哲学探讨着眼于语言的实际用法，满足于对语言现象的描述，并从根本上放弃了对语言本质的追求。在经过充分的语法性考察之后，他明确提出了自己的反本质主义立场，而这一立场正是他后期语言批判所导向的必然结果：

65 现在我们撞上了所有这些考虑背后的大问题。——因为人们可以反驳我说："你避重就轻！你谈到了各种可能的语言游戏，但一直没有说什么是语言游戏的、亦即语言的本质。什么是所有这些活动的共同之处？什么使它们成为语言或语言的组成部分？可见你恰恰避开了探讨中曾让你自己最头痛的部分，即涉及命题和语言的普遍形式的那部分。"

这是真的。——我无意提出所有我们称为语言的东西的共同之处何在，我说的倒是：我们根本不是因为这些现象有一个共同点而用同一个词来称谓所有这些现象，——不过它们通过很多不同的方式具有亲缘关系。由于这一亲缘关系，或由于这些亲缘关系，我们才能把它们都称为"语言"。我将尝试解释这一点。

66 例如，我们可以考察一下我们称为"游戏"的活动。我指的是棋类游戏，牌类游戏，球类游戏，角力游戏，等等。它们的共同之处是什么？——不要说："它们一定有某种共同之处，否则它们不会都叫做'游戏'"——而要看看所有这些究竟有没有某种共同之处——因为你睁着眼睛看，看不到所有这些活动有什么共同之处，但你会看到相似之处、亲缘关系，看到一整系列这样的东西。像上面说的：不要想，而要看！——例如看看棋类游戏，看看它们的各式各样的亲缘关系。现在转到牌类游戏上：你在这里发现有很多和第一类游戏相应的东西，但很多共同点不见了，另一些共同点出现了。再转到球类游戏，有些共同点还在，但很多没有了。——它们都是“消闲”吗？比较一下象棋和三子连珠棋。抑或总有输家赢家或在游戏者之间总有竞争？想一想单人牌戏。球类游戏有输赢；可小孩对着墙扔球接球玩，这个特点又消失了。看看技巧和运气在游戏中扮演的角色；再看看下棋的技巧和打网球的技巧之间的不同。再想一想跳圈圈这种游戏：这里有消闲的成分，但是多少其他的特点又不见了！我们可以这样把很多很多其他种类的游戏过一遍；可以看到种种相似之处浮现出来，又消失不见。

这种考查的结果是这样的：我们看到了相似之处盘根错节的复杂网络——粗略精微的各种相似。

67　我想不出比“家族相似”更好的说法来表达这些相似性的特征；因为家族成员之间的各式各样的相似性就是这样盘根错节的：身材、面相、眼睛的颜色、步态、脾性，等等，等等。——我要说：各种“游戏”构成了一个家族。

同样，各种数也构成一个家族。我们为什么要称某种东西为“数”？有时因为它与一向被称为数的某些东西有一种——直接的——亲缘关系；于是又可以说它和另一些我们也称为数的东西有着一种间接的亲缘关系。我们延展数的概念，就像我们纺线时把纤维同纤维拧在一起。线的强度不在于任何一根纤维贯穿了整根线，而在于很多纤维互相交缠。

但若有人要说：“所以，这些构造就有某种共同之处——即所有这些共同性的选言结合。”——那么我将回答说：现在你只在玩弄字眼。人们同样可以说：有某种东西贯穿着整根线——

那就是这些纤维不间断的交缠。[1]

确如维特根斯坦所说，本质问题一直是哲学家们最为关注的大问题。自从柏拉图首次将哲学明确界定为关于实在之本质的探讨以来，一代代哲学家们就为事物之本质而疯狂，皓首穷经，潜心钻研，以求窥得一斑。尽管这些伟大的哲人在经过艰苦的探究之后，大都诚实地断言本质是不容易被人的有限理性所把握的，然而，他们却一直坚定地认为，本质必定是存在着的，而且是永恒地存在着的，所以，我们的一切探究必须以把握本质为目标，尽管我们不可能最终占有本质。我们就这样被某种理想牵引着："我们生活在这样的想法里：现实里'一定'有着理想。即使人们仍看不到理想是怎样在现实里的，而且也不理解这个'一定'的本质。我们相信，理想一定藏在现实里；因为我们相信已在现实中看到它了。"[2]我们深信本质一定存在，甚至会达到迷信本质的地步。而维特根斯坦则把这种迷信诊断为人们所罹患的理智疾病，并力图帮助我们从这种病症中康复过来。他于是明白地宣示：本质乃是哲学家们生造出来的子虚乌有的东西。当我们力图去把握某类事物，如"语言"、"游戏"等的本质时，我们实际是受到了某种幻觉的支配。我们的考察只能从一个个的现象入手，这些现象各自发生着，就比如我们每天都参与到一个个语言游戏中，成为这些语言现象的构成部分。同时，我们也可以跳出来考察我们自己参与的这些语言现象，或者，专门考察

1　维特根斯坦：《哲学研究》，第 47–49 页。

2　同上，第 68–69 页。

别人参与其中的语言现象。在这样的考察过程中，除了对这些个别现象有所把握之外，我们往往还会注意到这些现象之间的某些相似关系。维特根斯坦更愿意称它们为亲缘关系，并由此发明一个专门用语来称呼这种亲缘关系:家族相似性。我们知道，家族成员之间由于遗传的原因而自然地表现出某些方面的相似性。每一个家族成员虽然是一个独立的个体,一个自然的存在者，但他（她）同时又因为与别的成员之间有某些亲缘关系而被视为该家族的成员。

维特根斯坦认为，所有的语言游戏形成一个家族，这个家族就可称之为语言。我们对语言的考察必须从他本人早年所陷入的那种本质主义中脱离出来，转入对各种语言实践的具体而琐细的观察和描述。我们此时对语言的描述是如实的，因而也是多种多样的、丰富多彩的。那些描述所表现的是语言的各种不同用法，既琳琅满目，又呈现出一些相互的关联和类似。维特根斯坦意识到，那些惯于做出抽象概括的人仍然会锲而不舍地寻求所谓的共同本质，甚至不惜玩弄辞藻，人为地弄出一些莫名其妙的“本质”来。他敏锐地指出，正是这种对于本质的盲目迷恋，才导致形而上学家们企图超越家族相似性，去设定由语言中的概括性名词所表达的那些抽象本质，如语言的本质、游戏的本质、美的本质、善的本质等。而正是因为设定下了这些抽象本质，他们才力图为表达这些本质的概念下精确的本质定义。自从苏格拉底在同别人的谈话中,总是想方设法逼使对方就某个抽象概念（如勇敢、正义、美德、善、知识等等）下一个定义以来，西方理性主义哲学传统中的哲学家们就一直将本质定义视作概念研究的恰当方法加以广泛运用。他们这样如痴如醉地追求着精确的本质定义，而维特根斯坦此时则满足于建立在相似性基础上的模糊性解释：“我们会怎样向别人解释什么是游戏呢？我想我们会向他描述一些游戏，也许还会加上一句:‘这个，以及诸如此类的，就叫“游戏”’”[1] 他不认为这种模糊性的解释会是一种令人遗憾的缺陷,关键不在于对概念的解释是精确还是模糊，而在于我们到底要拿这个概念干什么。只要不妨碍我们做好我们想做的事情，所做的解释模糊一点又算得了什么呢？况且，那种所谓的精确实在是可望而不可即的，我们又何必去追求这种虚幻的东西呢？让我们尽力做出足够丰富的描述，然后心甘情愿地接受交叉重叠的亲缘关系吧：

75 什么叫作知道什么是游戏？什么叫作知道却说不出来？知道在这里相当于没有道出的定义吗？那么，它一经道出，我就能认出它，认为它表达了我们所知道的？难道我关于游戏的知识、关于游戏的概念在我所能给予的解释里不曾完整表达出来了吗？即当我描述各式各样游戏的例子；当我指出可以怎样比照这些游戏用各种方式构造出另外一些游戏；当我说这种那种活动恐怕不应该还称作游戏了；诸如此类。

76 假如有人划出一条明确的界线，我不能承认它原是我也始终想划的或是我在心里已经划出的界线。因为我根本不曾想划过。于是可以说，他的概念和我的不同，但有亲缘关系。这种亲缘关系是这样两种图画的亲缘关系：一张由界线模糊的色块组成，另一张由形状和分布相似、但界线分明的色块组成。

---

1 维特根斯坦：《哲学研究》，第50页。

其中的亲缘相似性就像其中的差异一样不容否认。

77　把这个比较再推进一步，我们就会明了，清晰的图画与模糊的图画在何种程度上能够相似取决于后者的模糊程度。设想你要画一张界线清晰的图画来“对应”一张界限模糊的。这张界线模糊的图画里有一个模糊的红色长方形；你现在则要画一个清晰的。当然——可以画出不止一个清晰的长方形来和这个不清晰的长方形对应。——但若原图上各种颜色混在一起，看不出界线的痕迹，那么画一张与模糊的图画相对应的清晰图画不就成了毫无希望的任务吗？那么你就得说：“我在这里画个圆形或画个心形也和画个长方形一样了，反正所有的颜色都混在一起了。什么都对；又什么都不对。”——举例来说，在美学或伦理学里寻找与我们的概念对应的定义，你的处境就是这样的。

在这样的困境里你要时时问自己：我们究竟是如何学会这个词（如“好”）的含义的？通过什么样的例子？通过哪些语言游戏？那你就比较容易明白这个词一定有着一个各种含义组成的家族。[1]

我们总想着要画出一种清晰的图画来，可是，这幅图画所对应的是什么呢？这个原型在哪儿？柏拉图认为，这样的原型永恒地存在于相的世界里，我们认识它们的过程也就类似于去给它们画出尽量清晰的图画来。在语言层面上，我们就是要追求关于它们的精确定义。然而，维特根斯坦却抛出一个釜底抽薪式的诘难：这种假定的原型，这种永恒的本质，根本就是不存在的，

1　维特根斯坦：《哲学研究》，第 54–55 页。

我们试图用精确的语言去描述的恰恰是模糊一片的东西！

然而，语言描述不正可以赋予这模糊以清晰的界线吗？先验哲学家们所津津乐道的“人为自然界立法”的理想在前期维特根斯坦那里表现为对命题的普遍形式的迷恋：

5.47 显然，对一切命题的形式，凡是从一开始就可以说的东西，我们一定能够同时说。

原初命题确已包含了一切逻辑运算。因为“fa”与“(∃x).fx.x=a”所说的是相同的。

有组合之处，便有主目和函项，而有主目和函项之处，便已有一切逻辑常项。

我们可以说，唯一的逻辑常项是一切命题按其本性彼此共有的东西。

但是这就是普遍的命题形式。

5.471 普遍的命题形式是命题的本质。

5.4711 指出命题的本质，意即指出一切描述的本质，从而也指出世界的本质。[1]

后期维特根斯坦极力要求抛开一切所谓的本质，而这种要求势必会迫使我们改变对语言的考察方式。我们必须放弃寻求关于概念的一般定义，转而询问一个抽象名词是如何被使用的。而一旦我们将目光转向语词的实际用法，我们便会注意到这些用法之间的相似性和差异性。我们接下来的考察不再是试图找到

---

1 《维特根斯坦全集》第一卷，第234页。

这些相似性和差异性背后隐藏着的某种共同本质，而是继续追踪它们的由来。按维特根斯坦的要求，我们要这样来发问：我们到底是怎样学会使用这些语词的？这么一来，我们便被引导到关于语词意义的发生学考察上来了。

那么，我们是如何把握语词的意义的呢？维特根斯坦明确放弃了前期关于名称以对象作为其意义的观点。他以感觉名词为例探讨了这个问题："语词是怎样指涉感觉的？——这似乎不成其为问题；我们不是天天都谈论感觉，称谓感觉吗？但名称怎么就建立起了和被称谓之物的联系？这和下面的是同一个问题：人是怎样学会感觉名称的含义的？——以'疼'这个词为例。这是一种可能性：语词和感觉的原始、自然表达联系在一起，取代了后者。孩子受了伤哭起来；这时大人对他说话，教给他呼叫，后来又教给他句子。他们是在教给孩子新的疼痛举止。"[1] 维特根斯坦着力强调的就是语言习得过程对于孩子掌握语词用法的重要性。我们说，孩子们就是在经过了足够多的这类训练之后才慢慢地学会了使用各种语词，从而渐渐地融入了生活，成为各种语言游戏的合适参与者。人们在沉浸于语言游戏之中时，绝不会想到去追问什么本质。在维特根斯坦看来，所谓本质纯粹是哲学家们企图跳出语言游戏的场景之外而生造出来的子虚乌有的东西，而只要我们满足于语言的日常用法，只在这些实际的用法中体察语言之意义，我们便可以融入活生生的现实生活，实现与他人的沟通与交流。相反，假如我们受到诱惑去追逐语词的确切意义，去追问所谓的本质，抑或去试图给出关于一切

---

1 维特根斯坦：《哲学研究》，第135–136页。

语言现象（亦即一切生活现象）的合理解释的话，我们就势必会陷入迷乱，无所适从。

我曾在《读者》杂志上读到这样一则有趣的故事：

公猴和母猴坐在同一根树枝上看落日。母猴说："当太阳落到地平线的时候，是什么使天空改变了颜色？"

"如果我们试图解释所有的事物，我们就无法生活。"公猴说，"不要说话，安静地欣赏这美丽的落日吧。"

母猴生气地说："你原始而迷信，对逻辑不感兴趣，只想享受生活！"

这时，有一只蜈蚣路过。

公猴叫道"蜈蚣，你怎样使那么多条腿协调地向前迈进？"

蜈蚣回答说："我从来没想过这个问题。"

"你想一下吧，我的妻子想知道答案。"

蜈蚣看了看自己的腿，说："我先移动这条腿，不不，我先向这个方向摆动我的身子……"

蜈蚣花了半个小时，也没解释清楚它是怎样移动自己的腿的。它讲得越多，猴子越不明白，后来它为了赶路，只好不再讲了。可是，它发现自己没法前进了。蜈蚣绝望地说："天啊，为了向你们解释我走路的原理，现在我都不记得怎样走路了。"

公猴对母猴说："现在你看到尽力解释某件事物的结果了吧？咱们还是静静地欣赏落日吧。"[1]

---

1 南风编译："解释"，载于《读者》，2009年第20期，第31页。

这个故事中的公猴和母猴分别代表着两种截然不同的对待事物的态度，进而言之，也代表着两种截然不同的生活态度。母猴怀着强烈的解释事物的愿望，在好奇心的驱使下不断地追问为什么，试图把一切都弄得清清楚楚、明明白白。她崇尚逻辑，迷恋理性的解释力，沉浸在理想主义的美梦中。可以说，她便是西方传统形而上学家的化身。正是在这种对万事万物的所以然给出合理解释的强烈冲动的驱使之下，早期的希腊哲人们才开始了他们关于世界之本原与原因的沉思。巴门尼德被视作西方哲学史上第一位真正的形而上学大师。他的主要贡献就是提出了“存在物存在”这样一个伟大的形而上学命题。他的哲学带有很强的思辨性，也就是说，他的观点并非得自于对经验世界的观察和思考，而是得自于对“存在者”、“存在”等这样的哲学术语的意义分析。他经过语义分析得出的一个结论就是：所谓“存在者”就等同于“可思者”、“可说者”。于是，巴门尼德关于世界的形而上学解释就是：它是一个统一、完整、无限、永恒的存在者、可思者、可说者。自巴门尼德以降，一代代的西方哲学家们大都以穷究万事万物的根本原理为己任，精心构建出一个又一个宏大的形而上学体系。这种形而上的追求俨然成了贯穿西方哲学发展史的一根主线，并实质性地铸就了西方哲学的理想主义传统。这样的传统也造就了西方知识阶层孜孜追求明哲生活的人生态度。

不过，这样的理性主义态度也不时地遭到质疑和批判。智者派的高尔吉亚就以他那三个著名的命题对巴门尼德的形而上学发起了强有力的攻击。他不仅否认事物的真实存在，而且否认我们的认识,甚至否认人与人之间进行思想交流的可能性。总之，他反对对事物做任何理性的解释，因为在他看来，任何这类解释都是苍白无力的，不仅毫无益处，反而会妨碍人生的实际事务。可以说，高尔吉亚所坚持的就是故事里的公猴的立场。而公猴是被母猴指责为原始而迷信、只知道享受生活的！知道享受生活，本无可指责，关键是不能浑浑噩噩、糊里糊涂地度过每一天！然而，这样一种生活态度，恰恰是西方知识阶层厌倦了空洞的形而上学追求并对最终的解释感到绝望之后的一种选择。他们强烈呼吁人们回到现实生活中来，彻底抛开不切实际的形而上学幻想。

维特根斯坦就是这样一位在其一生中经历了这样一次大转变的哲学家。在其后期思想中，他坚决抛弃了早年那种对于语言的理想化的逻辑结构的追求，转而关注语言的日常用法。他主张，正因为受到了最终的理性解释的强烈诱惑，形而上家们才不惜抛开语言的日常用法，企图生造出一套纯之又纯的语言用于言说他们炮制出来的那些高深理论，岂不知这样的语言由于缺乏生活根基而沦为全无意义的呓语，根本无法提供人们所渴求的那种解释。因此，维特根斯坦大声疾呼：回到现实生活中来吧，不要再受制于空泛的形而上学追求啦！他大胆预言：只要能彻底抵御住这种诱惑，人们便可从千百年来的形而上学迷梦中苏醒过来，满怀热情地投入到日常语言游戏之中，过着正常的人类生活。

第四章 维特根斯坦之后的语言批判

维特根斯坦是一位划时代的伟大哲学家，他前后期所做的两种截然不同的语言批判均将西方哲学界关于意义问题、存在问题等的探讨带入了新阶段，后来的语言批判大都绕不开维特根斯坦的卓越工作。奎因和卡茨这两位美国哲学家在当代意义理论方面做出了突出的、有代表性的贡献，本章以他们的语言批判工作为例，挂一漏万地展示维特根斯坦之后语言分析的成果，最后简单梳理分析哲学家们的语言批判与形而上学之间的恩怨关系，抛砖引玉。

第一节 奎因的意义理论与本体论许诺

奎因是迄今最有成就的美国分析哲学家。他早年从事逻辑学研究，颇多建树。从20世纪中期开始，他涉足哲学领域，从此一发不可收拾，接连不断地发表了一系列论文和著作，这些作品有其独特的语言风格、激进的思想观点、严密的论证方式，成为现代哲学经典。

奎因一开始就是以反叛者的面目出现的。他于1951年发表的《经验论的两个教条》被视为一篇声讨旧经验论的檄文。也正是在这篇文章中，奎因明确提出了要破除意义作为实体的神话。在随后的著述中，奎因反复论及意义问题，并从不同角度重申和论证自己的既定立场。他紧握在手的是一把“奥卡姆剃刀”，欲将一切不必要的精神实体从哲学的基本假定中剔除出去。首当其冲的就是作为内涵实体的各种所谓“意义”：内涵、属性、关系、命题，等等。他认为，假定这样一些实体不仅无助于理论构造，而且会妨碍理论的进步，因此，最好把它们全部清除掉。

奎因十分关注本体论问题。不过，他不主张孤立地探讨“何物存在”的问题，因为在他看来，关于独立存在的事物的探究永远不可能得到一般的答案。于是，他主张把本体论问题上升为语言问题，亦即从“何物存在”的问题上升到“我们说何物存在”的问题。奎因认为，这种语义上升的策略乃是摆脱传统存在问题困扰的唯一途径。他借用现代逻辑的量词和变项概念来表达自己的“本体论许诺”思想：“被假定为一个存在物，纯粹只是被看作一个变项的值。……我们的整个本体论，不管它可能是什么样的本体论，都在‘有个东西’、‘无一东西’、‘一切东西’这些量化变项所涉及的范围之内；当且仅当为了使我们的一个断定是真的，我们必须把所谓被假定的东西看作是在我们的变项所涉及的东西范围之内，才能确保一个特殊的本体论的假论。”[1]在奎因看来，这种本体论许诺是任何一种理论都要做出的，因为若没有这种许诺，我们就无法判定一个理论判断是否为真。但是，他又明确指出，他的“本体论许诺”思想并不能作为裁定对立的本体论的标准，因为“在本体论方面，我们注意约束变项不

1 奎因：《从逻辑的观点看》，江天骥等译，上海译文出版社，1987年，第12-13页。

是为了知道什么东西存在，而是为了知道我们的或别人的某个陈述或学说说什么东西存在；这几乎完全是同语言有关的问题。而关于什么东西存在的问题则是另一个问题”。[1]

于是，本体论的争论只能在语言的范围内挑起，从而也只能在语言的层面上加以解决。那么，什么样的事物的存在是可以通过本体论许诺确立下来的呢？奎因认为，首先可被许诺下来的是各层次的物理对象，其次是数学中的抽象对象，如数、类，等等。他同时指出，这些对象作为实体被假定下来，不是因为我们给它们下了充分的定义，而是因为它们可以让我们更便利地处理理论问题。他甚至认为，这样一些存在物与荷马的诸神只有程度上的不同而无本质上的区别。它们都是文化的设定物。这些设定物均不能完全决定它们所属的理论。因此，任何理论在面对经验的法庭时都可能被迫做出调整，其本体论许诺自然也要做出改变。

奎因认为，本体论许诺属于指称理论的范围。也就是说，被许诺下来的只能是外延实体。至于像“意义”这样的内涵实体，奎因坚决反对把它们作为可许诺的对象纳入理论体系中。必须把意义问题与指称问题区分开来：“一旦把意义理论与指称理论严格分开，就很容易认识到，只有语言形式的同义性和陈述的分析性才是意义理论要加以探讨的首要问题；至于意义本身，当作隐晦的中介物，则完全可以丢弃。”[2]

奎因在《语言学中的意义问题》一文中对意义理论的主要任

1　奎因：《从逻辑的观点看》，第 15 页。
2　同上，第 21 页。

务做了规定，并明确主张用“significant”一词取代“meaningful”，因为后者容易给人造成有意义（meanings）这类实体存在的印象。他认为意义问题主要由两类不同的人进行研究：一类是语法学家，他们“想知道哪些形式是有意思的，或是有意义的”；另一类是词典编纂家，他们“想知道哪些形式是同义的，或意义相似的”。所以，他认为：“过去所谓意义问题现在可以简述为两个最好不提及意义的问题：一个是使有意思序列的概念为人理解的问题，另一个是使同义性概念为人理解的问题。我要强调的是词典编纂家无权垄断意义问题。有意思的序列问题和同义性问题乃是意义问题的一对孪生子。”[1] 他的基本观点是：这两种探讨均无须假定作为内涵实体的意义。

我们首先来看一下奎因对同义性问题的论述。他在《真理的追求》一书中这样写道：“假如我们可以想办法得到一种可接受的意义相同性关系，那么就能轻易地得到关于意义的一种可接受的定义。因为，正如不止一个哲学家所指出的，我们可以把一表达式的意义定义为由意义相似的所有表达式组成的类。相反，既然没有同一性就没有实体，如果我们一开始便拥有意义，那么这些意义和同一性便会提供意义的相同性。总之，意义和意义的相同性所提出的是同一个问题。”[2] 但是，奎因明确否认同义性是可以清晰地获得的。相反，他认为词典编纂人在对某个词下定义时是用另一个同义词去解释它，例如，把“单身汉”定义为“未婚的男子”。奎因提出了这样的诘问：“难道我们要依据身旁的

---

1 奎因：《从逻辑的观点看》，第 46 页。

2 Quine. *Pursuit of Truth*. Cambridge, MA: Harvard University Press. 1992, p. 52.

词典，把词典编纂人的陈述奉为法律？显然这会是本末倒置的。词典编纂人是一位经验科学家，他的任务是把以前的事实记录下来；如果他把‘单身汉’解释为‘未婚的男子’，那是因为他相信，在他自己着手编写之前，在流行的成为人喜爱的用法中已不明显地含有这两个语词形式之间的同义性关系。这里所预先假定的同义性概念大概仍须根据同语言行为有关的一些词来阐明。‘定义’是词典编纂人对观察到的同义性的报道，当然不能作为同义性的根据。”[1]因此，在奎因看来，同义性关系是无法做到完全清晰的界定的，从而，意义也是不可能被清晰地界定的。既然任何表达式的意义都不可能准确地界定出来，那么，根据“没有同一性就没有实体”的原则，表达式的意义便不是实体。

再来看一下语法学家能不能在他们的研究中假定意义这种实体。奎因尤其关注陈述的分析性问题，因为分析陈述被认为是这样句子：仅从它们自身就可以看出它们所具有的意义。换言之，一个分析句是先天地具有它的意义的。奎因这样写道：“在形而上学寻求事物的本质的地方，G. E. 摩尔及其后的分析哲学将词的意义接受下来；但是，似乎仍然存在着需要梳理出来的内在意义，而不仅仅有需加以平均化的变幻不定的用法。这么一来，分析性便反映出了词的意义，正如形而上学必然性反映出了事物的本质一样。后来，分析性又在其数学哲学中为卡尔纳普提供了服务，说明数学如何可能在缺少经验内容的情况下具有意义，以及它为什么是必然为真的。然而，整体论却在不诉诸于分析性的情况下一并解决了这两个问题。整体论让数学在其得

1　奎因：《从逻辑的观点看》，第 23 页。

到应用的地方享有经验内容，并通过选择的自由和最少损伤公理解释数学必然性。”[1] 在《经验论的两个教条》一文中，奎因对分析/综合二分法进行了批判，认为这种区分是无法严格地做到的。他于是强调把理论系统看作是由各种陈述构成的整体，其中的任何陈述都不能孤立地获得意义。所谓的分析陈述不再被当作仅凭自身的语言表达方式而获得确定意义的特殊陈述，从而也不再因为具有先天的意义而成为免于修改的。

在《指称之根》一书中，奎因根据他的语言习得理论，从正面对分析性做了说明：“卡尔纳普以及在他之前的弗雷格坚持认为，逻辑规律纯粹依赖于语言而成立；亦即依赖于逻辑词语的意义。总之，它们是分析的。我不止一次地反驳说，意义这个概念没有被赋予任何经验意义，从而，这种关于逻辑的语言学理论也没有被赋予任何经验意义。那么，根据学习的过程，我们现在是不是可以为这种学说找到某种意义呢？我方才指出，我们是通过找到倾向间的关联而学会真值函项的；例如，当人们倾向于同意某一析取式的一个析取支时，他们也就倾向于同意这个析取式。我们会说，析取式被它的析取支所蕴涵这样一个逻辑规律就是连同‘或者’一词本身被学会的；其他的逻辑规律也一样。……语言是社会性的，而分析性作为植根于语言的真理也应当是社会性的。如此我便得到了一条理解分析性概念的线索：如果每个人都是通过学会组成一个句子的词而认识到它是真的，那么这个句子就是分析的。就像可观察性一样，分析性也是依

---

1 Quine. *Pursuit of Truth*. Cambridge, MA: Harvard University Press. 1992, pp. 55–56.

赖于社会一致性的。”[1] 这样一来，分析性作为意义寄居的场所也被彻底拆除了。

但是，奎因虽否认意义可以作为内涵实体被许诺下来，却并不否认意义问题的合法性。他认为语义学或意义理论仍然是可能的。他拒斥了作为内涵实体的意义，却又引入了“刺激意义”这个概念来阐述他的意义理论。这是一个行为主义的意义概念。奎因认为，研究语言意义，行为主义是必由之路：“在心理学中，我们可以是也可以不是行为主义者，但是在语言学中，我们别无选择。我们每个人都是通过观察他人的言语行为并作出自己的、被他人所观察、所加强或校正的、一开始不那么顺畅的言语行为而学会语言的。我们严格依赖可观察情境中的外化行为。……语言意义中没有任何东西不是从可观察情境中的外化所为中搜集而来的。”[2] 那么，什么是刺激意义呢？奎因认为，我们最初的语言学习是从对观察句表示赞同或不赞同开始的。在面对某个刺激并被就某个观察句征询意见时，我们会表示赞同或不赞同。我们就是在这个时候接触到刺激意义的。奎因曾运用著名的野外语言学家的思想实验对刺激意义做过这样的阐释：“在早期著述中，我相应地把这位语言学家描述为想把丛林语言的观察句与他本人的具有相同刺激意义的观察句匹配起来。也就是说，对这两个句子的赞同会由同样的刺激引发出来；不赞同也一样。”[3] 后来奎因觉得这种阐释有些不妥，因为它涉及不同的说话者，

1　Quine. *The Roots of Reference*. LA Salle, IL: Open Court. 1974, pp. 78–79.

2　Quine. *Pursuit of Truth*. Cambridge, MA: Harvard University Press. 1992, pp. 37–38.

3　Ibid., pp. 39–40.

而这些说话者的感受器官是不同的，无法接受完全相同的刺激。于是他重新调整了自己对观察句的定义："我在原先的定义中求助于说话者之间的刺激意义相同性，但是1981年的时候我根据如下的条件为单个说话者定义它：'如果在某个情境下征询这个句子引起了某一给定说话者的赞同，那么在任何情境下，当同样的感受器整体系列被刺激时这种征询也同样会引起赞同，不赞同的情况也是一样。'然后，当一个句子对共同体的每一位成员都是观察的时，我就把它解释为对整个共同体都是观察的。"[1]在《语词和对象》一书中，奎因甚至明确对观察句的刺激意义做了这样的界定："像'gavagai！'这样一个句子对于一给定说话者的肯定性刺激意义就是会引起他的赞同的那些刺激的类。"[2]

通过以上的叙述，我们可以看到，奎因尽管认为本体论对于任何一种理论都是必要的，而且肯定地认为可以通过本体论许诺假定下物理对象和"类"这样的抽象对象，但是，他却极力反对将意义作为内涵实体假定下来。他把企图将意义作为内涵实体家定下来的主张称为"博物馆神话"：即把意义当作博物馆中的展品，而语言表达式就好比是贴在它们上面的标签。不过，他认为，意义问题仍值得探讨，但必须和指称问题严格区分开来。通过对语词的同义性和陈述的分析性这两个核心的意义问题的探讨，奎因表明：假定内涵实体不仅是不必要的，而且是有害的，因为任何一个内涵实体均不能在一阶逻辑系统和标准集合论中得到清楚的说明，因此缺乏自身同一性，不能作为被许诺的存

1 Quine. *Pursuit of Truth*. Cambridge, MA: Harvard University Press. 1992, p. 40.
2 Quine. *Word and Object*. New York: Wiley & Sons. 1960, p. 32.

在物。但是，我们也注意到，奎因在阐述他的语言学习理论和译不准原理时又引入了刺激意义这个概念。这种意义虽不再是内涵实体，却又被定义为“刺激的类”。那么，意义是不是又重新获得了“实体”的地位呢？如果是这样的话，意义问题是不是又和指称问题联系到一块了呢？

我们知道，奎因假定观察句刺激意义的相同性是为了解决原始翻译如何开始的问题。所谓原始翻译是指在两种完全不同的语言之间进行的翻译，翻译者对于被翻译语言没有任何事先的了解。所以，奎因设想一位野外语言学家来到某个丛林部落。他试图把土著人的语言翻译为他的母语，比如英语。他只能从最简单的观察句入手。他观察到这样一个情形：当一只兔子飞快地跑过时，一位在场的土著人高喊了一声：“gavagai!”他于是很自然地尝试着把伴随这一刺激而说出的句子翻译为“rabbit!”。这位语言学家做这种翻译的根据就是这两个句子可能具有同样的刺激意义。但是，在奎因看来，这种翻译是猜测性的。刺激意义的相同性还不能一下子建立起来，因为在这样一个场景下真正刺激了那位土著人的还可能是“兔子的某个部分”、“兔子的某个姿态”，等等。也就是说，当下还不能完全弄清楚伴随土著人说“gavagai”的刺激和伴随语言学家说“Rabbit”的刺激是不是同类的。这位语言学家要想准确地翻译任何一个观察句都得经过多次的观察并在刺激出现的情境下征询土著人对他的翻译的意见，即让他们用外化行为表示赞同或不赞同。理论上说，这位语言学家最终总可以成功地翻译出一个个观察句，甚至可以翻译出用联结词联结起来的复杂句。但奎因认为，这种原始的翻译永远也不可能做到完全准确。总是存在各种不同的翻译，甚至不相容的翻译，但这些翻译却是可以互换的。他认为，这种极端情况在现实中很难遇见，因为语言学家总可以找到一个翻译帮助他减去很多麻烦。但是，他又认为，只有设想这样的极端情况，我们才能看清意义的不确定性。

但是，奎因的“刺激意义”概念的引入是不是可以改变这种状况呢？我们前面看到，奎因一开始试图用主体间性去定义刺激意义，但又觉得假定的东西太多，并转而就单个主体去界定观察句的刺激意义。就像他一贯主张的，探讨意义问题最好从同义性入手，于是他又引入了“刺激同义性”概念："如果一些观察句的刺激意义对于一说话者来说是相同的，那么这些观察句对于他来说就是刺激同义的。但是，一方面，某人得到的刺激及其范围是一种私人性的事务，而另一方面，刺激同义性则是社会性地获得意义的。如果语句对于共同体的每一成员都是刺激同义的，那么它们对于该共同体就是刺激同义的。”[1] 这样一来，意义便成了可经验地探讨的对象。这种探讨是行为主义的。奎因承认刺激是主体（说话者）私人的事务，而作为刺激的类的意义则是主体间地获得的。语言表达式的意义只能根据当下刺激情境凭观察而把握到。尽管通过观察的途径不可能完全确定语言表达式的意义，但是，从理论上，我们仍可把刺激意义定义为能引起说话者赞同的那些刺激的类。由于奎因认为类作为抽象实体是可以被许诺的，所以刺激意义似乎也是可以作为实体许诺下来的，尽管整个意义理论仍不能由这些被许诺的实体完全地决定。这种情况同奎因就物理对象和类所做的本体论

1　Quine. *Pursuit of Truth*. Cambridge, MA: Harvard University Press. 1992, p. 44.

许诺的情况是一样的。

因此，我们似乎可以得出结论说，虽然奎因极力反对把意义作为内涵实体许诺下来，但他最终还是把刺激意义作为外延实体假定下来了。可以说，他从前门把意义从语义学中赶了出去，又从后门把它放了进来，只是它的面目经过了改装。或者说，奎因从一开始主张严格区分意义理论与指称理论，走到了把意义理论完全划归为指称理论。这样，奎因在意义问题上就是彻底外延主义的。

奎因的意义理论可从不同的角度予以反驳。威廉·阿尔斯顿在“奎因论意义”一文中对其意义理论进行了深入的分析和批判。他认为奎因不应该就本体论许诺问题对物理理论和语义理论采取双重标准。他指出，奎因一方面要求意义理论对内涵实体的同一性作出完全清晰的界定，另一方面却不要求物理理论对所许诺的实体做完全清晰的说明。所以，在他看来，奎因对物理实体网开一面，却对内涵实体提出过于苛刻的条件，由此才导致他得到意义不能作为内涵实体假定下来的结论。从上面关于刺激意义的分析中，我们可以看出，奎因最终甚至把语义理论也完全自然化了。这也从一个侧面印证了阿尔斯顿的判断。也就是说，在奎因看来，外延实体的许诺不要求同一性，而内涵实体的引入必须符合“没有同一性就没有实体”的原则。阿尔斯顿认为奎因的这种“清晰主义”（Explicitism）对人类的认知活动而言是过高的、不切实际的要求，应予以拒斥。

奎因对阿尔斯顿的批评做了回应。他写道：“意义的实体化会扰乱我们的注意力。我一直坚持认为，如果我们能容许同义性，那么我们便会欣然将意义实体化。我们可以简单地将意义等同于同义词的类。……那么，阿尔斯顿引下来表明我反对意义的实体化的那三段话是什么意思呢？那几段话中的每一段的要点都是：关于被称之为意义的对象的未经说明的领域的先在假定不可能说明同义性或任何别的东西。同义性，而非实体化，才是难点之所在。给定同义性，一个意义的领域自然会出现，而不管它有没有什么用处。”[1]这里，奎因重申了意义作为实体的不必要性。接着，奎因回应了阿尔斯顿对他的双重标准的批评："我和他一样认为，这两个学科的未完全决定性从方法论上讲是完全一样的。不对称存在于方法论之外的别的地方……我希望，我们一致同意，一个人对语言的掌握和理解，他做出反应的倾向以及他的思想本身，在一个时刻和另一个时刻之为不同，不可能不表现为他的物理机体上的某种不同，尽管这种不同难以区辨。你可以把这种学说称之为唯物论，也可以称之为心理生理平价论。这么一来，我们假定的可互换却不相容的翻译手册之间的关系便是，它们符合于完全一样的人类机体状态，尽管有一些微小的调整；亦即符合于同样的隐蔽着神经状态。这就是我说不存在要探讨的事实时的意思。我不是在谈标准，而是在谈论自然。”[2]这就是说，物理学和语义学使用同样的探究方法，因而同是经验科学。但是，当物理学只在理论学说之内许诺下物理对象时，语义学却企图假定下不依赖于语言和理论的独立的实体。这种实体就是先验的意义，这种意义为某类语句共同拥有，是在它们之间进行准确翻译的依据。但是，奎因通过指出各种虽不相容却可

1 Hahn and Schilpp (eds.). *The Philosophy of W. V. Quine*. LA Salle, IL: Open Court. 1986, p. 73.
2 *Ibid.*, pp. 74–75.

互换的翻译手册的实际存在，来表明并不存在需作为内涵实体假定下来的共同的意义。所以，物理科学和语义学的根本分歧在于：有没有独立实体的存在。奎因显然是要把二者平等看待，亦即设法让语义学也成为一门自然化的学科。

对奎因意义理论的另外一个质疑是：它一方面反对柏拉图的共相实在论，另一方面却又主张“类”这样的抽象实体是可以许诺下来的。斯太格缪勒做了这样的评述：“根据奎因的观点，存在有物理对象和类。允许类这样的实体存在，表明他是一个柏拉图主义者。此外，他不愿意在他的本体论中另外接受具有内涵性质的抽象对象，因此他的柏拉图主义仍然限于一种外延对象。……与其他人不同，奎因并不是心甘情愿地赞同柏拉图主义的人，而是勉强的，在某种程度上可以说是‘违心的柏拉图主义者。’”[1] 另外，奎因早年也曾探讨过在数学中贯彻唯名论策略的可能性，但最终放弃了。

奎因也许并不需要要么做个彻底的柏拉图主义者，要么做个彻底的唯名论者。宁可说，他超越了这样一个传统的形而上学观点的二元区分，就像他反对任何形式的二分思维方法一样。他是一个语言哲学家，他把传统的本体论和认识论问题都当作语言学问题，亦即把它们放在社会性的语言当中加以考察。他的代表作《语词和对象》的开篇之言最能表明他的基本看法：“语言是一项社会性的技艺。要掌握它我们必须完全依赖关于说什么及什么时候说的主体间可获得的线索。因此，除非根据人们对社会地可观察的刺激作出外化的反应的倾向，就无法对语言

1 斯太格缪勒:《当代哲学主流》，下卷，王炳文等译，商务印书馆，1992 年，第 231 页。

意义的核实做出辩护。承认这种限制的一个后果就是：翻译这样事业陷入了某种系统的不确定性中。”[1]就奎因是一个语言哲学家而言，他是一个整体主义者、行为主义者、自然主义者，尤其是一个实用主义者。

严格说来，他挥舞“奥卡姆剃刀”所剔除的不只是意义这样的内涵实体，而是所有不依赖于语言和理论的独立实体。他手中的这把剃刀也许早就被“柏拉图的胡须”弄钝了。但是，被他许诺进任何一种理论中的实体都必须经过严格的审查。“奥卡姆剃刀”不仅是一条本体论经济性原则，更是一条实用主义原则。任何一种实体的引入都应服从解释和预言的有效性这个标准。而另一方面，正因为这些实体的引入是出于实用性的考虑，所以，任何理论都不是由所引入实体完全地决定了的。理论的修改是免不了的。实体的假定当然也要适时改变。

单就意义实体而言，奎因为否认其作为内涵实体做了许多论证。至于他后来引入“刺激意义”这种外延实体，当然也是经过慎重考虑的。对它的界定也许是不完全清晰的，但是，若不把语义学看作与物理科学有什么本质不同的学科，我们就不需要完全的清晰性。语义学并不因为刺激意义的引入而被完全地决定。我们可以本着实用原则许诺它，同样也可以因为它不再适用而废弃它。实体是任何理论都需要假定的，语义理论也不例外；而之所以选择外延实体而不选择内涵实体，是因为后者会妨碍语义理论的发展：“在意义理论中，没有作为内涵实体的意义（meanings）的位置。……说意义或用法，可以；而说

1 Quine. *Word and Object*. New York: Wiley & Sons. 1960, p. ix.

作为内涵实体的意义，则不可以。但不要以为我在贬低语义学，或语义理论。甩开负累之后，它会发展得更好。”[1]

第二节　卡茨的意义形而上学

美国哲学家杰罗德·卡茨（Jerrold J. Katz）于1985年选编了一部论文集，题名为《语言学哲学》。在该书导言中，他这样写道：“20世纪哲学经历了两次语言学转向。在第一次、也最为著名的转向中，语言成了哲学家们关注的中心，他们由此摆脱了19世纪唯心主义哲学的桎梏。在第二次转向中，语言学成了哲学家们关注的中心，他们希望把关于语言的思考建立在一种科学的基础之上。本书旨在激发第三次语言学转向，在这次转向中，语言学之基础成为哲学家们关注的中心，他们企图从关于语言的科学这一视角去思考语言。”[2]

这部文集也收录了卡茨本人的一篇题为“柏拉图主义语法纲要”的文章。这篇文章是他于1981年出版的论著《语言及其他抽象对象》的思想提要，简略地阐述了他在语言学哲学上所持的柏拉图主义立场。在该文中，他首先分析了此前的两个著名的语言学范式即布龙菲尔德的结构主义语言学和乔姆斯基的转换生成语法学，并指出它们分别拥有唯名论和概念论的本体论基础。具体而言，布龙菲尔德把语言看成是由物理的声、像这样一些殊相构成的，乔姆斯基则认为语言是由精神性的概念、

1　Quine. *Quiddities*. Cambridge, MA: Harvard University Press. 1987, p. 131.
2　Jerrold J. Katz (ed.). The Philosophy of Linguistics. Oxford: Oxford University Press，1985，p. 1.

能力这样一些殊相构成的。在卡茨看来，这两种语言学的本体论假定都是有问题的，因而不足以解释普遍的语言现象。于是，他极力主张更换语言学理论的形而上学基础。由于实在论是除唯名论和概念论之外的唯一的本体论选择，所以他义无反顾地认定：只有假定共相（抽象对象）为永恒实在的柏拉图主义才是语言学理论的最合适的基础。这种柏拉图主义立场的确立，为他进一步构建意义的形而上学做好了准备。

出版于1990年的《意义的形而上学》是卡茨的一部雄心勃勃的力作。该书向20世纪最有代表性的两种意义理论即后期维特根斯坦的意义理论和奎因的意义理论发起了攻击。卡茨在经过细致深入的分析后指出，这两种理论本质上都是自然主义的，其中潜藏着自然主义的谬误。而一旦揭示出这种谬误，便有理由为语义理论寻求一种非自然主义的（亦即实在论的）基础，从而建立以柏拉图主义为基础的意义形而上学。因此，这部著作可视为卡茨欲发起的第三次语言学转向的初步实施。

卡茨在论证的过程中采取了这样的策略：一边分析后期维特根斯坦、奎因等人对内涵主义理论的批判，一边提出自己的正面理论，并力图表明所提出的理论尽管仍坚持内涵主义却去除了原有内涵主义理论的易受攻击的缺陷，从而可以避免他们的批判。原有的内涵主义理论是由完成了第一次语言学转向的哲学家们提出的。这些哲学家包括弗雷格、罗素、前期维特根斯坦、卡尔纳普等。其中，弗雷格是最为关键的人物，因为他最先提出了内涵主义意义理论的纲领，而且他的理论还实质性地影响了他的后继者们。卡茨这样写道："弗雷格为语言学转向提供了许多实质性的观念，尤其是在它的最初几个发展阶段中。

他引入了——或者说富有影响地表述了——如下这样一些观念：某些哲学问题乃是由自然语言的不完备性滋生出的伪似问题；这些问题可以通过构造一种理想语言来取代自然语言进行精确的推理而获致解决；以及，这种理想语言的构造可建基于取自逻辑学内部的技术性观念之上。弗雷格在他的《概念文字》中不仅规划了一种理想语言的蓝图，而且也提出了实施这一蓝图的许多技术性观念，包括逻辑函项、量词、函项演算、涵义 / 指称区分、语法形式 / 逻辑形式区分等。”[1]

前期维特根斯坦深受弗雷格的影响。他在《逻辑哲学论》中不仅援用了弗雷格所发明的技术手段，而且坚持认为命题的意义是由其内在的逻辑形式所确定的并且可以通过逻辑分析的手段揭示出这种意义。在他看来，科学命题是合乎逻辑地构造出来的，因而是有意义的，而形而上学命题则因为不符合语言构造的逻辑而是无意义的。卡茨认为，尽管前期维特根斯坦坚持内涵主义意义理论，可他的基本哲学倾向是自然主义的，因为他明确主张哲学的唯一正确的方法是除了自然科学命题之外什么也不说。后期维特根斯坦保留了这种自然主义态度，却对内涵主义意义理论发起了批判。卡茨由此认为，维特根斯坦从前期到后期的思想转变主要体现在他对自己前期思想中的弗雷格因素的拒斥：“维特根斯坦放弃了弗雷格的将涵义当作实在的客观表达的意义理论及其关于命题形式的真值函项构想，放弃了弗雷格把逻辑形式当作隐藏于句子的语法表层之下的某种东西的观念以及与之相关的把分析视作揭示深层逻辑形式的观念，

1　Jerrold J. Katz. *The Metaphysics of Meaning*. MIT Press, Cambridge，1990，p. 1.

最后，也放弃了弗雷格关于作为一种具有固定规则的演算的、逻辑上完备的语言的、体现着逻辑学家的完全精确性理想的构想。”[1]

维特根斯坦在《哲学研究》中对源自于弗雷格、并在罗素及他本人前期思想中得以体现的意义理论展开了批判，并明确提出“意义即使用”的新观点，借以从根本上摧毁把意义当作某种为语言表达式所固有的、永恒的实体的观念。卡茨认为，维特根斯坦的这种批判切中了被批判理论的要害，而且确实取得了巨大的成功。这也正是后期维特根斯坦哲学在20世纪后期大受欢迎的原因。但是，卡茨紧接着又指出，这种成功只是局部性的，并无普遍的意义。因为在他看来，维特根斯坦所成功地批判的那些意义理论并没有穷尽所有可能的理论构造，因此，仍然存在着构造出一种新的内涵主义意义理论的可能性，这种理论将不会被维特根斯坦的批判摧垮。

卡茨在导论部分预先给出了他对维特根斯坦的批判所做的考察要得出的四个主要结论：

“(一)维特根斯坦对诸意义理论的框限太窄了；因此，他对这些意义理论的批判尽管对于他在《哲学研究》所反对的那些特定的理论情形而言是成功的，但是在一般情形下并不成功。这种批判并未排除所有关于意义的理论构想。我们可以展示一种它不能成功批判的理论类型。

(二)维特根斯坦关于遵守规则的悖论作为他先前反对诸意义理论的论证的一种拓展，有赖于他对这些理论的批判的总体成功。

---

1 Jerrold J. Katz. *The Metaphysics of Meaning*. MIT Press, Cambridge，1990，p. 3.

（三）可以表明遵守规则悖论的产生与所提出的那种理论类型没有任何关系。可参照结论（一）表明这种理论不会被先前的论证所驳倒。因此，遵守规则悖论可以在不采纳维特根斯坦关于意义和遵守规则的解释的情况下被消除。

（四）维特根斯坦未能成功地驳斥关于哲学的传统形而上学观点并支持他本人的治疗性观点。”[1]

在接下来的几章里，卡茨深入细致地考察了维特根斯坦对各种意义理论的批判，并针对他的批判的要点提出了自己的理论观点。他把自己的观点称为“雏形理论”（“proto-theory”），旨在表明该理论仍待进一步充实和完善。[2]这种理论是一种语义理论，属于语言学的范畴，它包含以下这些要点：

“（1）实际上，一种自然语言的所有词语、短语和句子都具有意义。它们的意义就在于它们的涵义：模糊表达式具有不止一个涵义，无意义的表达式没有任何涵义，同义的表达式拥有共同的涵义（它们由于具有共同的涵义而相互联系）。涵义可以是相反的，也可以是或多或少类似的。非惯用表达式的句法成分的涵义似乎出现于这些表达式的涵义中，而惯用表达式的句法成分的涵义则似乎并不出现于它们之中。表达式及句子的涵义可以使它们成为冗余的。

（1’）涵义和指称是不同的，但却以某种方式相互关联。

（2）意义和使用是两个不同的领域。意义乃是表达式和句子类型的语法结构的一个内在的方面。因此，关于像同义性、有

1　Jerrold J. Katz. *The Metaphysics of Meaning*. MIT Press, Cambridge，1990，p. 8.

2　Ibid.，p. 66.

意义性等等这样的涵义属性和关系的事实也是语言类型的语法结构的内在方面。相反，用法不可能是类型的某个方面：它乃是说话者用陈说和书写（utterances and inscriptions）所做的某种事情，是构成因果联系的某种东西。

（2’）意义同使用相联系，但它们之间是这样一种关系：表达式和句子标记的意义是由语言类型的意义派生出来的。

（3）自然语言中的句法单项（syntactic simples）可以拥有复杂的结构，亦即拥有成分涵义，而对自然语言的语义学的某种解释在表现组合性的（compositional）涵义结构的同时也必须表现这种分解性的（decompositional）涵义结构。由于分解性涵义结构依据定义乃是基础性的涵义结构，所以，在某种自然语言中对涵义所做的解释必须是一种理论。

（4）关于一种语言的问题是关于句子的语法结构的，别无其他。语法结构既不是由精神状态或精神事件（意识到的或者没有意识到的、实际发生的或者理想化的）构造出来的，也不依赖于它们。语法是自主的：具体的语法无关乎说话者；它们只关乎语法。”[1]

在逐步提出上述这些论点的过程中，卡茨针对维特根斯坦的批判分别对它们进行了说明和辩护。关于论点（1）和（1’），他是这样论证的：论点（1）是对代表常识的大众语义学的科学表述。维特根斯坦虽然用“意义就是使用”的口号去反驳各种意义理论，但他还没有走到挑战常识这一步：“他的批判并不以我

---

1 Jerrold J. Katz. *The Metaphysics of Meaning*. MIT Press, Cambridge，1990，pp. 30，33，44，66，81.

们日常关于涵义和意义的谈论为目标。他并不反对我们说一个词有某种意义或者两个句子涵义相同。他并不反对我们说一个词有某种意义或者两个句子涵义相同。他也认为,这种谈论是一回事,而我们试图从中得出什么则是另一回事。”[1] 卡茨认为，维特根斯坦的断言“意义即使用”并不是一种新的意义理论，因为他反对任何形式的理论构造。这个断言要表达的是这样的意思：提及语词的意义就是提及它们在语言中的使用。因此，维特根斯坦在《哲学研究》一开始的数节中对奥古斯丁式的意义理论的批判并不能应用于论点（1），因为这种批判针对的是把词的意义看作所指称对象的外延主义理论。论点（1’）表达的意思是：雏形理论尽管反对将涵义等同于指称，却并不否认二者之间具有某种关联。这种关联不是弗雷格所主张的那种强的决定关系，而是一种较弱的“调解”（“mediation”）关系，亦即，表达式的涵义调解着其指称。[2]

论点（2）和（2’）表达的是涵义和使用之间的区分，这一区分同涵义与指称的区分是平行的。这里，卡茨援用了皮尔士的类型 / 标记（type/token）区分。涵义是内在于语言类型的语法结构中的，而使用则是外在的。语义学应首要关注语言类型的涵义。只有弄清了语言类型的涵义，才能进一步探讨语言标记的使用，因为语言标记的意义是由语言类型的意义派生而来的。因此，卡茨明确主张在语义学中采纳自上而下的探讨途径（top-down approach）：“一旦我们接受一种‘自上而下’的探讨途径

1　Jerrold J. Katz. *The Metaphysics of Meaning*. MIT Press, Cambridge，1990，p. 31.
2　Ibid.，p. 90.

的可能性，我们就可以设想这样一种行事的顺序：我们首先发展出一种关于句子类型的句法或语义结构的理论，然后再在这种理论的基础上发展出一种关于它们的标记的生成和理解的理论。”[1]

论点（3）表达了雏形理论揭示语言类型的涵义结构的基本方式。这种揭示方式不仅保留了弗雷格与其他早期内涵主义者将语言类型的涵义看作由单项的涵义构成的组合性观点，而且进一步指出单项的涵义仍然拥有复杂的结构，仍是可分解的。卡茨举出了维特根斯坦《逻辑哲学论》中的一个著名难题：断言视野中的一个点同时具有两种不同的颜色如何构成一个矛盾？因为按维特根斯坦的早期理论，基本命题是相互独立的，两个基本命题的逻辑和不可能是重言式也不可能是矛盾式，而断言视野中的一个点是红色的和断言它是蓝色的，则显然是矛盾的。如果我们承认这两个断言表达的是两个不同的基本命题，那么是否应该放弃基本命题是相互独立的这一主张呢？维特根斯坦本人在其后期思想中试图解决这一困境，奎因提出第二种摆脱它的方法，而卡茨则试图走出第三条道路：“支持第一条摆脱途径的主要观念是维特根斯坦的如下看法：关于语言使用的事实是关于自然语言中的意义的基本事实。支持第二条摆脱途径的主要观念是奎因的如下看法：意义理论所用的概念并不是合适的科学概念。我们不能依据任何一种用于澄清诸科学中的逻辑学－语言学概念的方法去使意义理论所使用概念具备客观的意义。支持第三条摆脱途径的主要观念是：涵义结构独立于逻辑

1 Jerrold J. Katz. *The Metaphysics of Meaning*. MIT Press, Cambridge，1990，p. 86.

结构。”[1] 卡茨认为，他的雏形理论使得第三条摆脱途径成为可能，因为它的核心主张是：“句法单词的涵义一般均具有一种语义上复杂的、分解性的结构。也就是说，它们的涵义分解为更简单的涵义成或概念。”[2] 这种主张是建立在严格区分语言学与逻辑学的基础之上的：“逻辑学并不是唯一一种关于命题结构的构想，它提供了关于基本命题的观念。逻辑学给了我们关于逻辑学上的基本命题的观念，而以雏形理论的形式表达的语言学则给了我们关于语义学上的基本命题的观念。而且，正如我们已看到的，语义学上的基本命题并不与逻辑学上的基本命题相重合，因为某些逻辑学上的基本命题是语义学上复杂的。”[3] 卡茨这里所指的显然就是基本命题的逻辑独立性和语义复杂性问题。他认为，这第三种摆脱途径较之另外两种具备重要的优点：“尽管这三条途径均有望摆脱维特根斯坦认为让弗雷格的探究陷入死胡同的那些困难，可只有第三条途经才提供了这样一种脱离方式，它一方面并没有牺牲掉富于内容的必然性观念和在自然语言研究中对形式方法的使用——就像维特根斯坦后期哲学所做的那样——，另一方面，它并不依赖于被证明为错误的那些反对意义的怀疑主义论证。而且，即便如此，它依然以某种颇为不同的方式面对着维特根斯坦的问题。”[4]

论点（4）表达了雏形理论的反心理主义立场。卡茨认为，在这一点上，他和弗雷格、维特根斯坦等人是一致的。

1　Jerrold J. Katz. *The Metaphysics of Meaning*. MIT Press, Cambridge，1990，p. 71.

2　Ibid.，p. 71.

3　Ibid.，p. 72.

4　Ibid.，pp. 72–73.

从总体上看，卡茨的这套语义理论是坚定的内涵主义。它主张意义是语言类型本身固有的，先于并独立于它们的使用，并以某种方式决定它们在具体陈说和书写中的指称。但是，卡茨又明确表明他的理论与弗雷格等人的内涵主义理论是不同的。他认为，维特根斯坦在《哲学研究》中对弗雷格式的意义理论的批判并不能成功地应用于他提出的雏形理论。因为，虽然他的理论和弗雷格的理论在基本倾向上都是内涵主义的，但他并不主张涵义与指称之间的严格决定关系。他认为，只要放弃这种强的决定关系，就可以避免维特根斯坦对涵义与指称的精确性的批评，因为，只要仅假定"涵义调解着指称"这样一种弱的关系，我们就可以在语义理论中容许诸如模糊性、多义性这样一些涵义性质，而毋需构造完全消除歧义性的、逻辑上完备的理想语言。按照他严格区分逻辑学与语言学的要求，所谓逻辑上完备的语言是不必要的。语言学是自足的，毋需建立在逻辑学的基础之上。他甚至认为，语言类型的各种使用之间的家族相似性恰恰是他的雏形理论所包含的应有之义。[1] 因为从语言学的角度为某个语言类型所下的本质定义并不严格决定它的用法，相反却容许它有可根据定义加以说明的不同使用："按照'自上而下'的探究途径，一名说话者是带着关于表达式类型的语法结构的知识开始的，这种语法结构也即是拥有雏形理论意义上的适当的涵义和语义结构的句法结构。维特根斯坦的这一发现——即在我们将'游戏'一词应用于其上的事物之间仅有一种家族相似性——所涉及的是表达式标记。这么一来，一种相对于弗雷格式的理想

1 Jerrold J. Katz. *The Metaphysics of Meaning*. MIT Press, Cambridge，1990，p. 110.

语言的自然语言的表达式类型便展现出了模糊性、异义性，等等。此外，在将语言类型的涵义指派给语言标记并确定语言标记的指称的过程中，调解关系容许语言外因素的影响。这两个因素足以表明我们应当期待雏形理论和‘自上而下’探究方式在陈说的层面上展现出一幅由相似性的交叉重叠造成的画面。”[1]

至此，卡茨一方面详细地阐述了自己的内涵主义立场，另一方面也同时表明了维特根斯坦的批判并不能威胁到这种经过改良的语义理论。而这正是前述的结论（一）所主张的内容。

结论（二）和（三）涉及的是由维特根斯坦关于遵守规则的讨论所引出的语言规范性（linguistic normativity）问题。维特根斯坦认为，任何语言游戏都是遵守规则的，然而，遵守规则似乎包含着这样的悖论：一方面，没有任何行动过程可由一条规则所决定，而另一方面，任何一个行为过程都可被理解成是符合这一规则的。导致这一悖论的是这样的主张：所使用的词的意义是由规则事先确定下来的。也就是说，词的所有使用都已由规则完全确定下来。维特根斯坦消除这一悖论的办法是：否认有任何可事先确定词的所有使用的规则的存在，词的意义只能在具体的使用中才能获得。卡茨将维特根斯坦所反对的观点称之为语义本质主义。持这种主张的哲学家认为："对一个符号的意义的把握使人们可以确定它的将来应用，因为这种意义抓住了关于该符号应用于其上的那些对象的某种本质性的东西。"[2]

卡茨明确承认自己是一名语义本质主义者。但他同时指出，

---

1 Jerrold J. Katz. *The Metaphysics of Meaning*. MIT Press, Cambridge，1990，pp. 110–111.

2 Ibid.，p. 135.

维特根斯坦的“遵守规则悖论”所摧毁的只是心理学化的语义本质主义，而他的雏形理论完全不是这样的语义本质主义〔参见论点（4）〕[2]。相反，该理论主张：“根据标准定义，表达式和句子类型乃是抽象对象。同样，作为它们的涵义的属性、关系和命题也是抽象对象。因此，由于非心理学化的语义本质主义把语言的应用建立在一条涉及抽象对象而非具体对象的标准之上，所以它并不会面对这样的问题：即试图让一个并不具备内在意义的对象去以与意义同样的方式做确定语言之应用的工作。”[1]因此，雏形理论作为一种语义本质主义，仍坚定地采纳“自由而下”的探究方式，而按照这种探究方式，“语义本质主义者面对的问题是去说明说话者如何运用他们关于表达式和句子类型同意义的语法关联的知识去把这些意义同语词的或投影的标记联系起来。这种说明将表明关于这种语言的表达式和句子类型同涵义相关联的标准如何在语言的使用中规范性地起作用，并揭示出一说话者据以意指一事物而非另一事物的客观事实是什么。”[2]

正因为雏形理论所坚持的语义本质主义旨在揭示出关于语言类型的涵义结构的客观事实，所以卡茨主张把语言学看作一门像数学一样的规范科学。这样一方面可以避免由于将语言学自然科学化（尤其是心理学化）而导致的“遵守规则悖论”，另一方面也可以把语言学当作一项完全自主的研究，可在其中构造出像雏形理论这样的语义理论，并为彻底摆脱自然主义意义理论做好准备。卡茨这样写道：“我认为语言规范性可在一种对

1　Jerrold J. Katz. *The Metaphysics of Meaning*. MIT Press, Cambridge，1990，p. 141.

2　Ibid.，p. 143.

语言和意义的科学研究中得到，这种研究类似于数学科学而非自然科学。把这种研究理解为一种本着关于数学研究的实在论构想的思路的先天研究，我们就可以试着参照那一构想对数学研究中的规范因素的理解去说明语言学中的规范因素。这种说明把数学中像'这是正确的计算'或者'这是应该得出的结论'之类的评价等同于语言学中像'这是正确的英语'或者'英语就应该这么说'之类的评价等同起来。这些规范性数学评价背后的语力乃是这样的断定：所论及的这种情形符合于数学或逻辑事实。由于这些事实是必然的，所以在那些情形下不可能存在别的选项。在语言中采纳同样这种关于规范性的模型让我们得以持有一种关于语言学评价背后的语力的同样的解释。"[1]

卡茨在提出自己的正面理论并回应维特根斯坦的批判之后，又转而面对奎因的批判。他认为，尽管两人的批判得出了大致相同的结论，即均否认内涵意义作为实体的存在，可是他们的论证过程是不同的，因此有必要考察一下奎因的批判是否能对雏形理论构成真正的威胁。

卡茨着重考察了作为奎因学说的核心的"翻译的不确定性原理"。他这样写道："奎因想要表明，把翻译当作在不同的语言中表达了同样的语言中立意义（language-neutral meanings）的观念包含着一个类似于相信荷马诸神的错误。为表明这一点，他着手表明，从康德到卡尔纳普的内涵主义传统假定这样一些意义是客观的，而这种假定从根本上说并不比神话好到哪儿去。奎因直接抓住了问题的核心：翻译关系。翻译是至为关键的，因

1　Jerrold J. Katz. *The Metaphysics of Meaning*. MIT Press, Cambridge，1990，p. 124.

为惟有它是这样一种关系：它提供了语言间的同一性条件，这些条件足够分明地将内涵主义的最细分命题（maximally fine-grained propositions）个体化了。正是这种使这样的命题个体化的能力使得内涵主义者得以声称他们的立场是唯一完全公正地对待我们日常关于语言结构的前理论洞见的立场。例如，只有建立在同义性基础之上的命题同一性条件才能解释我们的如下日常洞见：'句子"2比3小"意指2比3小'这个句子和'句子"偶素数比3小"意指2比3小'这个句子具有不同的真值。因此，若没有同义性和翻译这样一些关系，内涵主义者就无法声称在语言研究中拥有什么优势去抵消新内涵实体的引入。此外，若没有这些关系，弗雷格在'论涵义与指称'一文中的这种论证，即最细分命题对于一种完备的逻辑原则表述是必需的，便无从开始。因此，假如奎因可以确认自然语言句子的意义相等没有什么客观意义的话，那么他便通过表明内涵主义并不比荷马的创世神话好多少而使之声名扫地。"[1]

卡茨认为，奎因并没能做到这一点。假如奎因能成功地论证翻译是不确定的，那么他无疑可以表明作为内涵实体的意义不具备同一性。但是，奎因论证翻译的不确定性时依赖的是他精心设计的彻底翻译情形，而不是实际的翻译情形。在彻底翻译情形下，我们无法在不同的、甚至是不相容的翻译之间做出取舍，因为它们往往拥有对等的证据支持。不同的翻译手册之间的这种证据对称性乃是导致翻译的不确定性的根本原因。可是，在实际的翻译情形下，是不是也总是存在这种证据对称性呢？卡

---

1 Jerrold J. Katz. *The Metaphysics of Meaning*. MIT Press, Cambridge，1990，pp. 177–178.

茨认为，奎因并没有提出做这种类推的令人信服的理由。相反，他只是武断地假定并不存在使实际翻译避免不确定性的语言中立意义的存在。卡茨接下来提出了一种更强的反驳："即使奎因能把他的彻底翻译与实际翻译的极限情形等同起来，他也仍没有根据断言在实际翻译中不存在任何语言中立意义。因为，事实上，他从未在他自己的彻底翻译中排除掉意义的存在！确实，在奎因式的彻底翻译中并不存在任何据以在对立的分析假说之间做出选择的证据基础，然而，这最多只能确立意义的不可知性。意义即便是不可知的却仍可以是存在的，就像康德的本体一样。由我们在奎因关于彻底翻译的讨论中所看到的那些认识论考虑绝不可以推出他关于语言中立意义的那种否定性的本体论结论。这一结论在他的业已断定的认识论怀疑主义之上又引入了一种本体论怀疑主义。因此，这种本体论怀疑主义与其说可以促使人们主张实际翻译是不确定的，倒不如说会增加证明的负担。"[1]

总之，卡茨认为，奎因为反对意义作为内涵实体而设计的论证是有缺陷的，因而不足以从根本上反驳内涵主义语义理论。此外，他还进一步表明戴维森、普特南、古德曼等人的论证均依赖于奎因，因此，只要推倒了奎因理论这第一块多米诺骨牌，其余的同时代主要哲学家的思想也会随之倒下。

在详细考察了奎因的论证之后，卡茨得出了他的第五个主要结论："（五）当代自然主义是建立在维特根斯坦和奎因为反对内涵主义意义理论而做的论证上的，而由于奎因的论证也失败

1　Jerrold J. Katz. *The Metaphysics of Meaning*. MIT Press, Cambridge，1990，p. 183.

了，所以并没有任何好的论证来支持当代自然主义。”[1] 他是这样界定自然主义的：“按标准的哲学术语来说，自然主义是这样一种一元论，它主张存在于世界中的每一种东西都是一种自然现象，亦即都在由时空中的对象和事件构成的因果联系中占据一个位置。”[2] 卡茨认为，当代盎格鲁－美利坚哲学大都持有这样的假定：研究自然语言的正当途径是自然主义的。因此，维特根斯坦、奎因等人均主张把语言作为一种自然现象加以研究，于是才有了他们的各种针对内涵主义意义理论的论证。如前所述，这些论证并不足以反驳卡茨所构建的雏形理论。这种理论得以站住脚跟，可以从总体上宣告自然主义在语言学研究上的失败。

但是，卡茨还有更高的目标，那就是：发动哲学上的第三次语言学转向。这次转向关注的是语言学的基础。因此，接下来的任务是考察一种适当的语义理论应具备什么样的哲学基础。于是，卡茨给出了他的最后一个结论：“（六）主张关于自然语言的理论应自然主义地加以解释的哲学立场犯下了一个谬误。”[3] 这个谬误就是摩尔所称的“自然主义的谬误”。卡茨把摩尔主要针对伦理学理论而提出的这一见解扩展开来，认为它可以一般地适用于概括当代的逻辑学、数学，尤其是语言学理论中的错误倾向。

卡茨区分了科学自然主义和哲学自然主义。他写道：“科学自然主义的根本论点是，在各门特殊科学的整个领域内存在着

1 Jerrold J. Katz. *The Metaphysics of Meaning*. MIT Press, Cambridge，1990，p. 15.

2 Ibid.，p. ix.

3 Ibid.，p. 18.

一个由自然对象和事件构成的统一体：这个世界是一个自然世界，其中没有任何非自然对象或事件的位置。”[1]“就其本身而言，科学自然主义只是一种关于何物存在的主张。它容许非自然对象作为一种可能性，却否认它们是实际存在。科学自然主义可与前面提到的哲学自然主义区分开来，后者寻求从哲学上确立一种科学自然主义取向。哲学自然主义依据一些哲学上的考虑，或许再加上一些科学上的考虑，去争辩说对这样一个时空因果领域的完全描述就是对所有东西的完全描述。可将哲学自然主义视为将这种自然主义信息传达给在特殊科学及其他关涉何物存在的学科中进行的理论建构……科学自然主义只是作为哲学自然主义的部分而进入哲学的视野中。”[2]卡茨的论述主要是要表明，把自然主义取向带入哲学是不合适的，因而会导致错误：“如果发生如下情况便会产生自然主义错误：哲学上的考虑导致将自然主义构想加与某个领域的理论并引起这样的结果，即包含这些构想的最好的理论与这一领域内的最佳科学理论相冲突。”[3]而这里所说的“最佳科学理论”是指这样的理论，它“以方法上令人满意的方式（亦即，用最少的装置，等等）去解释这一领域内的最广泛的事实。”[4]卡茨选择了语言学这一专门领域来探讨自然主义错误产生的过程。这一选择当然是和他构建意义形而上学的主旨相契合的：“语言学之所以是一个合适的选择，有以下几个原因。原因之一是，唯名论、概念论与实在论之争的焦点问

1　Jerrold J. Katz. *The Metaphysics of Meaning*. MIT Press, Cambridge，1990，p. 237.
2　Ibid.，p. 239.
3　Ibid.，p. 245.
4　Ibid.，p. 260.

题是一个语言学问题：所争论的是关于一般词项的语义学。因此，要求这些学说的语言学主张在以语言为对象的科学中证明自己，便是最恰当不过的。语言学作为一个合适的选择，第二个原因是：正如我们已看到的，维特根斯坦、奎因以及20世纪盎格鲁－美利坚哲学界的其他几乎每一位主要的自然主义哲学家均把他们反对非自然主义形而上学的论辩相当程度地建立在语言的基础之上。不过，语言学之所以是合适的选择，还有另外一个的原因。20世纪美国语言学的两起最具标志性的事件就是在关于自然语言语法的唯名论元理论与概念论元理论之间展开的争论。在第一起事件即布龙菲尔德革命中，由冯特心理学激起的关于自然语言的精神论构想被由当时新兴的逻辑经验论学派激起的唯名论构想所取代。布龙菲尔德开创了这样一种唯名论的元理论，它将由自然语言构成的实在理解为声学的实在并将语法理解为言语中的分布规则性的目录册。在第二起事件即乔姆斯基革命中，这种唯名论构想被一种更为精致的精神论所取代。乔姆斯基提出一种概念论的元理论，根据这种理论，由自然语言构成的实在乃是一项关于流利的说话者的心理状态的事情，而语法则是关于这些内在状态的生成性理论。语言学中的这两场革命向我们透露出这样的信息：一种科学理论如何可被转译为不同的元理论。就布龙菲尔德的元理论而言，自然主义被转译为这样一种唯名论要求：把语法解释为关于言语整体中各部分之间的共生关系的理论。就乔姆斯基的元理论而言，自然主义被转译为这样一种概念论要求：把语法解释为关于例示着儿童在变成流利的说话者的过程中掌握的语言规则的那些心理状态的理论。”[1]

卡茨认为，布龙菲尔德和乔姆斯基不过是变换了方式将自然主义引入了各自的语言学理论，充做其元理论基础。这两种哲学自然主义（布龙菲尔德的唯名论和乔姆斯基在的概念论）被运用于语言学这门具体学科之后，究竟导致了什么样的后果呢？它们所犯下的究竟是什么样的自然主义谬误呢？卡茨认为，两者的共同错误是：把语言学的研究对象看作具体的事物。然而，语言学作为一门规范科学应该研究的却是抽象对象，而只有采纳与其他自然科学不同的研究策略和方法，才能避免自然主义谬误。卡茨的正面立场在下面这段话中清晰地表达了出来：“在自然主义的范围之内，要么将语言学视作应用物理学的一个分支，要么将其视作心理学/生物学的一个分支，别无其他选择。然而它们并不是仅有的选择。从逻辑上讲，也存在着将语言学视作按实在论立场理解的数学的一个分支的可能性。在前几年撰写的《语言及其他抽象对象》一书中，我发展了这种可能性。我把语法解释为关于作为抽象对象的句子结构的理论。按这种观点，语言学既不是应用物理学，也不是心理学或生物学。宁可说，语言学是这样一门自主的学科，它以一种类似于数学研究数的方式研究句子。除精心阐述这一观点之外，我还争辩说，它给了语言学以唯名论和概念论的优点，却避免了它们的缺点。我为从概念论语言学走向实在论语言学提出的辩护可比之于乔姆斯基为从唯名论语言学走向概念论语言学提出的辩护。乔姆斯基批评关于语法的唯名论解释把语言混同为具体的言语现象。

1　Jerrold J. Katz. *The Metaphysics of Meaning*. MIT Press, Cambridge，1990，p. 252.

我则批评关于语法的概念论解释把语言混同为说话者大脑中的具体现象。乔姆斯基的论点是，布龙菲尔德混淆了由展示语言知识而导致的结果与所展示的知识本身；我的论点则是，乔姆斯基混淆了关于语言的知识与它作为其知识的语言本身。如果这种区分是正确的话，那么，乔姆斯基也把语法看成了关于某种更为具体的东西的，这种东西不同于语言学研究的正当对象，亦即构成语言的句子。我所主张的是，这种做法导致了同科学方法论准则的冲突。”[1]

卡茨举出了一个具体情形，以表明乔姆斯基所犯下的错误。他说，按照科学的语言学探讨方式，我们可以很容易地认识到，存在着一个由合式英语句子（well-formed English sentences）构成的无穷类。因此，关于英语这种语言的最佳科学理论会做出这样的预测：不存在最长的英语句子。但是，“由于关于说英语者的心理语法的真实理论预测存在着一个最长的英语句子，所以，概念论者凭借思考关于说英语者的能力的心理学真理而作为最佳英语理论提出的理论便同关于英语的最佳科学理论相矛盾了。”[2]

因此，卡茨反对自然主义的主要论证就是要表明自然主义的元理论会妨碍最佳科学理论的构建。因此，科学的自然主义无法从哲学上予以支持，从而也不能在哲学论证中加以合理利用。卡茨承认乔姆斯基对布龙菲尔德的批评是一种解放，但他认为这种解放只是以一种自然主义取代另一种自然主义，因而绝不

---

1 Jerrold J. Katz. *The Metaphysics of Meaning*. MIT Press, Cambridge，1990，p. 253.

2 Ibid.，p. 266.

是彻底的解放："事实上，它取代建立在一种具体实在基础之上的限制时，用的是建立在另一种具体实在基础上的限制。因此，在自然语言理论的抽象层次上仍存在着一个上限，而这种情况唤起了这样一种前景：如果这样一些理论想要充分地描述自然语言的结构的话，这一上限仍显得太低了。"[1] 卡茨要突破的正是哲学自然主义这一上限，并以形而上学实在论取而代之，以期获得完全的解放。

卡茨认为，如果他的反自然主义论证是成功的，那么，贯穿整个20世纪哲学的自然主义与非自然主义之争便经历了一个正、反、合的发展过程："我们可以在本世纪的自然主义/非自然主义之争中辨别出某种类以于辩证运动的东西来。正题是弗雷格的非自然主义的内涵主义。它暂且遏制住了19世纪自然主义的势头，可是，由于其关于涵义的构想太过紧密地与逻辑学绑在了一起，所以，由他本人及其追随者们所发展出来的那种内涵主义是有缺陷的。由这一缺陷引致的问题很快便被我们世纪的两位伟大的自然主义哲学家看了出来，他们抓住这些问题向弗雷格的内涵主义和非自然主义发起反叛。维特根斯坦把这一根本缺陷视为就意义构造理论；奎因则视之为构造关于意义的理论，但是，这二人均未能正确地判断这一缺陷。他们都利用各自关于这一缺陷的构想去提出一个相对于弗雷格立场的反题来。但是，这种缺陷既不在于就意义概念构造理论也不在于赞同意义概念本身。宁可说，这个缺陷在于用错误的方式就错误的意义概念进行理论构造。因此，作为对维特根斯坦及奎因的批判的反应，

1　Jerrold J. Katz. *The Metaphysics of Meaning*. MIT Press, Cambridge，1990，p. 281.

一种新的内涵主义出现了，这种内涵主义是对弗雷格的内涵主义的某些特征和对它们的某些批判的综合。这种新内涵主义假定：涵义乃是解决诸多语言哲学问题所必需的，这些问题包括对名称同一性和晦涩性的处理。但是它以科学的方式就涵义概念进行理论构造，把这一概念视作纯语法的并且独立于指称。这种内涵主义为非自然主义提供了一种新的、较之于弗雷格的内涵主义更为牢靠的基础。”[1]

卡茨把自己的意义形而上学看成是向弗雷格的内涵主义的某种意义上的复归。在他看来，弗雷格同情康德关于形而上学之任务的构想即说明先天综合知识如何可能，并试图从语言哲学的角度改进康德哲学。但是，具有讽刺意味的是，正是弗雷格提供了从根本上摧毁康德构想的动力和工具，因为“一旦弗雷格的工作将先天综合知识的存在问题聚焦于语言和意义问题，并让语言哲学成为哲学的中心领域又让意义成为语言哲学的中心话题，实证主义者和自然主义便得以利用传统意义理论的不充分性及弗雷格对哲学、逻辑学和数学的贡献，从根本上破坏康德关于形而上学的解释。传统理论的未充分发展状态是康德的形而上学改良方案的‘阿基里斯的脚后跟’，而弗雷格的语义学就是‘帕里斯之矢’。”[2] 弗雷格揭开了康德形而上学方案的致命伤，引来了自然主义者们的猛烈攻击。卡茨列举了三种对康德的攻击，并明确指出：“所有这三种批评方式，其目的都是想通过清空康德式基体中的先天综合单元（the synthetic a priori cell

---

1　Jerrold J. Katz. *The Metaphysics of Meaning*. MIT Press, Cambridge，1990，pp. 232–233.

2　Ibid.，p. 294.

of the Kantian matrix）而从根本上摧毁康德关于形而上学之任务的表述。石里克这样的逻辑实证主义者寻求通过把康德放置于先天综合单元中的所有命题移进先天分析单元而清空它。维特根斯坦寻求通过丢开胡言乱语式的形而上学命题并将余下的数学及逻辑命题降到后天综合单元而清空它。……奎因而寻求把所有先天命题——无论是分析的还是综合的——一古脑儿全部降入后天综合单元。"[1]

卡茨认为，所有这些企图清空先天综合单元的做法均不能获得成功，而最能阻止它们得逞的就是他本人所提出的雏型理论。这种理论吸取了洛克、康德等人的传统意义理论的合理内容，又添加进了一些可免于自然主义批判的新内容，从而成为一种充分发展的意义理论。它除去了康德关于形而上学之任务的构想的易受攻击的弱点，从而有望为其奠定坚实的基础。但这并不意味着完全回到康德："我的这些论证只赞同康德提出的'关于先天综合真理的知识如何可能'这一问题。它们并不赞同康德的如下回答：知识的对象必须符合我们的感性和知性。我所说的任何东西均不能把这一回答从它一直面临的困难中解救出来。因此，形而上学问题再一次摆在了我们面前，只是没有了康德的先验唯心主义作为解决它们的办法，没有了语言学转向作为消解它们的办法，也没有了自然化的认识论作为重塑它们的办法。"[2]

于是，卡茨提出了自己对于哲学问题的理解："哲学问题要说明的是：偶然先天综合命题如何可能？先天的因素是指，这

1　Jerrold J. Katz. *The Metaphysics of Meaning*. MIT Press, Cambridge，1990，p. 295.
2　Ibid.，p. 297.

些问题无法基于经验研究加以解决，从而超出了自然科学的范围之外。综合的因素是指，它们不能基于语义研究加以解决，从而也超出了语言学和语言哲学的范围之外。偶然的因素是指，它们不能基于逻辑学研究而加以解决。我认为，正确的结论是：它们的解决依赖于哲学研究。我这里不拟对哲学研究做任何解释。不过，作为一名非自然主义者，我认为，由于我们关于基础原则的知识无法基于从关于自然对象的观察出发的后天推理加以说明，所以，它必须基于从关于非自然的抽象对象的直觉出发的先天推理加以理解。”[1]

卡茨的结论未免有些武断。他在《意义的形而上学》一书中主要致力批判对意义的自然主义理解，并期望语义理论成为一种自足的规范理论。他提出的雏型理论，正如他为之选定的名称所表明的，只是一种尝试性的替代理论，尚需进一步发展和完善。他的进一步主张是：哲学研究也应是自主的，不能还原为其他研究，尤其不能把它自然科学化。他的哲学纲领主要是语言学哲学的，不仅是向弗雷格的内涵主义的回归，而且也是向康德的形而上学构想的回归，甚至还是向柏拉图的实在论的回归。他的意义形而上学尽管尚待完善，但其基本意图却已十分明显，那便是：恢复形而上学在哲学探讨中的中心地位。

那么，在响遍整个 20 世纪哲学界的“形而上学已死”的高涨呼声里，卡茨的这种声音是不是显得太微弱了呢？难道这种微弱的声音只是形而上学濒死前的短暂的回光返照吗？他意欲发起的第三次语言学转向究竟能否让形而上学起死回生、重新

---

1 Jerrold J. Katz. *The Metaphysics of Meaning*. MIT Press, Cambridge，1990，p. 313.

焕发勃勃生机呢？

我们知道，卡茨所说的第一次语言学转向肇始于弗雷格。1884年出版的《算术基础》一书被视为分析哲学的开山之作。在该书中，弗雷格明确表达了这样一种探讨哲学问题的倾向：把传统的本体论和认识论问题转换为关于语言的问题。他做出这种语言学转向的初衷是从分析语言及其意义着手去解决传统哲学问题。他在该书前言中提出了他的研究策略要遵循的三条原则："要把心理学的东西和逻辑的东西，主观的东西和客观的东西明确区别开来；必须在句子联系中研究语词的意谓，而不是个别地研究语词的意谓；要时刻看到概念和对象的区别。"[1]

这三条原则不仅规范着弗雷格等人的研究，而且也在很大程度上支配着其后的分析哲学家们的工作。

其中的第一条原则被称为"反心理主义原则"。所谓心理主义，就是把主观心理状态作为思想本身加以探究，并企图将人类各个知识部门均建立在这种探究的基础之上。最典型的事例是：约翰·斯图尔特·穆勒主张把数学还原为个人的心理经验。弗雷格认为心理主义的泛滥有损于人类知识系统的构建。因此，他坚持主张把思想作为由句子表达的客观内容加以研究。思想不是私人性的观念，而是可由不同主体共享的客观涵义。这种反心理主义态度此后成了分析哲学家们普遍持有的态度。即便是像后期维特根斯坦和奎因这样一些坚决反对弗雷格的内涵主义的哲学家也不例外。后期维特根斯坦的反私人语言论证是对心理主义认识论的毁灭性打击，而奎因尽管要求将认识论视为

1　弗雷格：《算术基础》，王路译，商务印书馆，2001年，第8–9页。

心理学的一章，却完全不赞同联想主义心理学，并转而主张以研究人们的公共可观察行为为己任的行为主义心理学作为认识论的基本内容。由此看来，弗雷格的反心理主义立场在经过他本人及后来者的发展之后，业已成为20世纪分析哲学的核心主张之一。这种主张对于驳斥传统主观唯心主义本体论和认识论具有十分重大的意义。卡茨本人也对反心理主义持有同情和认可的态度，并把它保留为他的雏型理论的原则之一。

上述第二和第三两条原则体现了弗雷格式哲学革命的基本精神。第二条原则被称为“语义整体主义原则”，所表达的主要意思是：句子的涵义具有相对于作为其成分的词语的指称的优先性。词只能在它们所出现的句子中才能获得确定的指称。而与此同时，整个句子的涵义也是由组成成分的涵义组合而成的。这就是卡茨所称的组合性原则。第三条原则做出的概念与对象的区分是和弗雷格所提出的涵义与指称的区分密切相关的。他认为，一般而言，每一个专名（包括限定摹状词）都既有涵义又有指称而且指称是由涵义所决定的。概念和对象的区别在于：对象由专名指称，概念则由概念词指称，而如果混淆二者便会导致哲学上的伪似问题。

我们已经看到，后期维特根斯坦和奎因等人对弗雷格的批判主要集中在上述两个原则所表达的内涵主义立场上。弗雷格认为，涵义是句子所表达的客观思想内容，一切探究均要假定句子的涵义的客观存在。而后期维特根斯坦和奎因均否认有任何语言中立的客观涵义的存在。卡茨在《意义的形而上学》一书中着重考察的就是他们对弗雷格式内涵主义的批判是否成功。他的结论是否定的。因为他认为这二人共同持有的自然主义立场尽管摆脱了唯心主义的局艰却陷入了新的谬误。

卡茨的雏型理论是对弗雷格式内涵主义意义理论的发展和改进。这种理论怀有更大的抱负：弗雷格的理论是为一种理想化的、消除了自然语言的模糊性和歧义性的人工语言（概念文字）而设计的，卡茨的理论则企图避免该理论由于不顾自然语言的实际使用情况而落下的易受攻击的弱点，构造出一种足以说明自然语言的所有抽象事实和具体事实的新学说。它一方面更明确地把作为抽象实体的涵义假定下来，并在组合性原则之外又加进了分解性原则作为揭示语言表达式的涵义结构的根本原则，另一方面又更充分地探讨了意义与使用、涵义与指称之间的关系，提出了自上而下的探究途径，并把涵义与指称的关系规定为较弱的调节关系而不是过强的决定关系。这种理论的解释力似乎更强了。

那么，这种理论为什么能具备更强的解释力呢？卡茨认为，这是因为该理论以一种更具包容性的非自然主义为其理论基础。这种非自然主义在本体论上是二元论的："有这样一种二元论，它注重公正地对待科学知识，亦即，一方面拒斥笛卡尔式的心灵和超自然的精神以便公正地对待自然科学（亦即让它们的因果观念前后融贯），另一方面又接受抽象对象以便公正地对待数学科学。这种二元论并不是自然主义，而恰恰是我在本书中加以维护的非自然主义。它在接受抽象对象的同时，也接受下了传统形而上学的大部分内容，尤其是它的这种主张：提供关于实在的最抽象方面的知识。按照这种二元论，柏拉图与亚里士多德之间、中世纪哲学的唯名论、概念论与实在论之间、穆勒与弗雷格之间、迈农与罗素之间、前期维特根斯坦与后期维特根斯坦之间的主要的形而上学争论依然会留给我们。这种二元论不过是非自然主义的另一种称呼而已。"[1]这种既接受具体对象又接受抽象对象的二元论非自然主义重新恢复了传统哲学的元气。在本体论层面上，现象与实在、殊相与共相、属性与关系等问题仍是争论的焦点；在认识论层面上，经验与先验、感性与理性等问题依然需要澄清；在语言哲学层面上，涵义与指称、意义与使用、分析与综合，必然性与可能性等问题还显得十分重要。而且，前两个层次的问题的解答均有赖于关于语言学之基础的探讨。因此，卡茨意欲发起的哲学转向仍然是在语言学哲学的范围之内进行的，尽管较之于前两次语言学转向具备了一些新的特点。

我们看到，由弗雷格等人率先提出、后被后期维特根斯坦和奎因等人消除殆尽的那些现代哲学的著名二元区分，在卡茨这里再次被加以强调和重新表述。更有甚者，他还把这些问题与整个西方哲学传统挂起钩来。他的这种做法的确代表了当代西方哲学的一种新倾向。至于他的这套建立在语言学的自主性之上的哲学纲领能否被进一步完善、他所倡导的第三次语言学转向能否最终实现、传统形而上学问题的争论能否再度激烈起来，我们将拭目以待。

第三节　分析哲学与形而上学

在西方哲学发展史上，形而上学一直是其核心内容。古往今来的哲学家们时不时地会采用语言批判的策略去探究形而上

1　Jerrold J. Katz. *The Metaphysics of Meaning*. MIT Press, Cambridge，1990，p. 238.

学问题。作为现代语言批判策略的典型代表的分析哲学在其一个多世纪的发展历程中，一直和形而上学问题纠结在一起，其间的恩恩怨怨很难一语道明。不过，关于分析哲学与形而上学的关系，给我们留下最深刻印象的莫过于维也纳学派提出的“拒斥形而上学”的口号了。长期以来，这一口号俨然成了分析哲学对形而上学所持态度的标准写照。然而，事情远非这么简单。分析哲学家们对于形而上学的态度实际上经历了一个复杂的发展、演变过程。

的确，分析哲学家一开始便把反形而上学作为自己的一项使命。弗雷格的逻辑哲学研究三项原则之一“要时刻看到概念与对象的区别”[1]，便被视为一条反形而上学原则。因为按他对这条原则的解释，一旦我们在语言层面上相应于对象、一阶概念、二阶概念，严格区分开专名、一阶概念词和二阶概念词，并加以正确地组合使用，就可以构造出合乎逻辑句法的、有意义的句子，从而避免一些无意义的形而上学句子。例如，弗雷格指出，用“苏格拉底”这个专名和“存在”这样一个二阶概念词组合而成的“苏格拉底存在”便是一个毫无意义的句子，应该予以排除。

罗素的摹状词理论被誉为“分析的典范”，其根本用意在于借助逻辑分析方法揭示出句子的真正逻辑形式，从而避免在表面的语法形式的诱导下做出无意义的形而上学断言，进而清除像“现任法国国王”这样的摹状词在被置于主词位置时会引出的关于虚存对象的形而上学假定。另一位英国分析哲学大师乔治·爱德华·摩尔直接利用缜密的概念分析方法对唯心主义做了强有力

1 弗雷格：《算术基础》，第9页。

的驳斥。维特根斯坦在其前期著作《逻辑哲学论》中则明确提出：全部哲学就是语言批判，并得出结论说：令哲学家们痴迷的那些貌似深奥的形而上学问题，其实根本就不是真正的问题，完全不值得费心劳力地去探究。

然而，这无论如何也是很让人奇怪的：哲学家们费尽心血探讨了几千年的问题竟然不成其为真正的问题！而他们所提出的一个个深刻的哲学命题竟然毫无意义！更有甚者，深受维特根斯坦影响的维也纳学派明确提出了这样一句震撼整个哲学界的响亮口号：拒斥形而上学！然而，分析哲学当真是与形而上学势不两立的吗？

毋庸置疑，分析哲学对传统形而上学的抨击是所有现代西方哲学流派中最为猛烈的。作为维也纳学派最主要代表人物的卡尔纳普，专门著文《通过语言的逻辑分析清除形而上学》来表达自己的坚定立场："严格说来，一串词，如果在某一特定语言内并不构成一个陈述，那就是无意义的。也可以有这样一串词，乍看起来貌似一个陈述；如果是那样，我们就称它为伪陈述。现在我们的论点是：逻辑分析揭示了形而上学的断言陈述是伪陈述。"[1] 那么，卡尔纳普如此激烈反对的形而上学到底指什么呢？他在 1957 年对该文所写的评注中这样写道："形而上学：这一术语用在这篇文章里，与欧洲通常的用法一样，是指所谓研究事物本质的知识领域，它超越了以经验为基础的归纳科学的领域。"[2]

然而，我们知道，对"形而上学"这样一个被视为哲学最

1　洪谦主编：《逻辑经验主义》，商务印书馆，1989 年，第 14 页。
2　同上，第 36 页。

基本部门的学科，从来没有、也不可能有统一的定义。我们来看两本权威哲学辞典关于形而上学的界定。《剑桥哲学辞典》："最一般地讲，形而上学就是关于实在之本质、构成及结构的哲学研究。"[1]《劳特利奇哲学百科全书》："形而上学是一个广阔的哲学领域，以下述两类探究为其标志。第一类探究旨在成为关于实在之本质的最为一般性的研究，……第二类探究寻求揭示什么是根本性的实在……"[2]

这两个定义有大致相同的结构，亦即把形而上学的探究区分为两个部分：一部分是关于实在之本质的探讨，另一部分是关于实在事物的类型、构成及结构的探讨。此外，这两个定义都把关于实在本质的探究视作形而上学的首要任务，而把对实在事物本身的探究看作次要的任务。再回过头来对照一下卡尔纳普对形而上学的描述，我们发现，他抓住的只是形而上学的第一项探究，而没有提及第二项探究。这样一来，是不是可以表明他所拒斥的仅仅是形而上学的一个部分，尽管是最重要的部分？进一步说，他是不是还允许关于实在事物本身的形而上学探究？

我们知道，卡尔纳普在其早期著作《世界的逻辑构造》中，以一套现象主义语言完成了对世界的逻辑构造；在其后来的思想发展过程中，他又转而采纳了物理主义语言系统。尽管他一再声明，他是本体论的中立者，只是从方法论的考虑出发，才选取现象主义或物理主义作为构造的基础，然而，他在其著述中所谈论的仍旧是自我心理对象、物理对象、他人心理对象以

---

1 *The Cambridge Dictionary of Philosophy,* Cambridge University Press,1995, p.489.

2 *Routledge Encyclopedia of Philosophy*, Routledge, 1998,Vol.6, p.338.

及精神对象等这样一些传统形而上学家津津乐道的话题。在某种意义上，甚至完全可以说，卡尔纳普就是在谈论实在事物本身，也就是说，他实际在做着第二种类型的形而上学探究。只不过他转换了探讨的方式，而这种新的探究方式正是语言学转向之后分析哲学家们共同采用的方式，这便是后来由奎因明确归纳出的"语义上升"策略。这种策略在分析哲学中的广泛采用，可作为解读形而上学在分析哲学传统内的历史命运的一条主要线索。

奎因将"语义上升"策略出色地运用到了本体论问题的探讨上，提出了关于本体论许诺的思想。奎因认为，本体论就是探讨何物存在的问题。这种探讨属于上文提及的第二类形而上学探究。奎因虽是一名坚定的科学主义者，但他并不反对讨论存在问题。不过，他主张转变谈论这一问题的方式，即不是去问：何物存在？而是去问：一个陈述或一种理论假定了何物存在？这后一种发问方式是完全依赖于语言的使用的。这样，我们关于存在问题的探讨就转变成了关于本体论许诺的探讨："被假定为一个存在物，纯粹只是被看作一个变项的值。……我们的整个本体论，不管它可能是什么样的本体论，都在'有个东西'、'无一东西'、'一切东西'这些量化变项所涉及的范围之内；当且仅当为了使我们的一个断定是真的，我们必须把所谓被假定的东西看作是在我们的变项所涉及的东西范围之内，才能确信一个特殊的本体论的假设。"[1]

我们注意到，奎因尽管只愿意探讨本体论许诺问题，即说何物存在的问题，但他仍然承认有不依赖于语言使用的纯粹本

---

1 奎因：《从逻辑的观点看》，江天骥等译，上海译文出版社，1987年，第12页。

体论问题，即何物存在的问题。他之所以对后一个问题存而不论，原因在于：如果脱开语言的使用去谈论存在问题，便会陷入传统形而上学家深陷其中的那个泥潭，不能自拔。但他并没有像早期分析学家那样，坚决主张一切形而上学命题都是没有意义的，因为他认为，试图通过构造一种意义理论去清除形而上学，一方面是行不通的，另一方面也是自相矛盾的。行不通，是因为意义理论所倚重的分析与综合区分乃是一个必须废除的教条；自相矛盾，是因为意义理论的构造者们总是倾向于假定像意义、命题等这样一些抽象实体的存在，而这种假定正是他们试图反对的形而上学体系的主要内容之一。

奎因关于本体论许诺的论述，连同他对形而上学问题存而不论的暧昧立场，重新激发了分析哲学内部对传统哲学问题的关注热情。普特南在谈到奎因在这方面的强大影响时这样写道："人们终于坦然地将自己说成是'形而上学家'，而在数年前，这也许与作为'分析哲学家'这一点很不协调；而且，也开始听到'分析的形而上学'这一用语。美国的分析哲学，随后是英国的分析哲学，开始拥有一种'本体论的风格'。这里，发生了奇怪的角色颠倒现象。英美分析哲学，在其实证主义时期，将自己描绘成反形而上学的，却逐渐演变为世界哲学舞台上最显眼的形而上学运动。"[1]

英国分析哲学家中，对形而上学的复兴做出最突出贡献的当数斯特劳森了。他于1959年出版了《个体：论描述的形而上学》

1　普特南："从内部看哲学的半个世纪"，载于《分析哲学：回顾与反省》，陈波主编，四川教育出版社，2001年，第99页。

一书，在该书中，他明确地发出了这样一个信号：形而上学不再是一个贬义的、可怕的字眼，分析哲学家完全可以同时是一个形而上学家。不过，斯特劳森还是十分小心地将他所讲的形而上学同传统形而上学做了严格的区分：一个是描述的，一个是修正的。在他看来，传统形而上学在主流上是修正的："形而上学往往是修正的，而很少是描述的。描述的形而上学满足于描述我们关于世界的思想结构，修正的形而上学则关心产生一种更好的结构。"[1]

斯特劳森对传统形而上学家心怀敬重，并认为描述的形而上学只是在接续传统形而上学家（尤其是像亚里士多德和康德这样的偏于描述的形而上学家）的工作，围绕千百年来不变的话题进行反复而深入的探讨："形而上学有着漫长的辉煌历史，因而不大可能在描述的形而上学中发现任何新的真理。但这并不意味着描述的形而上学的任务始终是或可能是一劳永逸的。它仍然是需要反复进行的。如果没有新的真理被发现，也会有古老的真理被重新发现。因为，虽然描述的形而上学的核心主题没有改变，哲学的批判性和分析性用法却是恒常变化的。永恒的关系是用非永恒的术语来描述的，这既反映了思想的时代特征，也反映了哲学家个人的思想风格。任何哲学家只有在用他自己时代的术语来重新思考前人的思想时，他才能真正理解他的前人；最伟大的哲学家（例如康德和亚里士多德）的明显特征就在于，

---

1 斯特劳森：《个体：论描述的形而上学》，江怡译，中国人民大学出版社，2004 年，第 1 页。

他们在重新思考的努力上比其他人付出的更多。”[1]

斯特劳森的描述的形而上学满足于对我们关于世界的实际概念图式的描述。这种探究少了传统形而上学的那种雄心勃勃的抱负，也即是，放弃了形而上学的首要任务：揭示实在之本质。因此，斯特劳森所做的工作仍然只是传统形而上学的次要任务：探究实际存在的事物的种类、等级、相互关联的方式等。也就是说，他也只是恢复了形而上学的一部分，一个相对不那么重要的部分。他仿佛认为，一旦涉及实在之本质，形而上学就只能是修正的。那么，现在的问题是：形而上学在分析哲学传统内能否得到全面的恢复？也就是：分析哲学家是否能够谈论实在之本质？能否出现“修正的分析形而上学家”呢？

美国哲学家杰罗德·卡茨于 1990 年发表的《意义的形而上学》一书，表现出分析哲学内部一种新的形而上学倾向，这种倾向直指形而上学关于实在之本质的首要探究目标。卡茨认为，分析哲学在其百年发展历程中，一直和形而上学问题纠缠在一起。弗雷格的内涵主义意义理论把词和句子的涵义均作为实体假定下来，这一假定后来遭到后期维特根斯坦和奎因等人的强烈反对，而卡茨本人则在自己的著作中明确提出，要在更高的层面上实现向弗雷格的内涵主义的复归。

他认为，后期维特根斯坦、奎因等人的意义理论都犯下了“自然主义谬误”，亦即将哲学自然科学化，尤其是心理学化，这便使得哲学失去了自主性，从而也失掉了规范性色彩。为摆脱这种谬误，他提出了一种非自然主义意义形而上学。他把这种形

1　斯特劳森：《个体：论描述的形而上学》，第 2–3 页。

而上学理论称作一种语义本质主义，它主张："根据标准定义，表达式和句子类型乃是抽象对象。同样，作为它们的涵义的属性、关系和命题也是抽象对象。"[1]"语义本质主义者面对的问题，是说明说话者如何运用他们关于表达式和句子类型同意义的语法关联的知识，去把这些意义同语词的或投影的标记联系起来。这种说明将表明，关于这种语言的表达式和句子类型同涵义相关联的标准，如何在语言的使用中规范性地起作用，并揭示出一说话者据此意指一事物而非另一事物的客观事实是什么。"[2]

卡茨说，他的意义形而上学所采取的是一种自上而下的策略，也就是，首先确立表达式和句子类型同作为抽象实体的意义之间的关联，然后才去确定具体使用中的表达式和句子（作为标记）的意义。简言之，作为本质的抽象意义，规范性地调节着作为应用的具体意义。在奎因和斯特劳森那里，殊相是最基本的、最优先被许诺为存在的事物，它们乃是一切言说和描述赖以成立的本体论基础。然而，在卡茨这里，抽象的共相却成了最先被假定下来的东西，它们成了语言表达式和句子类型的本质意义，而正是这种事先确立下来的本质意义，规范着具体的语言用法。

我们看到，卡茨这里力图恢复的正是奎因当年竭力反对的将意义假定为抽象实体的形而上学主张。这实际代表着一种在分析哲学内部全面恢复形而上学的企图。卡茨认为，哲学研究应该是自主的，不能将其还原为其他研究，尤其不能把它自然科学化。他的哲学纲领主要是语言学哲学的，不仅是向弗雷格的内涵主义

---

1 Jerrold J. Katz. *The Metaphysics of Meaning*. MIT Press, Cambridge，1990，p. 41.

2 Ibid，p. 43.

的回归，而且也是向康德的形而上学构想的回归，甚至还是向柏拉图的实在论的回归。[1]但是，正像卡茨本人所指出的，他所提出的只是一个“雏形理论”，尚待进一步充实与完善。他随后又发表了《实在论的理性主义》(2000 年) 和《含义、指称与哲学》(遗著,2004 年) 两部著作,对其“雏形理论”做了进一步的阐发，引起了广泛的关注与评论。我们更为关心的是，这样一种重新恢复形而上学之地位的呼声和行动，能否成为一种主流的方向？这种新的哲学纲领的提出对于分析哲学的现状与未来有何重要的意义？它能否像卡茨所期待的那样，引发一场新的哲学革命？这一切目前都尚不明朗。

众所周知，分析哲学是随着语言学转向而兴起的。哲学家们开始致力于语言批判的宏伟事业，并渴望通过这种批判解决传统哲学问题。阿尔斯顿在其《语言哲学》一书中指出，哲学家关注语言的根源在于形而上学 :“形而上学是哲学中的这样一部分内容，它可被大致表征为要系统阐明有关世界的最一般和最普遍的事实的一种企图，它包括列举实体所属的那些最基本范畴以及对它们之间的相互关系做出某种描述。始终有这样一些哲学家，他们试图通过考虑我们用以谈论世界的语言之基本特征来把握上述的某些基本事实。”[2]他列举出来作为例证的有柏拉图、亚里士多德、迈农、罗素、维特根斯坦等古今哲学家。

从分析哲学的实际发展历程中，我们可以看到，哲学家们

1　参见李国山 :“第三次语言学转向？——评杰罗德・卡茨的意义形而上学”，载于《世界哲学》，2005 年第 6 期，第 93 页。

2　阿尔斯顿 :《语言哲学》，牟博、刘鸿辉译，三联书店，1988 年，第 1–2 页。

对形而上学问题的态度不断地发生着微妙的变化：从一开始的激烈反对，到后来的有限制的谈论，再到后来的完全容纳。那么，到底该如何定位分析哲学与形而上学的关系呢？

其实，分析哲学与形而上学并非水火不相容。分析哲学虽是一个在20世纪才兴盛起来的哲学传统，但是，正如阿尔斯顿所指出的，试图通过语言分析探讨形而上学问题，一直是西方许多哲学家所采纳的途径，因此，该传统实际上拥有古老的渊源。越来越多的学者倾向于把分析哲学广义地理解为“从苏格拉底、柏拉图和亚里士多德经由笛卡尔、英国经验论和康德，直到当代分析运动这一整个作为西方主流哲学之一的分析传统。”[1]这么一来，分析哲学传统就和形而上学非但不存在任何冤仇，反倒具有某种亲缘关系。而现代分析哲学只是再次强调了从语言批判角度解决形而上学问题的必要性、可能性和重要性，直至演化为一场轰轰烈烈的哲学运动。这场运动的参与者们大都怀带着某种革命情怀。哈克这样评论道：“分析运动的每一阶段都是由革命热情激起的。倡导者们热忱地相信，他们正在使哲学摆脱自命不凡，清除藏污纳垢的处所，重新树立哲学的形象。到了20世纪70年代，这种革命的日子就已经过去了。”[2]正是在这种革命热情的驱使之下，分析哲学家们才一方面全身心地投入了新的哲学探究中去，另一方面为他们的新方法所带来的成就而欢欣鼓舞，直至喊出“拒斥形而上学”、“哲学将要消亡”这样的口号。

---

1 牟博：“戴维森、哲学与中国哲学”，载于《真理、意义与方法——戴维森哲学文选》，牟博选编，商务印书馆，2008年，第590页。

2 哈克：“分析哲学：历史、内容和走向”，载于《分析哲学：回顾与反省》，第50页。

但是，激情过后是冷静的思考。进入20世纪后半叶之后，分析哲学家们就渐渐从革命情怀中解脱出来，并开始反思他们的新哲学与传统哲学的关联问题。告别革命之后，便是如何找到自己的历史定位的问题。他们意识到，分析哲学仍是一种哲学，仍摆脱不了与传统哲学千丝万缕的牵连，剪不断，理还乱。事实上，回过头来看，分析哲学的革命性确实被强调得过了头。冯·赖特在谈到这一点时，非常中肯地写道："我正在想到两类这样的人，一类是像罗素和维也纳学派一样，要求使哲学成为'科学的'，另一类则以维特根斯坦的精神把哲学设想为使其自身成为不必要的活动。这两类人一直在使哲学中的转折点成为哲学的终点。"[1]

是的，转折点并不是终点。分析哲学在现代西方的兴盛，被视作一次重大的思想转向，在长达一个多世纪的发展历程中，它取得了巨大而辉煌的成就，为整个哲学的历史增添了浓墨重彩的一笔。当然，从另一方面来看，分析哲学在其发展过程中也确实遇到了很多问题，譬如，随着语言分析的越来越琐碎化，分析哲学文献遭到了越来越明显的冷落，人们担心，长此下去，哲学将会彻底失掉它曾经骄傲地拥有的那轮光环，魅力不再。随着分析哲学渐渐成为一种常态的哲学探究活动，它也就完全地融入了哲学的历史当中。如果说反形而上学口号的提出代表着早期革命者的褊狭与热情的话，那么，对传统形而上学问题的最终接纳并从正面予以严肃探讨，正表现了分析哲学作为一种现代主流哲学形态，一直秉承悠久的哲学传统的衣钵，做着兼

---

1 冯·赖特："分析哲学——一个批判的历史概述"：载于《分析哲学：回顾与反省》，第32页。

具批判性和建设性的工作。当代著名分析哲学家普特南就着力呼吁分析哲学家们跳出自身的固有领地，融入到哲学的大家庭中来："我们可以从康德那里学到很多，而无须称自己为康德信徒；我们也可以从詹姆斯、杜威那里学到很多，而无须称自己为实用主义者；我们还可以学习维特根斯坦，而无须称自己为维特根斯坦信徒。同样，我们也可以从弗雷格、罗素、卡尔纳普、奎因以及戴维森那里学到很多，而无须称自己为'分析哲学家'。为什么我们不能只做'哲学家'，而去掉那个形容词呢？"[1]

1 普特南："从内部看哲学的半个世纪"，载于《分析哲学：回顾与反省》，第112–113页。

后 记

来南开大学工作十几年了，每年都会讲授西方哲学课程。在讲到分析哲学的时候，我总喜欢给同学们先念一遍胡适的短文《差不多先生传》，想让他们直观地意识到，我们的传统思维里欠缺细致入微的分析精神，而这种精神正是西方分析哲学所蕴涵的。我在教学和研究的过程中还发现，其实这种分析精神是西方哲学自诞生之日起便一以贯之的基本精神，只是在现代分析哲学中更为显著地展现了出来而已。于是，我便想做一个追本溯源的工作，系统梳理一下西方哲学中分析精神的来龙去脉。

本书就是这项工作的初步成果，仅仅勾勒出了一个大致的线索，很多哲学家所做的语言批判都没有囊括进来，这个遗憾留待今后慢慢弥补。再者，即便是已经纳入进来的哲学家的工作也未能予以全面检视，而只是抓住语言批判与形而上学的关系这一主题做了一些澄清和探讨，难见深入、系统的分析和评价。总之，这只是一次不算成熟的尝试，问题多多。我本人会继续研究，也期待同行们关注这一话题，更盼望年轻的学者们培养起类似的研究兴趣。

本项研究获得了国家社会科学基金的资助，在此深表谢意！在项目研究过程中，家人、同事和学界的朋友们给予了大力支持，这里一并致谢！我的博士导师陈启伟先生一直关心项目的进展，我也时常和他谈起我的研究工作，并征询他的意见，他总是鼓励我，并给予大力帮助，在此向他老人家表达深深的敬意！

李国山

2013年6月